本书出版受广东省教育厅哲学人文科学重大项目（2018WZDXM021）资助

蓝国桥 著

康德与中国当代美学发展思路

中国社会科学出版社

图书在版编目(CIP)数据

康德与中国当代美学发展思路 / 蓝国桥著. -- 北京：中国社会科学出版社，2024.6. -- ISBN 978-7-5227-3752-2

Ⅰ. B516.31；B83-092

中国国家版本馆 CIP 数据核字第 2024KW3663 号

出 版 人	赵剑英	
责任编辑	刘亚楠	
责任校对	张爱华	
责任印制	张雪娇	

出　　版	中国社会科学出版社	
社　　址	北京鼓楼西大街甲 158 号	
邮　　编	100720	
网　　址	http://www.csspw.cn	
发 行 部	010-84083685	
门 市 部	010-84029450	
经　　销	新华书店及其他书店	
印　　刷	北京君升印刷有限公司	
装　　订	廊坊市广阳区广增装订厂	
版　　次	2024 年 6 月第 1 版	
印　　次	2024 年 6 月第 1 次印刷	
开　　本	710×1000　1/16	
印　　张	13.5	
插　　页	2	
字　　数	219 千字	
定　　价	88.00 元	

凡购买中国社会科学出版社图书，如有质量问题请与本社营销中心联系调换
电话：010-84083683
版权所有　侵权必究

目　　录

导言　我们仍是要康德 ··· 1
　　一　研究现状和趋势 ·· 1
　　二　反思的双重价值 ·· 3
　　三　理论预设与方法 ·· 4
　　四　本书框架及内容 ·· 5

第一章　康德美学中国阐释由近现代到当代的转向 ············· 10
第一节　价值取向由中国近现代到当代之演进 ··················· 10
　　一　近现代仰视：抬高康德之价值取向 ························· 11
　　二　当代的俯视：降低康德之价值取向 ························· 17
　　三　当代的平视：平放康德之价值取向 ························· 23
　　四　价值取向与康德身体美学之意味 ···························· 29

第二节　阅读空间从中国近现代到当代之拓展 ··················· 32
　　一　近现代文化：救世之康德阅读空间 ························· 33
　　二　当代的时事：译述之康德阅读空间 ························· 35
　　三　当代的实践：理论之康德阅读空间 ························· 37

第二章　康德美学之中国当代阐释的问题与求解 ················ 41
第一节　中国当代康德美学阐释的诸多问题扫描 ··············· 41
　　一　批判哲学二元论问题指责 ····································· 42
　　二　康德审美第三契机的误读 ····································· 46
　　三　与马克思的异常复杂关系 ····································· 50
　　四　学界有关告别康德的言说 ····································· 54

第二节　康德识见与马克思不平衡关系问题求解 ………… 58
    一　问题提出及其解答状况 ……………………………… 59
    二　康德扬弃资本主义精神 ……………………………… 64
    三　康德对旁观立场的推崇 ……………………………… 73
    四　康德对创造人格的追慕 ……………………………… 82

第三章　康德与劳承万的学术轨迹及其美学创新 ………… 96
  第一节　美学家劳承万之学术轨迹论略 …………………… 96
    一　苦难的人生经历 ……………………………………… 97
    二　边缘的学术道路 ……………………………………… 99
    三　沉重的文化使命 ……………………………………… 102
    四　师承康德专家韦卓民及其他 ………………………… 104
  第二节　从康德观念到劳承万的美学创新 ………………… 107
    一　创新美学格局：从中介论到形态论 ………………… 108
    二　内化康德面貌：审美四契机及其他 ………………… 119
    三　康德学说功能：从坐标图到参照系 ………………… 128
    四　康德美学效应：个人与文化双救赎 ………………… 138

第四章　康德学说与中国当代审美经验反思侧面 ………… 149
  第一节　文化主体性与陈忠实《白鹿原》朱先生形象的魅力 …… 150
    一　朱先生的文化心理结构 ……………………………… 153
    二　文化心理结构的强震荡 ……………………………… 159
    三　伦理与历史的二律背反 ……………………………… 168
    四　心理结构的主体性氛围 ……………………………… 174
  第二节　李约热《人间消息》的二律背反现象及其别样叙述 …… 179
    一　"这个世界寒风刺骨"：人间的艰难 ………………… 179
    二　"这个世界春暖花开"：人间的希望 ………………… 183
    三　"我有自己的一条路"：别样的叙述 ………………… 186

结语　康德与中国当代美学本体阐释的三种发生路径 ……………… **191**
　　一　传统西方美学：本体阐释的"形而上"路径 ………………… **191**
　　二　马克思主义美学：本体阐释的"形而下"路径 ……………… **195**
　　三　中西美学融通：本体阐释的"形而中"路径 ………………… **198**

参考文献 ……………………………………………………………………… **203**

后　记 ………………………………………………………………………… **206**

导言 我们仍是要康德

一 研究现状和趋势

本书同意邓晓芒的一个基本判断，其大意是说，康德逝世以后两百来年的时间里，西方在纯粹哲学的领域，没有谁的影响和地位能够超过康德。而康德百年来在中国的影响和地位，同样不容忽视。中国接受康德学说，及其带来的美学新变，是重大的精神事件。我们有时用中国化来指称它的重要性。由于中国当代（1949年以来）语境的独特性，康德的哲学和美学地位、影响，一般认为是仅次于马克思的。马克思和马克思主义的态度始终是包容的、开放的，正如康德是一个巨大的蓄水池一样。康德接受对中国当代美学的发展，还是起到了积极的促进作用。环视中国学界对该问题的反思，大抵呈现三个方面的特点。

一是将康德与黑格尔并举。学界习惯性的举措，是把康德与黑格尔合并。贺麟撰写的《康德黑格尔东渐记》长文（当代部分几乎未提），与杨河、邓安庆合撰的《康德黑格尔哲学在中国》巨著，都是把康德与黑格尔并置。他们这样做的理由有二。其一是出于对康德与黑格尔两人，地位重要性与联系紧密性的认同。其二则是作为反思者，以及他们所反思的接受对象，多是既熟悉康德，又了解黑格尔。然而他们这样处理问题，仍然存在着无法绕开的困难。表现之一是，接受个体由于种种原因，对康德与黑格尔学说，往往有所偏重与偏爱。贺麟、唐君毅、梁志学、朱立元、邱紫华等，偏好黑格尔哲学和美学；郑昕、齐良骥、牟宗三、朱光潜、宗白华、叶秀山、劳承万、邓晓芒、曹俊峰、刘士林、朱志荣等，则尤好康德哲学和美学。他们虽有所偏，但均有成就。表现之二则是，将康德与黑格尔合并，目标较为庞杂，反思不容易走向深入。张世英虽只思考"康德在中国"的问题，分析亦颇具启发性，但行文过于简略。事关康德在中国当代的接受,他说1949年至1976年"文革"结束,"一般重黑格尔而轻康德",而"文革"结束以后则相反,"是重康德轻黑格尔"。他的侧重点是在比较。由于康德重道德,他于是把康德称为"西方的孔子"。不过康德重知识论,而孔子则缺乏,中国在"德性之知"之外,重视"见闻之知"的是宋儒张载。他指出康德和孔子等指明道德高于知识,然而道德可以言说,并非最高境界。最高的境界,应是不可言说、天人合一的"诗的境界",道家和海德格尔都以该境界为追求目标。康德哲学和美学,虽以审美沟通知识和道德,但仍以主客二分为基础,因此道家和海德格尔追求的境界,应高于并超越了儒家和康德。① 从中不难得出的结论是:中国传统文化中的道家高于儒家;西方哲学中的海德格尔高于康德;中国的天人合一高于西方的天人相分;一般的审美高于知识、道德。问题种种,均可商榷,不无启发。考虑到接受个体的偏重与偏爱,以及突出反思的纵深性与系统性,将康德学说接受凸显出来,就显得很有必要。

二是由哲学转向美学。学界忽视康德美学接受议题,体现在两个方面。其一是忽略,黄见德的《西方哲学东渐史》,视野开阔,范围宽广,但由于术业有专攻,他只说康德哲学,而有意避开其美学。其二则是轻视,贺麟《五十年来的中国哲学》一书,叙述康德东渐,虽提及朱光潜等人,但对康德美学的接受却是惜墨如金。杨河和邓安庆虽详细叙述康德、黑格尔在中国的传播,但涉及康德部分,也只侧重于康德哲学,对康德美学的中国接受,很少提及。"第三批判"是康德哲学体系有机的组成部分,美学在康德那里,是哲学的入门,地位举足轻重。康德美学研究的作者与论述,竞相涌现于中国当代,特别是新时期以来,翻译和研究之热烈,论述和成果之丰硕,前所未有。研究的相对活跃,为厘清康德对中国当代美学发展的影响创造了条件。

三是由现代转向当代。改变重哲学轻美学的状貌属年轻学者杨平。杨平《康德与中国现代美学思想》一书的最大亮点,是突出康德中国接受中的美学因素。该书遗憾的地方是,它把时间只限定在现代,未能向当代延伸,它还

---

① 张世英:《西方的孔子——康德在中国》,载《张世英文集》第10卷,北京大学出版社2016年版,第122—125页。

把空间仅锁定在中国大陆,港台被遗忘了。张政文《康德对二十世纪中国当代美学的主要影响》一文,尽管弥补了当代环节的缺失,但论述得还比较单薄。只注意到大陆与康德的联系,而忽略港台新儒家等的康德遭遇,表明已有的研究还不够充分。扬弃个案,相对深入、系统的研究已经是时候。

二 反思的双重价值

与中国近现代时期,民族危机的摆脱愿望不同,中国当代接受康德学说,更多与文化及美学发展、建设紧密地联系在一起。探寻中国当代美学发展,与康德学说之间的内在勾连,理论价值之重大,主要体现在如下三个方面。

一是完善接受清理。学界以往的清理,还需得到完善。表现之一是,多在单点上、横截面上下功夫。表现之二则是,对康德接受的描述,多局限于"现代"(1949年以前)、"思想"。此两者导致的后果是,康德与中国当代美学发展,很难成为重要"问题"而进入学界的反思视野。康德超过百年的中国传播,在当代时空区域,已超过一半。就此,更加完善、全面地清理,是非常有必要的。

二是拓展致思领地。无论从整体上看,还是从局部上看,事关西学东渐,学界原有的书写,多偏重于哲学。可以发现的事实是,在中国传播的西方美学,整体勾勒与局部描述,在学界均难见到。沿着这样的思路往前走,下一步应补的短板,是美学,尤其是康德美学。我们聚焦于康德美学的当代接受,是为西方美学东渐的全方位书写,打下坚实基础。

三是警示学界反思。中国近些年来,大众文化兴起,文化批判浪潮亦随之高涨。于是,中国美学界、文论界,由于现实的强烈促动,大有告别康德的趋势,"要康德,还是要杜威"的声音在回荡,便是这种趋势的表征。若非得在两者之间选其一,我们只能选康德,原因是接受康德,已强有力地推动中国当代美学的发展,尽管杜威的影响同样重大。借用郑昕的话,我们可以说,掠过康德,我们会有坏的美学;超越康德,我们才能有新的美学。本书的书写将标明,中国当代美学(文论)发展还没有推进到可以告别康德的时候。我们仍是要康德。

理论观念之外,实际应用价值主要表现也有三。其一,康德高举的美学主体性旗帜,能为中国当代文化建设挂起一面自信的风帆。一流的民族国家,应有一流的观念创造。其二，康德对"人是目的"的理论性坚守，能为当代中国人的现实行走，指明一条理想的大道。君子不器，仍是我们行动的灯塔。其三，马克思主义对康德美学的批判性扬弃，使我们把目光投往社会生活，更能坚定我们的社会主义信念。拥有坚定的信念，在我们面对苦难时，才变得无所畏惧。

三 理论预设与方法

目前看来，康德如何深刻影响到中国当代美学的发展，学界对该问题的反思，还没有达到自觉。本书的整个书写，将在以下三个层面体现自己的自觉意识，彰显自身的创新价值。如此，便构成本书的追求目标。

一是在研究状况上，确认中国当代的康德美学研究，在"知识"的广度与深度上，均有所推进。康德的主要著作，不断得到翻译；康德著作全集，由李秋零主持翻译，也在若干年前问世，弥补了中国长期没有汉译全集的遗憾。康德美学的阐释路径开始多元化，论文数量增加，专著一再出现。大陆与港台，齐头并进。融摄并超越康德，原创性的美学理论也在当代问世。

二是在研究框架上，求证康德与马克思主义、传统儒学互渗、交融的深层机制。互相渗透、交融的契机，是行动、实践。而对行动、实践的不同理解与强调，则决定着互渗、交融的不同面相。突出工具性，吸收康德、儒学的合理内核，就产生儒学马克思主义，有学者是其代表。侧重道德性，汲取康德的形而上学，则形成道德形而上学，牟宗三的成就引人注目。当代思想大家，在这里尽显文化创造的风采，他们取得的成就已成为楷模。

三是在研究启示上，提醒中国当代美学、文论，还没有发展到可以告别康德的时候。"要康德，还是要黑格尔？"若是二选一，我们只能要康德。郑昕颇有见地指出"超越康德，我们才能有新美学"，这是一个值得一再玩味提及的观点。诚然，康德美学需要超越，然而，其前提是充分理解康德，这，仍然是异常庄严的任务。理解康德以后的创造，才是出路；否则，超越只是戏论。

研究的方法，有整体与局部之分。整体上，采用史论互证法。史论互证，是论从史出，以论贯史，史论结合。该方法的使用，与学术史爬梳的要求有关。局部上，运用多种方法论。比较阐释法，是在比较阐释中留意共通性，关注流变性，梳理问题发展的脉络。还有"人体解剖对于猴体解剖是一把钥匙"①等方法。该方法论的要义是理解了事物最复杂、最高级的形态，其低级形态相应地就可迎刃而解。找寻并攻克学术制高点，是其内在的要求。在西方思想史上，除了以苏格拉底、柏拉图、亚里士多德一门三代人为代表的第一座思想高峰以外，还有就是以德国古典哲学美学为代表的第二座思想高峰，而其开山鼻祖便是康德。我们选择康德，与此有关。而康德在中国当代，最深刻、最重大的影响，莫过于体系的创建。受康德影响而创建体系，劳承万的审美中介论不应该被忽视掉。李泽厚虽少谈体系，但他的实践美学仍有体系创建的特征。本书在个案上，以劳承万、李泽厚为反思对象，实与如此方法论上的考量有关。其他重要的，比如有牟宗三、蒋孔阳、叶秀山等，恕不能在此一一列举。古人云，取法乎上，得乎其中；取法乎中，得乎其下；取法乎下，无所得矣。治学的目标集中在制高点，就变得很是重要！

四 本书框架及内容

本书的聚焦点是"康德与中国当代美学发展思路"。论域虽涉及整个"中国当代美学"，但本书不想面面俱到，而是有所选择侧重。故而整个结构由首尾引言和结语，以及正文的四章篇幅组成。每一个部分，都有其相应内容，论述指向并不相同，但都能统一在"发展思路"这一整体框架任务之下。"康德"的思想观念，或显在或隐在地作为主线，贯穿于任务框架的始终。

当代以来，康德在中国所走过的道路堪称曲折。先是遭否定。学界在新中国成立之初至"文革"，受二元论思维波动，将康德划入唯心论阵营，他相比于马克思的老师黑格尔，受到的指责和批判甚多。不过在另一方面，亦证明他的重要性。再是有肯定。新时期以来，由于社会的开放，倡导个性独立思想的康德逐渐受到学界认可，对其钻研的热情，随之变得高涨起来。康德的吸引力越来越大，不过树大了就易招风。现正受质疑。近些年来，随着大众文化的兴起，学界超越康德的呼声变得越来越强烈。应该说真的超越，是一件大好事。个中的缘由是它需要经历的思想路程，是真正理解了康德之后

---

① ［德］马克思：《政治经济学批判导言》，载《马克思恩格斯选集》第2卷，中央编译局编译，人民出版社2021年版，第705页。

的走出，即入乎康德之内，再出乎康德之外。为了更好地超越康德，我们就得先很好地理解康德，以及关注我们当代的美学家们，在颖思康德的艰难道路上所留下的精神足迹。为此引言部分意在挑明，我们目前在这条道路上，仍得再次遭遇康德，它是我们整个问题展开的出发点。清理康德美学中国化问题，我们并非一时兴起，而是带有连贯性。

笔者原来是将反思的精力投放在康德中国化的近代阶段，特别是王国维对康德的融摄及其美学创造上。康德美学中国化中的若干问题，大致也得以澄清。中国第一个系统钻研康德学说，并由此做出开拓性贡献的大学者，是王国维。王国维受中国传统文化和叔本华、尼采、柏拉图等西方哲学家的影响颇深，但他西学的最后根基，还是在康德这里。他创建的美学意境论和古雅说等，除了受叔本华、尼采、柏拉图等人的影响之外，还悄然融入了康德的学说。王国维随此进一步挖掘、发现、提升传统文学和文化的重大价值。我们当前的关注点已发生位移，它将由近代行进到当代。

将目光对准近代到当代的转向，构成本书第一章的主要任务。在具体的阐述中指出，其转向在两个维度上体现出来：一是价值取向异动，二是阅读空间流转。康德的批判哲学美学，虽然高度抽象且艰深晦涩，但它仍重视感性。康德凸显身体作用，便是佐证之一。康德说美的理想在人的身体，而身体如果展现出不同的姿态，它的意义指向便会不同。据此我们看到，身体的仰视、俯视和平视，其意义传达即有差异。仰视是主体矮而对象高。近代中国，由于西方强势文化入侵，学界受西上中下观念的影响颇深，因此那一代的学人，如康有为、王国维、梁启超、蔡元培等，有将康德抬高的价值倾向。而随着时间的推移，特别是进入当代以来，学界不再盲目拔高康德，而是将其降低或与其平等对视。朱光潜便指出康德美学的矛盾性；而牟宗三和李泽厚则基于不同的文化立场，前者是传统文化，后者是马克思主义，因此存在着弥补康德不足的意味。近期既精通德语又熟悉康德的学者，如邓晓芒、曹俊峰、李秋零等，都在竭力让康德说汉语。阅读的空间背景变化，其意蕴展现也将不一样。我们对康德的解读，置身于不同的文化空间，解读的效果大异其趣。近代中国的康德阅读，救世意愿浓厚。进入当代以来，康德的翻译和论述受政治牵动明显；新时期以来，才步入相对活跃的研究时期，愈发展现出学院化走向。当代已经来临，问题同样不少。

第二章聚焦的内容，便是当代中国语境中，我们接受康德美学，可能存在的诸多问题，及其解答状况。问题所在便是希望所在，因为它为学术往前发展提供基础。问题种种，不一而足，归纳起来，但凡有四。一是学界一直认定，康德美学体系表现出二元论特征。其实由于高度重视想象力，而想象力在康德那里是一种潜主体，因而对于康德的鉴赏判断活动，二元向一元生成的趋势强劲。二是康德鉴赏判断的先验原理是主观形式的合目的性，有人认为不妥当。论者的偏差在于，他错误地认定康德在这里与神学对接起来，理由是形式合乎目的，那是神在暗中做安排。实际上在康德那里，形式的主观合目的性是人的创造。康德在此将该先验原理进行提炼，与亚里士多德的四因说远接，同时点燃了马克思劳动创造的智慧火花。三是有人出于对马克思创造性成就的坚定维护，认为马克思与康德的关联不大。撇清马克思与德国古典美学，特别是与康德的关联，这与事实并不符合。四是告别康德的呼声在当代中国学界越发响亮。康德于我们告而不别，我们仍需不断"回到康德"。深入理解以后的超越才是正途，否则只能是误入歧途。本书试图在更微观的层面上，在康德与马克思之间搭建桥梁。桥梁建设的地址选择，是马克思当年提出的不平衡关系问题。马克思虽敏锐地提出了该问题，但并没有做出深入的解答，由于该问题很重要，后来的马克思主义者有颇多启发性的阐发。以前人的阐述为基础，本书努力站在康德的立场，来回答这一问题，目的是希望能找到一条康德通往马克思的隐秘路径。当且仅当物质生产不发达时，惊人的文化艺术创造反而才变得可能，这同样是康德的洞见。

历史上重大的审美文化创造，其主体往往置身于社会的最边缘，劳承万一生在边缘地带行走，与诸多如此的主体同在。他在深入理解、合理吸收康德思想以后，在美学体系的创建上较为自觉，展示出一种不断开拓进取的不屈人格。他所从事的，不是朝市的显学，而是在野的学术。故而本书第三章，便重点阐述康德学说的消融与劳承万美学体系构建之间所存在着的内在联系。他的康德哲学和美学的启蒙老师，是其大学老师兼同乡韦卓民。受韦卓民启迪，并与韦卓民一道，在异常艰难的岁月中，他以康德著作尤其是"第一批判"充当灵魂的安慰。他的审美中介论、乐学形态论、诗学道器论即"三论美学体系"创建，或深或浅地都融入了康德的观念，其深层用意是赢得个人和文化的双重尊严。在劳承万精神的感召下，刘士林毅然以康德思想为轴心，打磨自家学术的"奥康姆的剃刀",用以打造"中国诗性文化""苦难美学"等创造性的理论,他近期所从事的人文城市理论构筑,更显示出勇毅拓展的现实"介入"的崭新迹象。韦卓民——王元化——劳承万——刘士林的学术传承格局,业已出现在中国当代美学界。

康德批判哲学体系的拱顶石,是人:科学知识的生成,是人为自然立法;自我颁布道德法则,从而自行遵守,人的行为才绽放出德性的光芒;鉴赏判断中,对象的形式是人自己的创造,其目的是获得情感上的满足。康德不止一次地指出,"人是什么?"才是他最为关心的问题。有学者在康德的问题上,继续前进。他结合马克思的理论,指出人是使用工具能动地进行实践,不断地由动物向人转化的过程。他指出人的能动性,在康德对"人是什么?"的追问中,体现得最为明显,具体来说,是在认知(知)、道德(善)、审美(美)中有充分的展现。融通康德和马克思,以及直面中国改革开放的现实,有人在哲学和美学上,以主体性深入言说来激活、呼唤能动性——这个被马克思主义者一度遗忘的重大问题。他后来回到中国传统文化领地,用文化心理结构来表明文化传统的主体性意蕴。新时期的主体性理论及其文化心理结构学说,深刻地影响到了陈忠实长篇小说《白鹿原》的创作,同时我们也能在李约热短篇小说集《人间消息》中,感受到主体性力量的无比强大(仅凭这一点,李约热的小说便不容小觑),康德的抽象理论与中国当代的文学经验,便神奇地发生了微妙的共振关联。另外,康德思维的突出特点,是善于吸收对立双方的优点长处,而不是顾此失彼。二律背反现象的不断归纳,是康德这一思维特点的强有力折射。理论和生活,在二律背反这里实现了和解。文化艺术的庄严使命,便是披露蕴藏在社会生活中二律背反现象。我们有趣地发现,《白鹿原》和《人间消息》都生动地表现了这一现象,这是笔者将其放在一起的又一理由。生活体验与理论反思,在此可以达到统一。如此这般的精神旨趣,构成本书第四章的内容。

理论反思的最佳状态,应是到达本体论的境界。本书最后的结语部分,意在追究中国当代的美学本体论所展现出来的不同面貌,以及各自的理论资源,特别是与康德存在的可能性勾连。中国当代美学理论,跃升到本体论高度的,有自然、社会、艺术三种不同面相。20世纪美学大讨论,依据的是主体—客体知识论框架,各派美学的指向带有自然本体论特质。实践美学在论争中脱颖而出。有学者的主体性实践美学,以及朱立元的实践存在论美学,都属于社会本体论范围。叶朗、汪裕雄、朱志荣的意象论(可上溯到朱光潜)、陈望衡、胡经之的意境论(可上溯到王国维),劳承万的乐学形态论,均可划归艺术本体论范围。三种的不同本体论路径,即传统西方的形而上路径、马克思的形而下路径、融通中西的形而中路径,分别充当了中国当代美学自然、社会、艺术三种不同的本体论基础。它们三者均与康德有关。康德在知识论的意义上承认了形而上学的存在。康德将实践一分为二,一是道德的实践;二是技术的实践,马克思主要是激活了后者的潜能。康德的反思判断与情感(艺术)息息相关,而王国维和朱光潜等人都精通康德美学。中国当代不同的美学本体论阐释,都是新涌现出来的新美学,它们都是在理解康德之后对他的某种超越。本体阐释与本体论的创建,以及随之而来的美学理论自主能力的拥有是"我们仍是要康德"最后的逻辑环节!

第一章　康德美学中国阐释由近现代到当代的转向

中国引入康德，起步于近现代。虽然没有近现代，就不会有当代，但我们反思的脚步却不能只停留于近现代。我们仍需一路前行，得从近现代推进到当代。它是一种转向的进路，突出地体现在两个方面，其一是在价值取向的流变上；其二则是在阅读空间的开拓上。价值取向由近现代向当代迈进，阅读空间由近现代向当代挺进，是我们问题展开的重要前提。第一章因此是前提的清理。

第一节　价值取向由中国近现代到当代之演进

从王国维、梁启超算起，康德入驻中土已有超过百年的历史。在百年的历史苍茫中，中国重要的美学家，除了王国维、梁启超外，还有蔡元培、朱光潜、宗白华、牟宗三、蒋孔阳等，均与康德发生着难以割舍的牵连，成为美学界一道亮丽的风景线。贺麟指出，中国自觉接受包括康德在内的西方古典学说，是姗姗来迟的事情，并是用血泪的惨痛教训换来的。[1] 知识精英们逼近艰深晦涩的康德学说，与他们变动现实的愿望始终紧密相连。在西学东渐的语境中，他们接受康德学说，价值论的缠绕粘连实是难以清除得掉。

环视如今之学术界，各种思想阵营之间的价值论争大有烽烟四起之势。在论争的喧嚣场景中，有"要杜威，还是要康德"的声音，在学界回荡开去。多年前，有学者提出"要康德，还是要黑格尔"的问题，在价值论选择中，

---

[1] 贺麟：《五十年来的中国哲学》，商务印书馆2002年版，第24页。

他要了康德，并使中国的康德学得以有效推进。① 如今提问的句法结构，与此有惊人的相似性。杜威代表的美国美学，倡导经验，强调实用。康德是德国古典哲学的开山鼻祖，他在美学上，彰显先验，侧重无用。大众文化的兴起，使美在经验、实用的印象一再得到强化。面对现实的拷问，杜威似乎更胜过康德。由此，必然再次把中国的康德美学接受，推向价值论争的风口浪尖。

历史与现实均已表明，价值论的抉择，是康德美学中国化难以绕过的话题。其实，整体上看，面对康德美学，中国的知识精英报以审视的姿势眼光，要而言之有三。一是仰视，把康德奉若神灵，视康德为难以企及的高峰，由此面对康德，只能是仰望。二则是俯视，把康德放置于脚底，觉得康德学说可以超越，依此可俯瞰康德。三是平视，此乃理想中的姿态，逼近康德是为了与他和睦平等地对话交流。中国的知识精英审视康德的三种不同的眼光，在深层里，实是三种不同的价值论坚守。他们审视康德眼光的差异，以及价值论的选择差异，使得康德美学的中国化呈现出精彩纷呈的局面。由一至二、三的价值行进，实是康德美学中国化的论域从近现代到当代的转进。

一 近现代仰视：抬高康德之价值取向

西学东渐，始于晚明。当中传达的信息是应对社会的变化，原有的文化储备已逐渐变得捉襟见肘。晚清以降，列强入侵，国事飘摇不定，民族危在旦夕。在如此场景中，介绍西学新说，蔚然成风，潮流难以阻挡。我们可以说，晚明以降，直至晚清，西方强势文化的入侵，使中国读书人的文化脊梁在阵痛中逐渐被软化、摧毁。甲午海战以后，中国的知识精英的文化自信力，已降至历史的最低点，直至今日，仍未完全恢复。

面对外来文化，滔滔之势的入侵、挑战，有识之士也在殚精竭虑地出招、应战。先是物质的较量，洋务运动即为代表。物质较量失败后，进而转向制度的变革，戊戌变法，即是谋求制度革新的悲壮努力。变法的失败，促使有识之士意识到，西方之所以强大，是有其观念的支撑，于是了解西方学说，特别是古典学说，就成为一项庄严的任务摆在了他们的面前。由物质到制度，再到观念，由外到内，由有形到无形，他们意识到，唯有观念产生裂变，方

---

① 李泽厚：《走我自己的路》（对谈集），中国盲文出版社2002年版，第189—194页。

能引起制度、物质的根本变化，一流的国家输出观念，国家想变得强大，也需输入、更新观念。能有如此见识，颇显得缓慢。对此，贺麟指出："西学传入中国本来已是太晚，而哲学，特别是康德、黑格尔哲学，就更晚了。"① 此无愧是种卓见！

知识精英对康德的接受，是社会溃败之后，在绝望中的无奈选择。他们迫切地希望，迅速领会西方学说，以更换传统观念，挽救社会的落寞与衰败。在中土，首次提到康德的是渴望变法的康有为。引起他强烈兴趣的，是康德的"星云假说"。据他说，他介绍自然科学为主的《诸天讲》写于1886年，1926年讲授于杭州的天游学院。在该著作中，他介绍了康德、拉普拉斯的"星云假说"。对此，他这样写道："德之韩图（即康德）、法之立拉士（即拉普拉斯）发星云之说，谓各天体创成以前，是朦胧之瓦斯体，浮游于宇宙之间，其分子互相引集，是谓星云，实则瓦斯之一大块也。"② 除"星云假说"外，康德其他的理论，没有引起康有为太多的关注。深层的原因是，"星云假说"蕴含的变革精神、科学精神，满足了他的变法、维新要求。他的着眼点不在学理参透，而在政治运用。康德以及德国文化在他的心中，地位当是不低。他指出，"康德兼综心、物二理，集欧土哲理之大成，为哲理之杰第一"③，康德的地位卓著。青年康有为逃亡国外，九至柏林，对德国有着直接的感受。他对德国推崇有加，连续列举了德国的十个"第一"，说德国"武备第一，文学第一，医术第一，电学第一，工艺第一，商务第一，宫室第一，道路第一，邑野第一，乃至音乐第一"④。德国的一切都是极好的，在价值上，都是值得肯定的。狂傲如康有为，对德国与康德有着如此高的估价，实属难得。

梁启超师出康有为，世以康梁并举。相对而言，梁启超对康德的把握，用心超过康有为。梁启超的康德接受，体现于两方面，一是引用与介绍，二是内化与运用。前者为显，后者是隐；前者易识，后者难索，显隐一体，前后互进。

---

① 贺麟：《五十年来的中国哲学》，商务印书馆2002年版，第79页。
② 康有为：《康有为全集》第12卷，中国人民大学出版社2007年版，第20页。
③ 康有为：《康有为全集》第7卷，中国人民大学出版社2007年版，第411页。
④ 康有为：《康有为全集》第7卷，中国人民大学出版社2007年版，第488页。

梁启超在《新民说》《论学术之势力左右世界》等文章中，援引康德及其学说，作为自身立论的根据。此时，康德在他心中并未占据显赫位置。他介绍康德的专文是《近世第一大哲康德之学说》，文中康德的地位才得以明显提升。康德的地位，是崇高而神圣的。康德在世时，"翕然为一世大宗师"，是"全欧学界"的"集大成"者。他的影响无可匹敌，是"德国学界独一无二之代表"，也是"百世之师"，是"黑暗时代之救世主"，可与释迦、孔子、苏格拉底等人相提并论。梁启超的康德绍述，留下了以"我"为主的痕迹。他说，康德所言之"真我"，与佛学的"真如"、儒学阳明的"良知"、朱熹的"义理之性"相当，他所言之"现象之我"，则与佛学的"无明"、儒家朱熹的"气质之性"相类似。他的康德介绍，始终弥漫着中国化的气息。此外，他还评述康德"论自由与道德法律之关系"，并比附于卢梭的法理学，其深层的动因是想使康德学说，融入其民族国家建构的宏大叙事框架中来。在他的介绍中，还特别提及，真正的责任与自由只能以之为目的，绝不可以之为手段，或许，以对象与活动本身为目的，才能真正彰显它们价值之重大。① 该专文较长，可谓中国接受康德的"第一长篇"。之后，梁启超正面叙说康德已显得稀少，他接受的重心已转移到对康德思想之内化后的运用上来。

深入梁启超骨髓的，是康德思想中以对象、活动为目的，而不是以之为手段的观念。趣味主义的倡导，即是如此观念的外在表现。趣味在梁启超的思想、生命中，地位是举足轻重的。他由大处说，"趣味是活动的源泉"，还说，"凡人必生活于趣味之中，生活才有价值"。他在小处说，趣味，是他生命的本根。他说他"是个主张趣味主义的人"，还说假如有人问他，他"信仰的甚么主义"，他会回答说，他"信仰的是趣味主义"，而他的人生观，也是"拿趣味做根底"的。② 除突出趣味的本根意蕴外，他还为人展现获取趣味的路径。他说，只有拿趣味当目的，而不是以它为手段，才能由始至终贯穿着趣味。他指出，为学问而学问，为劳作而劳作，为游戏而游戏，方能感觉学问、劳作、游戏的趣味，否则趣味全无。可见，唯有以活动、对象为目的，

---

① 梁启超：《饮冰室合集》第2卷，中华书局2011年版，第47—66页。
② 梁启超：《饮冰室合集》第5卷，中华书局2011年版，第12—14页。

才能享受乐趣。老实说，康德学说已内化为梁启超坚定生活信念的重要的依靠力量。

梁启超对康德选择性的引用与介绍，发生在他的政治活跃期，中国化与现实化的色彩因而显得异常浓厚。在引用与介绍中，他逐渐内化康德思想，并加以灵活运用，努力使康德学说充当趣味人生的根基。前者侧重于"为人"，是出于社会救治的宏愿；后者强调了"为己"，着眼点在审美化的生命归宿营造。前者向后者的推进，体现了梁启超的角色由政客到学者的醒目蜕变。

面对梁启超对康德的"中国化"，王国维流露出强烈的不满，他说梁启超对康德的介绍乃"剽窃灭裂而已"，"其纰缪十且八九"。① 与梁启超的政治愿景不同，王国维的康德接受，首先是源于对其自己摆脱心灵困境的需要。他说，他"体素羸弱，性复忧郁，人生之问题，日往复于吾前，自是始从事于哲学"②。可见，王国维钻研哲学，接受康德学说，立足点是"为己"，在起点处便于与梁启超不同。

因为康德学说首先是王国维生命的需要，所以他接受康德，花费的精力较梁启超多，领悟也更为深刻。可以说，王国维是中土对康德有深入领悟，并有创造性贡献的第一人。他首先领会到，康德伦理学，意蕴潜藏之深远。他知道，在康德那里，人是目的，而不是手段，人神圣得不容侵犯。他对此当是莫逆于心的。他于是对康德的行动伦理做出了创造性的转换，使之内化为自身受用的学术伦理。他庄严地指出，学术是目的，而不是手段，在他的内心深处，学术的地位同样也神圣得无可睥睨。因而，王国维眼中，学术当是抚平心灵创伤的需要，是与生命不分须臾的。就此，正如陈寅恪所说的那样，他的蹈水自杀就是在以身殉学术，而并非一人一姓之恩怨使然。

在他的心中，康德的分量不轻。首次接触康德名字，他便感到狂喜。③ 后来他通过叔本华阅读康德，尽管叔氏对康德多有诋毁，但康德在他心中，仍然伟大。他说，康德宛如"赤日中天，烛彼穷阴，丹凤在霄，百鸟皆瘖"④，光芒

---

① 王国维：《王国维全集》第 1 卷，浙江教育出版社、广东教育出版社 2009 年版，第 123 页。
② 王国维：《王国维全集》第 14 卷，浙江教育出版社、广东教育出版社 2009 年版，第 119 页。
③ 王国维：《王国维全集》第 14 卷，浙江教育出版社、广东教育出版社 2009 年版，第 119 页。
④ 王国维：《王国维全集》第 1 卷，浙江教育出版社、广东教育出版社 2009 年版，第 12 页。

万丈,醒目非凡。他对叔本华甚是喜欢,叔氏于他产生了深刻的影响,但后来他发现,叔氏的学说"半处于其主观的气质,而无关于客观的知识"①,叔氏的为人也存在诸多问题,于是他在理智上,是告别了叔氏的。他挥别叔氏之后,是"复返而读汗德之书",并说"嗣今以后,将以数年之力研究汗德"。② 他言出必行,后来也确实这么做了。显然,他有摆脱叔氏束缚、以真切把握康德的意图,据他的交代,他的这一意图最后是实现了。经过反复钻研,他已领会到康德的极端重要性,"故汗德之于他哲学家,譬之于水则海,而他人河也;譬之于木则干,而他人枝也"③,康德是海洋,是根干,其重要性自不待言。佛雏指出,王氏前期钻研哲学,大宗师是康德,而叔本华,则处于次要的位置。④ 康德言与行并重,因此,王国维西学的精神导师,无疑是康德。

王国维说,生逢乱世中的学人,恰当的选择有二:一是治学择术要慎,二是现实中忧世要深,两者缺一不可。⑤ 前者是知识的正确选择,后者是责任的勇敢担当,知识学术与人生世道应是水乳交融的。接受康德,以康德为师,显示出他择术的谨严;努力逼近康德,则体现他自我救赎的迫切,以及文化救治抱负的宏大。罗振玉指出,王氏早年研习康德等西学,其目的是改造旧文化,以创造新文化。就此而言,王氏是新文化运动当之无愧的开路先锋。王氏接受康德,最后的落脚地是以文化的创新,救治社会的败落。与梁启超比,王国维接受康德,是以"为己"始,而以"为人"终。

就社会影响力说,蔡元培远超过王国维。挽救颓唐落寞的社会,蔡元培开出的教育药方,较王、梁、康诸人更显得具体,操作性也更强。社会动荡不安,文化新旧交替,国民精神如何安顿,中华民族何去何从。蔡元培与王国维等人一样,也严肃反思这些问题,以此体现庄严的文化使命,与沉重的时代担当。传统观念亟待更新,观念的变革需落到实处。在蔡元培看来,国民观念的更新,精神境界的提升,谋求中国的出路,审美是有效的途径。宗

---

① 王国维:《王国维全集》第1卷,浙江教育出版社、广东教育出版社2009年版,第3页。
② 王国维:《王国维全集》第1卷,浙江教育出版社、广东教育出版社2009年版,第3页。
③ 王国维:《王国维全集》第3卷,浙江教育出版社、广东教育出版社2009年版,第293页。
④ 佛雏:《王国维哲学译稿研究》,社会科学文献出版社2006年版,第208页。
⑤ 王国维:《王国维全集》第8卷,浙江教育出版社、广东教育出版社2009年版,第620页。

教在西方，只是习惯而已，是历史的事实。中华民族，无严格之宗教，文化追求的理想境界，是审美。审美境界形成，想落到实处，就得仰仗于教育。说白了就是要以美育来代宗教，形成运作的制度化，在全社会实施美育。① 应该说，社会救治的审美途径选择，蔡元培比康、梁、王等人，显得更为自觉。

蔡元培的"以美育代宗教"，观念之渊薮是康德。他指出，在首开美学新纪元的鲍姆加登之后，在美学上有重大贡献的首推康德。他说，康德的哲学，可称为"批评学说"。《纯粹理性批评》清理的是"知识的性质"，《实践理性批评》则厘定的是"意志的性质"。"前的说现象界的必然性，后的说本体界的自由性。"《判断力批评》寻找的是"情感"（美感）的逻辑，介于前后两者之间。至此之后，美学在哲学中就占据着显赫的地位。② 他还说，现象界与本体界是有所区别的，"前者相对，后者绝对；前者范围于因果律，而后者超轶乎因果律；前者与空间时间有不可离之关系，而后者无空间时间之可言；前者可以经验，而后者全恃直观"。由前者到后者的过渡，可依赖于美感，蔡元培说："美感者，合美丽与尊严而言之，介于现象世界与实体世界之间，而为津梁。"欲实现此过渡，教育家的选择是诉诸"美感之教育"。③ 显然，蔡元培"以美育代宗教"，最核心的观念是在西学中对他影响最深的，康德美学无疑。④

欧风西雨强劲吹打，固有文化落寞凋零，西上中下的价值观念在社会中逐渐蔓延开去。因而，康有为、梁启超、王国维、蔡元培，作为有文化使命与时代担当的知识精英，在开始时，大都亲近、拥抱过西学，就变得容易理解。作为德国古典哲学的开山者，康德对19世纪的全球思想界所产生的影响是足够重大的，思想家在高喊着，欲推进思想的发展需回到康德。当中国的知识精英开始睁眼看世界时，摆在他们面前的就是康德笼罩学界的图景，他们在价值上仰视并抬高康德，是在情理之中的事情。在他们的手里，康德哲学美学最终都演变为文化与社会批判、改造、创新的重要武器。站在他们的肩膀上，随着时间的推移，下一代的文化精英看待康德的姿势已在发生变化。价值也由近现代转向当代。

---

① 蔡元培：《蔡元培全集》第3卷，中华书局1984年版，第30—34页。
② 蔡元培：《蔡元培全集》第4卷，中华书局1984年版，第21—22页。
③ 蔡元培：《蔡元培全集》第2卷，中华书局1984年版，第133—134页。
④ 聂振斌：《蔡元培美学思想研究》，商务印书馆2012年版，第2页。

二 当代的俯视：降低康德之价值取向

晚清政局，遭受前所未有之震荡，中国的文化精英面对内忧外患，他们的焦虑在加深，原有的文化自信也在逐渐丧失，他们深陷于表征的危机之中难以自拔。因此经验、现世、文化的观念表达、描述、提炼，知识获取、文化涌动的大潮，是紧随着西方的脚步前进。知识精英们在艰难中，以巨大的心力靠近康德，康德在他们心中呈现出来的形象甚是崇高伟岸。时间的变化会使原有的局面得到改变。下一代的中国学人，当再次面对康德时，他们的站立的姿态已不同于前辈，对康德的价值论断也已由开始的仰望，转变为俯视。他们站立姿态、价值论断的移位，意味着他们对康德的学理爬梳，较前辈深入、全面。

相对而言，康有为、梁启超、王国维、蔡元培之后，朱光潜、牟宗三、李泽厚三人，对康德美学的接受显现出的思想旨趣极具典型意义。朱光潜长期留学海外，对西方思想、学说有着切真、娴熟的把握。他对康德的理解由此多站立于西方的立场。牟宗三是现代新儒家最杰出的代表。新儒家对传统文化的价值依恋，在他身上也有充分的体现。于是，他对康德接受、融汇、超越，核心的观念是中国传统的文化智慧。李泽厚的学术活动展开于马克思主义，占据中国主流意识形态这一较为特殊的语境中。为顺应时代潮流，他对康德哲学、美学的批判，手中挥动的利器是马克思主义学说。显然，三人思想各异、路线不同，归途则一，即在超越康德美学上，他们最后是走到了一起。

美学，是朱光潜毕生的事业。朱光潜说过，他原有的兴趣焦点依次排开是文学、心理学、哲学，而美学，则是串联三种学问最终的线索。[①] 应该说，他是中国20世纪美学界当之无愧的大师级人物。

朱光潜的美学，呈现的面相、形态多是中西融合。因融汇中西，他理论网络的编织，就是"复杂"。[②] 给他带来深刻影响的是蔡元培和王国维。有趣的地方是，蔡元培和王国维，在治学上均贯通中西，对康德的接受也都相当自觉。但是，与蔡、王两人不同的地方在于朱光潜留学海外长达十四年之久，

[①] 朱光潜：《朱光潜全集》第8卷，安徽教育出版社1996年版，第399页。
[②] 宛小平、张泽鸿：《朱光潜美学思想研究》，商务印书馆2012年版，第6页。

对西方理论的了解显得更为真切、透辟。为他着力接受、介绍的美学理论家，就有布洛、立普斯、谷鲁斯、弗洛伊德、康德、歌德、克罗齐、维科、马克思等人。西方美学家中，他说早期对他产生深刻影响的是从康德到克罗齐这条美学发展的线索。① 他们提倡的美在形式、直觉、非功利等，成为朱光潜早期美学阐述转动的轴心。当然，朱光潜的美学也在阐述中演进。他说他后来对他们的学说，"不敢说推倒"，但确已有了"怀疑"，由"怀疑"产生的"批评"，如克罗齐，也就在所难免。② 怀疑而来的批评业已表明，朱光潜已发现他们存在的不足，他们思想的鼻祖康德也赫然在目。

对康德的怀疑、批评，朱光潜的聚焦点要而言之有二。一是他斥责康德过度沉迷于美的无功利性、形式性的言说。二是他批评康德，在美学批判中，留下太多的前后矛盾、冲突。在朱光潜看来，康德美学的缺陷，就集中体现在自律论和矛盾说这两个层面上。

朱光潜指出，近代西方美学由形式主义的学说占据着主导的地位。近代美学形式主义学说的始祖是作为德国古典美学奠基人的康德。他介绍说，康德眼中有两种美，一个是纯粹的美，另一个是有依赖的美。"'纯粹的美'只在颜色、线形、声音诸原素的组合中见出"，如"阿拉伯式的图案、音乐、云彩、瀑布、星辰等"，它们尽是"以形式直接地打动感官的东西"。有依赖的美则与目的、效用联系着，人为的艺术如"诗、图画、雕刻、建筑"等，以及"大部分的自然"，都可与目的、效用相关，因而，可归入有依赖的美的范畴。就价值论，前者的价值是内在的，后者的价值是外在。因重前者，康德走向的是极端的形式主义。康德美学的特点是偏重形式，忽视内容。深层的原因是"康德突出地脱离了现实"。③ 康德所创造的是美学的空中楼阁，至少在朱光潜看来是如此。

朱光潜还说，西方美学经典中，康德的《判断力批判》是最富启发性的，与此同时，它又显示出更多的矛盾。他指出，在康德美学的深处，矛盾已像空气一样，四处弥漫，无处不在。他说，对美的批判，康德往往前后不一致。

---

① 朱光潜：《朱光潜全集》第1卷，安徽教育出版社1996年版，第197—198页。
② 朱光潜：《朱光潜全集》第1卷，安徽教育出版社1996年版，第198页。
③ 朱光潜：《朱光潜全集》第7卷，安徽教育出版社1996年版，第1页。

美之判断是没有目的的，但它又是合乎目的的。鉴赏活动是主观的、个别的，但它又是普遍的、必然的。美之判断，并非实践，但又与实践甚为相似。在纯粹美与依存美、美与崇高、天才与趣味等彼此之间，无不存在着对立关系。之所以如此，是因为康德努力在自然与自由之间建立起沟通、过渡的桥梁。①

冯友兰指出，能发现所钻研对象的不足、矛盾，表明研究者，对问题的领会、把握已比较深入、透彻。同理，朱光潜能够发现康德美学的矛盾、不足，说明他对康德美学的了解已较为深入、全面，他的美学收获与成绩已超过他的前辈学人。在他的内心里，康德重要无比，但他存在的缺点还是较为明显的，这无须掩盖。可见，朱光潜中西融会形态的美学是在自我的反思、批判中不断发展、演进的，显示出开放的良好姿态。

相对于朱光潜以美学贯穿始终、以美学名其家而言，李泽厚更钟情于抽象的哲理思辨，并更有意凸显自己的哲学家身份。因此，作为问题的美学，只能算是李泽厚哲学反思的有机组成部分。在李泽厚那里，美学隶属于哲学，美学的问题必先是哲学的问题。美学隶属的哲学身份，使李泽厚美学与康德美学在趋向上存在的相似性确乎惊人。除马克思之外，在西学中，对李泽厚产生深远影响的当推康德，他在康德接受中，显露出来的理论创新、创造意识远在朱光潜之上。

康德以毕生之力竭力思虑的问题，是自然向人的转化、生成。在康德那里，自然的内涵大致有二。一是指现象界。自然现象界为必然性所笼罩，在此获得的知识是科学的，求"真"是它最终的目的。二是指非人为性。自然而然，是其所是，它能自我调节、自我形成、自我毁灭。自然可谓是，既"不为尧存"，也"不为桀亡"。此外，自然还可指本能、欲望。康德眼中的人，是自己行为、命运的建筑师，他因而是独立的、自由的。对康德的自然与人，李泽厚有自己的领会。自然，首先指束缚人的欲望，其次是与人相对的自然界，呈现出明显的规律性。人，是文化—道德的人，即自由的人。外在的自然与人的自由，自然向自由的转化，是康德问题的聚焦点，李氏对此的把握是准确的。

问题的关键是，自然向人如何转化。在康德，自然向人的转化只是在静

---

① 朱光潜：《朱光潜全集》第7卷，安徽教育出版社1996年版，第58—59页。

观的层面进行,因为转化依赖的中介环节是反思判断力。反思判断力,即由个别上升到一般的机能,反思判断就相当于"归纳法"。自然个体,异常丰富;自然全体,井然有序。单个自然,为何如此不如彼;整体自然,为何能有序运行,人在反思中,可以这样设想,那是因为有相当于人,又不是人的存在,独立、自由地创造出来。实际上有没有这种存在,人是不必去做科学地求证的。这样一来,在反思判断中,由自然即能通达自由,自然就可向人转化,当然,这种转化只能是在静观体验的意义上有效。在李泽厚那里,自然向人转化的契机,不是静观中的心理体验,而是现实世界中,人创造工具、使用工具的实践活动。即是说不是判断力,而是实践活动,才是最终解决自然向人转化难题的关键。实践环节的易换,足能回答人如何生成,进而能回答美感如何生成。由此,就可有效破解康德的难题,进而使得康德美学重新焕发青春。

以唯物主义、实践论观点,去审视、批判康德,在当代中国实属李泽厚的独创,其功不可没。但是,由此带来的问题也应不容忽视。与康德的其他学说一样,康德美学也立足于相对明确的先验论立场。康德在审美上,为求得愉悦的必然性,有先天共通感,即共通审美心理结构的设想。康德更在意的,是对审美心理的结构形式的先验厘定。因而,对柏克为区分美与崇高所做的经验描述,康德就流露出明显的不满。从主观上看,康德美学的先验论立场是牢固的。因为马克思的唯物论、实践论,与生活现世、经验现实纠缠不清,当以之作为衡量尺度时,对康德美学的剖析就会出现严重偏差。更为致命的是,以之作为审视康德的标准,在马克思面前,康德必然矮上一大截。中国社会的经验泛滥,它更需要的是先验意识对文化的挖掘、改造、提升。就此,李泽厚的经验基点与康德美学的原意有时并不相符合。牟宗三的情形亦与他不同。

于己之学术,牟宗三在晚年有过总结性的回顾。他不无感慨地说道:他毕生的精力、贡献都用在对康德学说的融会、贯通上。① 他如此说,也确实这么做,可谓"言"与"行"并重、一致。他以玄奘译经的虔诚,凭一人之力,通译康德的三大批判,并以专门的著作对康德的三大批判进行超越式的

---

① 牟宗三译:《判断力批判》(上),台北:学生书局1992年版,"译者之言"第6页。

阐释。针对"第一批判",他写了《现象与物自身》一书;针对"第二批判",他著有《圆善论》。而对于"第三批判",他虽未留下专门的著作,但已显示出消化康德美学总体的面貌、趋势。他本无意于翻译、讲述康德美学,他对康德美学的关顾、注视实源于批判哲学完整性的考量,因为没有美学,批判哲学将是残缺破碎的。另外,原有的汉语译作存在着诸多的不足,亟待进一步完善。他对"第三批判"的"消化",体现在两次演讲与商榷长文上。牟宗三的第一次讲演,共有九讲,第一讲到第六讲是1989年的四五月,在台湾中央大学进行的;第七讲到第九讲,是讲授于香港的新亚研究所,时间是1990年的五六月份。他的第二次演讲,共分十六讲,从1990年9月至1991年1月,在香港新亚研究所举行的。第一、第二次公开的演讲均由卢雪崑整理、杨祖汉校正,并最后在《鹅湖月刊》上刊出,前者以《康德美学讲演录》结集、成册,后者结集、成册后,被冠以"康德第三批判讲演录"的名称。在翻译"第三批判"时,他还写了长达数万言的"商榷"文章,待译著出版时,附录在译作的卷首。两次演讲活泼,商榷长文谨严,两者相得益彰,共同构成他消融、提升康德美学的全貌。

挖掘并描绘人之性能的全幅图景,进而凸显人地位之神圣,成为康德"三大批判"责无旁贷的庄严使命。人的机能一分为三,即"第一批判"清理的知,"第二批判"厘定的意,"第三批判"反思的情。知、意、情三种机能有各自追求的最高价值,知即科学知识,旨在求真;意与道德相关,旨在求善;情关乎艺术审美活动,意在求美。康德试图以美来沟通真与善、自然与自由,努力在两者之间寻找过渡的桥梁。牟宗三说,康德尽管殚精竭虑,但是他的尝试并没有最终奏效。康德的真善美三者,"皆有其独立性,自成一领域",它们是"经由人的特殊能力于平地上所起的土堆",即是说,它们是分别说的真,分别说的善,分别说的美。① 由此,真便有真相,善便有善相,美便有美相。真、善各自分离、有相,美也有相、独立,故成美的原则,是主观合目的性的形式。有相、独立之美,充当不了沟通的桥梁,主观形式的合目的性原则也就不甚切当。

依靠西方的智慧,真善美三者的贯通显得混茫难测。牟宗三指出,唯有

---

① 牟宗三译:《判断力批判》(上),台北:学生书局1992年版,"商榷"长文第78页。

"站在另一个智慧方向",即中国传统的文化智慧,真善美三者才能真正贯通。具体说来,不是合目的性原则,而是无相原则,才是解决康德难题的要害。无相即化相,使相之"土堆",平平如也,若此"人便显得轻松自在,一轻松自在一切皆轻松自在"①,因取舍由心而倍感惬意。因而,无相之境,即真无真相,善无善相,美无美相,由它导致的是"即真即美即善"之合一。"'尧舜性之'是此境,'大而化之之谓圣'是此境。'天地之常以其心普万物而无心,圣人之常以其情应万物而无情',亦是此境。道家玄智,佛家般若智皆含有此境。禅家'即心是佛,无心为道'亦函此境。"② 进入无相之境,真善美的隔阂、矛盾状态,即刻消解化归为一。以此"已消化了康德,且已超越了康德,而为康德所不及"③。可见,牟宗三是站在中国智慧之上,来审视、消化、超越康德的。当中同样能射出,一代学术大师对中国传统智慧无比的珍爱、眷恋,以及挺直中国文化脊梁无限的憧憬、向往,大师的拳拳之心,昭然若揭!

牟宗三贯通康德的路向,对美学、诗学重大的提示是中国传统的美学诗学与西方会有很大差异,其舒展的形态更是显得独特。若沿着大师的足迹,继续前进奋斗,在美学、诗学上是会有创造、收获的。在中国美学界,劳承万较早领悟到,牟宗三高蹈的思辨背后潜藏的无穷奥妙、玄机,他历经十多年的默默耕耘,终有创造性的收获、贡献。劳承万指出,中国传统没有西方式的知识论美学,有的只是乐学。中国传统美学展现的形态是濡染于心性学说中的乐学。④ 劳承万还指出,中国传统,也没有西方式的知识型的诗学,有的只是诗教。中国传统诗学的形态是道器一体的诗教。⑤ 晚清以来,中国的美学、诗学一直跟着西方走,唯西方马首是瞻,因而呈现出来的尴尬局面,是西方美学、诗学在中国,真正的中国美学、诗学如何,人们不敢面对,或者面对了,也多显得昏昏然。劳承万乐学、诗教形态的爬梳、还原、清理,将有效改变这一尴尬的局面。劳承万的美学、诗学形态学事关美学、诗学学科

---

① 牟宗三译:《判断力批判》(上),台北:学生书局1992年版,"商榷"长文第84页。
② 牟宗三译:《判断力批判》(上),台北:学生书局1992年版,"商榷"长文第83页。
③ 牟宗三译:《判断力批判》(上),台北:学生书局1992年版,"译者之言"第5页。
④ 劳承万:《中国古代美学(乐学)形态论》,中国社会科学出版社2010年版。
⑤ 劳承万:《中国诗学道器论》,安徽教育出版社2010年版。

发展的根系、命脉，理应引起学界更多的关注。先知总是寂寞的，喧嚣沉寂后，历经大浪淘沙，灼见真知的学术终会熠熠发光。劳承万的美学、诗学学科形态清理，是康德美学当代中国化重大的收获之一。

牟宗三孤悬海外、客居港台，朱光潜"拒绝乘坐蒋介石派到北京的飞机去台湾"①仍留在大陆，李泽厚成长于新中国成立后的语境中，他们的时空环境、政治氛围存在着若干的差异，这使得他们对康德美学的接受、超越，显现出不甚相同的面目。新中国成立后，牟宗三已离开大陆。历年的政治运动，他已无缘沾染。免遭大陆意识形态的影响，牟宗三对中国传统文化容易产生认同感。朱光潜长期留学西方，对西方美学的了解较为切真。"文革"运动对朱光潜的康德接受产生了若干的影响。李泽厚始终紧跟着中国现实的脚步前进。如此看来，外部环境对学术的影响，有时候是相当深刻的。朱光潜、牟宗三、李泽厚三人，不管他们意识到（牟、李），还是没有意识到（朱），超越康德的姿态业已显露无遗。他们留下的深刻脚印，值得再三琢磨、辨认。

三　当代的平视：平放康德之价值取向

仰视康德，是康德站着，仰视者跪着，当中显示出来的是仰视者侏儒般的行走，显得甚是"卑微"。文化群体性的溃败，当面对强大的西方，中国社会的价值天平容易呈现出向西方一边倒的尴尬局面，如此语境中文化个体的行走，有时必如侏儒般谦卑。与此相反的，是自高自大的俯视。俯视康德，是让康德跪着甚至爬着，站立着的是俯视者自己。传统文化的衰败，使有识之士容易走向自大的另一种极端。他们俯视康德，显露出的是俯视者的"傲慢"。谦卑的仰视不必，傲慢的俯视不妥，理想的站立姿态应是对康德的平视，并在平视中与康德展开平和的对话、交流。其中的道理是很容易明白的，人与人之间只有相互学会尊重，交流才能做到将心比心，交流才是有效、可持续的。个体之间的交流如此，文化群体之间的交流又何尝不是如此呢！

回到接受的场景，接受者们的初衷是当他们面对康德时，都在平视康德，

---

①　朱光潜：《朱光潜全集》第1卷，安徽教育出版社1996年版，第6页。

并能够与其进行有效对话。在某种程度上说，康德的接受者们似乎都谦虚地告诉世人，他们确实能读懂康德。有些毫无保留，将之和盘托出；有些则将谦虚之态度，深藏于内心。无论实际的情形如何，他们的个性化表达透露出来的是他们与康德深入交流，愿望之无比迫切。"体素羸弱，性复忧郁"的王国维就曾谦虚地认为，他对康德主要的著作，经过四次反复的阅读后，最终是弄懂了康德学说的义理，他弄不明白的地方是康德自己思想表述欠畅达，有矛盾。敢说自己读懂康德著作，汉语思想界中的第一人当推王国维。作为港台新儒家的杰出代表，牟宗三也谦虚地认为，康德逝世以后，两百多年的时间里在西方是没法找到知音的，而他自己是康德两百年后，世界唯一的知音。他不无坦率地说，他以中国传统的文化智慧，去消化、融会、提升、超越康德，而融通康德学说的著作达到的成就是"古今无两"、无人能及的。牟宗三读懂康德的交代，除去当中的狂者成分，倒是有若干道理的。王国维与牟宗三率性而行，言说没有遮蔽。在搬动一张椅子都要流血的中国，没有明说自己能懂康德的必大有人在。不管说还是不说，中国学者挺进康德思想的核心领地，心情显得相当急切，时代风云在变，他们此心此意不变。

  不抬高也不降低，不卑亦不亢，对康德的接受能做到真切了悟、毫无偏差，除了康德自己，能达到如此高度的将难以寻觅得到。就此而言，后来的阐释者想彻底弄懂，进而还原出真实的康德面相，充其量，是理想中的某种奢望，对异于康德的文化他者——中国而言，情形更是如此。理想之所以是理想，是因为它只能逼近而不可与之重合。还原出原本的康德，明知不可而为之，行动的推进必能绽放出无穷的人性光芒。

  理想落到实处并贯彻于行动中，确实需要合适的方法。汉语思想家欲切真领会康德，既需"入乎其内"，也要"出乎其外"。他们"入乎其内"，说的就是精通并能熟练运用德语，以此为契机，能穿越康德原著。他们"出乎其外"，指的则是懂得西方文化、哲学，了解德国文化的精髓，以此具备把握康德所需的总体视野、思辨能力。前者的衡量尺度，就是能熟练运用德语，能以德语来思维，可用德语来写作。因为以熟悉德语为出发点，进入康德的哲学美学著作，进而阐释潜藏其间的思想，才不会有太多、太大的偏差。而后者了解德国乃至整个西方的文化，拥有高蹈的哲学思辨力，也能为把握康德学说扫清障碍。有一些人可熟练运用德语，也了解西方、德国文化，倘若缺乏哲学修为、思辨能力，他们将不愿也不能进入康德堂奥。另有一些人很善于哲学思辨，但他们对德语、德国文化终有点"隔"，他人翻译的视域是他们理解康德的视域，由此他们对康德著作的解读、领会将难以达到原汁原味。欲逼近康德思想的核心，仅知晓德语是不够的，只有哲学修养也是不够的，能集德语与哲学于一身的，绝佳的榜样、典范，是德国的哲学家。汉语思想者，倘若想领会、洞穿康德学说，唯有自我拔高、抬高，以到达德国哲学家的水平，才能使该目标实现。

有趣的地方是，德国哲学家的康德解读有时也难免存在偏差。康德在世时，就极度抱怨德国的知识精英，对他思想的理解存在着太多的曲解、误读。为避免误解，他在《纯粹理性批判》初版不久，便补充了若干内容，再出第二版，并且还写了通俗本，可见忠实地理解康德是何等的困难。康德逝世以后，他在德国遭受的误读、曲解依然难以避免。叔本华对康德甚为推崇，他说康德哲学的伟大贡献是区分了现象与物自身，不过康德却使两者的距离被拉大了。看清了这一点，于是他以非理性的意志，去置换、翻转康德的物自身，进而弥合现象与物自身之间留下的鸿沟，物自身不可知的问题就迎刃而解了。康德的物自身，如自由意志、上帝存在、灵魂不朽等是不可知，但它却是可反思的，在实践的意义上它倒是确切的，而叔本华的意志，带有盲目冲动的特性，当中的道德感已被稀释干净，因而叔本华对康德的翻转，很难说是对康德的准确理解。尽管不是对康德的忠实理解，但他以非理性的意志为核心，建构了自家的意志论学说，致使西方哲学美学走向了非理性的通道，同样能开创出崭新的思想局面。在此意义上说，叔本华对康德的曲解、误读堪称伟大。德国的哲学家尚不能准确、有效理解康德，在与德国文化迥异的中国，读书人的误读必在情理之中，倘若能像叔本华那样，对康德有创造性的阐发，也是最大的安慰了。不管怎么说，时代变迁中的中国学人，在接受康德时，确实已显露出透彻理解康德的坚强信念。

平视、参悟康德学说，中国的有识之士，既心向往之，也能付诸行动，他们并没有选择在沉睡中，虚度青春与时光。自从康德入驻中土，他们希望与康德平和地交流，且从未停歇过，新中国成立前有之，新中国成立后亦然。民国时期，郑昕远赴德国，在"德国多年，先在柏林大学，后去耶那大学。不清楚为什么离开柏林去耶那，猜想可能是为了求教于新康德派大师布鲁诺·包赫"①。不管怎样，他确实在康德专家，包赫教授的指导下，进行着为期三年的学术研究。留学德国期间，郑昕对康德做过深入的探究当是不虚。在德语的熟练运用与哲学思辨的双重层面上，他显示出把握康德学理精髓的良好而强劲的态势。回国后，"从1933年起在北大专门讲授康德历时三十余年"，对中国康德学人才的培养，他功勋卓著。齐良骥说，郑昕是他"学康德哲学的老师"，也是同他"年岁相差不多在旧社会念大学的一些同志学康德的老师，又是解放进大学当前在全国各地的好多哲学工作者学康德的老师"，郑昕使中国的康德学薪火相传、弦歌不断。他的《康德学述》于1946年由商务印书馆出版，是中国"认真介绍康德哲学的第一部专著"。② 该书的贡献，要而言之有三，一是"着重康德先天自我之为一切知识可能的逻辑条件或逻辑主体"，二是他把康德的物自体，解释为不同于柏拉图的理念，三是他坚持"心外无理"的原则，去发挥、融会康德学说。③ 可以说他是中国第一个专以康德为业的学者。稍感遗憾的是，他对于康德的美学并没有太多的留意。齐良骥是在郑昕的指导下踏足康德领地的，受郑昕传承的新康德主义的影响，齐良骥的康德学也偏重于知识论。他毕生的宏愿是系统整理康德的知识学，他在生前计划书写的著作并没有最后完成，可见通往康德道路是何等的崎岖。他的未完稿，在各方努力下，于2000年在商务印书馆出版。与郑昕一样，齐良骥也没有太多在意康德学说中的美学议题。他的学生韩水法也热衷于康德学。与他的前辈稍有不同，韩水法的精力多用在康德的物自身、形而上学的领悟上。遗憾的地方是，他对康德美学依旧没有过多的注目。郑昕、齐良骥、韩水法一门三代人，就德语熟练与哲学修养看，他们切真把握康德思想、与康德平等交流的意图是相当明显的。出于哲学的"傲慢与偏见"，他们对康德美学的问题都选择了放弃绕开。

北京大学以外，由康德美学的接受而带来的中国化也在悄然进行。韦卓民对孔孟之学有深入的钻研、领会，对西方哲学文化，因"同时精通英、法、德、拉丁、希腊文等语种"④，也有独到的了解、领悟，他可谓学贯中西，享

---

① 齐良骥：《重印感言》，载郑昕《康德学述》，商务印书馆1984年版，第2页。
② 齐良骥：《重印感言》，载郑昕《康德学述》，商务印书馆1984年版，第1—2页。
③ 贺麟：《五十年来的中国哲学》，商务印书馆2002年版，第102页。
④ 韦卓民：《韦卓民学术论著选》，华中师范大学出版社1997年版，第481页。

誉中外。厚实的中西方学养，特殊的社会环境，使他的康德接受呈现出别样的风景。别样的地方就在于，韦卓民的康德接受是行进于中华人民共和国成立后他退出领导岗位，在如此异常艰难的岁月中"不管风云变换，世态炎凉"，"始终以一颗平常之心，豁达、精进，默默地耕耘和奉献"①，显示出学者的本色、智者的睿智。他的潜心付出是有成效的。可以说，新中国成立后较长的时间里，中国出现的大部分译著均出自韦卓民之手。② 他为后来的中国学人，真切把握康德学说作出巨大的贡献。

与郑昕不同的地方是，韦卓民对康德美学用意甚浓。他翻译了康德的《判断力批判》上、下两卷，下卷与宗白华翻译的上卷一起，在1964年由商务印书馆出版。中国学界在很长的时间里，对康德美学与目的论的了解都建立在他与宗白华的合译本基础上。为使中国学界更好地了解康德美学，他还翻译了《康德的〈判断力批判〉释义》。该书作者H. 卡西尔是新康德派E. 卡西尔的儿子，受家父及裴顿的影响、指导，他对康德的美学有深入的研究。他的释义著作为西方学界准确理解康德的"第三批判"奠定了良好的基础。该书的汉译也必能有效促进中国的康德美学研究。值得庆幸的是，该书已随着韦卓民全集的问世，得以重见天日。因精通西语，中西学养深厚，韦卓民的翻译是很可靠的。

准确的翻译，是深入理解原意为基础的。翻译之外，他对康德"第三批判"也有自己的理解、介绍。他的绍述，除第三批判的整体构架外，还分别讨论了审美与目的论两部分，显得全面。在他的绍述中，康德反思判断力的"中介"功能得到了强化。他说，反思判断力的机能，"在一切情况下是介于知性和理性之间，或者说介于知性与情感之间，或者还可以说，介于作为一个机械的系统来着想的世界和从一种有机的统一性观点来看的世界两者之间的"③，桥梁、过渡的色彩浓厚。他凸显了康德美学的"中介"功能，是符合康德的原意的。

教师的职业是辛苦的，对教师的最大安慰莫过于他能培养出精神上的继承者。弟子对教师精神的最佳继承并非亦步亦趋地简单维护、重复，而是在

---

① 韦卓民：《韦卓民学术论著选》，华中师范大学出版社1997年版，第481页。
② 韦卓民：《韦卓民学术论著选》，华中师范大学出版社1997年版，第483—484页。
③ 韦卓民：《韦卓民学术论著选》，华中师范大学出版社1997年版，第128页。

消化、理解的基础上有创造性地推进、发展。就此而言，作为教师的韦卓民，是足够幸运的，因为他有精神衣钵的继承人，更难能可贵的是，在他的基础上，后来者能有创造性的发挥、贡献。他精神上的合法继承人，是劳承万。劳承万曾被人尊称为"劳康德"，他对康德多有创造性的领会、阐述。在早年，他就以审美中介论"异军突起"于学界（蒋孔阳语），为学界同仁所注目。诚然，中介论美学的猜测、论证，文化视野的宏远、辽阔，已远超康德—韦卓民的"中介"视域。近期，他致力于中国心性哲学与康德的汇通，创造性的成果如前述的中国古典美学乐学形态论、诗学道器一体论的登场，显示出他永不磨灭的创造意识。可见，劳承万的学术演进，与康德学说的联系是相当密切的。

中国当代学界，凭借谙熟德语、具备哲学思辨双重的优越条件，穿越康德原著，以期洞悟康德思想的不乏其人。邓晓芒与李秋零等新时期学者，在努力使"康德说汉语"的道路上留下的探索足迹格外引人注目。邓晓芒系统的康德接受，是在攻读硕士学位时开始的。当时恰逢美学热，他的康德接受就是以对"第三批判"的解读作为起点的。他对康德以及康德美学的审视，突出的是康德的人学意蕴，他以人类学的视角去审视康德美学，展现出自身思想的独特性。他为夯实人类学基点，还着手翻译康德的《实用人类学》。后来，他由康德的美学扩展至整个的康德学说，研究范围变得宽广。在汉语思想界，他首次根据德语原文，通译康德"三大批判"，弥补了以往的某些不足。忠实地阐释康德，试图与其平等对话，邓晓芒迈出的步伐显得那样的坚定、重要。与邓晓芒一样，李秋零系统的康德接受起步于新时期他在攻读学位之时。他是哲学家苗力田的弟子，有过多年的留德经历，他对于德国文化有着较为真切的感受、体会。他对中国康德学的最大贡献，是历经数年之时间主持翻译了康德著作全集。此属破天荒的大事件，对中国学界的康德接受，必将起到重要的推动作用，弥补了这方面的遗憾，功劳甚大。除邓、李两人外，还值得一提的是曹俊峰的康德美学研究。曹是蒋孔阳的弟子，以专治康德美学著称于世。他对材料有相对全面的收集、翻译，同时有专著问世。他对康德美学的理解显得较为全面、深刻。此外，港台学人的康德接受也有值得注意的地方。黄振华、李明辉和朱高正，均曾远赴德国，专攻康德学说。受新儒家的刺激、影响，他们更在意康德的道德学、政治学，而对康德美学的关注略显不足。

晚清以来，中国面临的问题是中西跨文化之间的交流。不同个体与康德的交流，反映的是文化间深层次的照会、碰撞。历史地看，中西跨文化间的交流，并不总是那么如意顺畅。中体西用或西体中用的选择性追问，以及全盘西化或全盘西化的意向，是中西文化交流出现困难较为集中的体现，因为学人们要么自高自大，要么自轻自贱，心态难以平衡。中西跨文化的交流，想变得有效，需要的是文化间的相互尊重、彼此间温柔的凝视。因而，汉语思想者们平视康德学说，与康德平等交流，如此动人场景，只有在交流障碍得到充分克服之后才有可能出现。就目前的情形看，中国对康德的忠实阐释尚在进行当中，借用海德格尔的话说就是，我们还在路上。

四 价值取向与康德身体美学之意味

原始人类的表达、交流是以身体作为载体、媒介的。康德之前的意大利人维科就已指出，早期人类的交流、表达是紧紧围绕着身体，并以身体作为隐喻来展开的。他说在大部分的语种里，都"用'首'（头）来表达顶或开始，用'额'或'肩'来表达一座山的部分，针和土豆都可以有'眼'，杯或壶都可以有'嘴'，耙、锯或梳都可以有齿，任何空隙或洞都可以叫'口'，麦穗的'须'，鞋的'舌'，河的'咽喉'，地的'颈'，海的'手臂'"①，如此等等，不一而足。维科之后，康德进一步指出，随着身体姿态、神情的变换，意义的展现、表达就会有差异。他说人点头的意思是肯定，摆头是否定，扬头是反抗，晃头是惊奇，皱鼻子表示嘲讽，冷笑代表嘲讽，拉长了脸是拒绝要求的意思，皱额即是苦恼，如此一来，可使不同人种和地域的人们，"不借助于约定而相互理解"②。因作为表达、交流的原始媒介，人身体的周围必有意义在萦绕。

仰视、俯视、平视，恰好是由身体发出的三种不同的动作。三种不同的身体舒展姿态，表明意义信息的传输、价值意味的生成也就各不相同。拔高

---

① ［意］维科：《新科学》，朱光潜译，载《朱光潜全集》第18卷，安徽教育出版社1996年版，第237—238页。

② ［德］康德：《实用人类学》，邓晓芒译，上海世纪出版集团2005年版，第229页。

对象，就得仰望对象，身体展现的姿势是对象高高在上，仰望者显得低下。降低对象，即可俯视对象，身体表现的姿态是对象低下，俯视者高高在上。两种情形，并非对等性的交流。理想的状态是，审视者怀抱着平和的心态，不卑也不亢，感觉对象与自己一样高，彼此之间可亲切交谈。三种不同的姿态，足以折射出近现代中国人面对康德以及外来文化，价值立场的不同选择。不管怎样，接受者们无一例外，都承认康德的重要性。上文所提之人，因意识到康德的重要性，他们在学术上都有所创获。仰视康德，以康德为师，王国维、梁启超、蔡元培诸人，在美学上能有开创性的业绩。俯视康德，照察其不足，虽偶有偏差，但朱光潜、李泽厚、牟宗三等人，在美学上也都有重要的贡献。平视康德，是某种期待中的理想状态，接受者们在理想的牵引中前进，学术、思想同样也可远行。可以说若离开康德，现代中国美学的基本格局肯定是另外的样子。

不同的接受个体，面对同一的康德美学，因个体的差异性，使得康德美学的接受情形会变得复杂起来。其实，当不同的接受个体在接受康德美学时，身体的姿态也可能会出现变动性。他们在接受中，或者开始仰视，后来俯视，有时平视；或者开始俯视，后来也有仰视、平视的时候；或者开始平视，后来也可能俯视、仰视等等，诸多情况不一而足。因而，由仰视而俯视，进而平视，身体姿态的变换、价值选择的差异性，只体现出整体上的有效性。稍微留意，我们在总体上便可发现，由仰视、俯视到平视，康德中国化的学院气息变得越来越浓厚，由"为人"到"为己"的演进轨迹还是清晰可辨的。

若停留于学院化，康德学将难以摆脱只是观念嬉戏的印象，它进入现实的力量必将受到削弱。针对于此，有学者主张，要告别康德，走向杜威。因为在有些学者眼中，杜威的实用美学与现实的联系很是密切，并能回答生活现实、艺术实践提出的问题。问题解决的关键是康德能否与现实产生勾连。事实上康德的美学理论与现实的关联也甚为密切，也能经受得住现实的考量。

就形成上看，康德的理论自有它现实的来源。由现实中的个别上升到对一般的把握，即反思判断的活动，康德称之为"独断论"。实际上，在理论反思中，康德对这种"独断论"甚是喜好。有一次，康德在上课中，发现前排有个学生的上衣掉了纽扣。他老是朝着没有纽扣的地方看，以至于上课老是分神，上课效果也不好。这是再平常不过的小事，但善思的康德却能从个别的小事中上升到对人性的反思。他说,喜欢揪着别人的缺点不放,这是人性的弱点。康德很善于交际,出入各种交际场合,他也很善于打扮自己。由此,他说到,若独住孤岛,人无须与人交往,他将不会想到要美化自己,而若回到人类社会,人才会想做一个举止优雅的人。康德借用菲尔丁的话说,爱情的痛苦的结束,意味着爱情的结束,爱与痛苦是始终相伴的,他还说某个男人若喜欢某个女人,他在这个女人面前的表现肯定是很拘谨的。若非有情人,如此真切动人的话恐怕是说不出来的。可见,康德的理论反思是有现实来源的。

从走向上说,康德的学说是经得起现实考量的。康德说过,审美虽与概念无涉,是直观的,但由审美带来的愉快却是普遍有效的,即只要我判定为美,你也会觉得美并感到愉快,他也同样如此。普遍性是概念的事,审美中却因直观有普遍性,如此奇特的情形到底是如何发生的?康德告诉我们,之所以能够如此,是因为作为审美者的人有着先天的共通感,就是人同此心而心同此理,彼此的审美心理结构是共通的,因而当我判定一个对象为美,你与他也会同样如此。由此审美的愉快是必然的。审美的普遍性、必然性可置换为先验性。康德想说的是,经验活动中的不如意,积累太多太久时,人的交流就会变得困难,而先验的提炼能使人遗忘掉现实的痛苦,人的交流才会变得顺畅。在此意义上,抽象能力的冶炼、拥有乃是至关重要的:"许多人的不幸在于他们不能进行抽象。一个求婚者只有当他能够对情人脸上的赘疣或齿豁视而不见时,才能缔结一桩美满的婚姻。但我们的注意力恰好有一个特别坏的习惯,甚至是不由自主地全神贯注于人的一切缺点。他的眼光集中于正对着他脸的掉落了的一颗上衣纽扣,一个齿豁,或是习惯性的语言毛病,这样既使别人不知所措,甚至也使自己在交往中把事情弄糟。如果大体是好的,那么对别人的缺陷以至于对自己的幸运都不加注意,是一种不仅合理而且聪明的态度。但这种抽象能力是一种只有通过锻炼才能获得的坚强气质。"①美的鉴赏活动,能帮人形成适用于交流的抽象力。因此,康德反复地说,美的鉴赏判断,若不运用于交流,它将失去魅力。

康德的"第三批判",与第一、第二批判一样,同样艰深晦涩,但它与现

---

① [德] 康德:《实用人类学》,邓晓芒译,上海世纪出版集团2005年版,第9—10页。

实的距离并没有人们想象得那样遥远。既然康德美学有足够的力量，进入现实并能回答现实的提问，因而，若是因现实维度的阙如而宣布康德已过时，进而想掠过、告别康德，将是不明智的举措。郑昕说告别、掠过康德，我们只能有坏的哲学，同理若掠过康德，我们所拥有的只能是坏的美学。既然因价值立场的差异，已使康德美学的中国化出现精彩纷呈的局面，而现实维度缺失的指责，同样也是不得要领的，那么若回答"要康德还是要杜威"的问题，恰当的选择应该是，杜威与康德都是可以要的，这也算是一种价值论趋向吧！

归纳一下我们上面的论述。一个总的意见是，在康德美学中国化中，价值立场实是难以绕过。学者们的价值立场选择，集中体现于三个方面。其一是受西上中下的观念影响，康有为、王国维、梁启超、蔡元培等作为中国最早一批的康德接受者，对康德的哲学和美学坚持的是仰视、拔高的态度。他们接受中缠绕着的是为己与为人的艰难抉择。其二则是朱光潜、牟宗三、李泽厚等学者，分别基于西学、中国传统文化、马克思唯物论等不甚相同的文化观念，对康德的哲学和美学选用的是俯视性的审视姿态，其中降低康德的价值趋向甚是明显。他们接受中流露出的是超越康德的情怀。其三是以哲学思辨与精通德文为有利条件，郑昕、齐良骥、邓晓芒、李秋零、曹俊峰等，能与康德哲学美学展开平等的对话，他们均在平视康德。勾勒原真的康德面相带有很大的理想性，因而与康德的对话、交流是一项需持续进行的工作。拔高、降低、平放三种价值立场的选择，其逻辑与历史是交织在一起的。学者们的价值立场选择不同，康德中国化的面貌就各不同，他们取得的成就也就各异。成就的取得足以警示当今的中国学界，告别康德美学，绝非明智之举！而当我们阅读康德著作时，置身于不同的文化空间，其展现出来的意义也将出现差异。

第二节 阅读空间从中国近现代到当代之拓展

康德学说濡染的文化空间是欧洲德国。康德作品一般的难以说尽多半是由"阅读"活动来决定。阅读历来是"独一无二的"，"每次都是第一次，每次都是惟一的一次"，正如布朗肖所言，作品的空间就是由"流动"的阅读来将之加以开凿。① 如果从梁启超和王国维他们那一代学人算起，中国的康德阅读已有过超过百年的历史。中国不同的思想个体对康德著作进行的阅读，必使其著作的精神空间一次次得以开凿，并在生动的文化屏幕上"投射"出来。若考虑康德在中国百年传播中美学议题的独特性，其文化空间的演进轨迹，倒还是清晰可辨的。可以说不同的阅读个体构成的想象性群落，投射在文化屏幕上，相应也呈现出空间的流变性。就此而言，康德美学的中国阅读，其早期、中期、近期各阶段的划分充其量也只是种借用而已，因为恰如福柯所说，总体的历史展开只不过是扩散了的空间而已。②

一 近现代文化：救世之康德阅读空间

梁启超、王国维、蔡元培、虞山、吕澂等人构成了康德哲学美学作品在中国最早一批的阅读、接受群体，他们阅读康德著作所展现出来的面貌事实上并不完全相同。他们阅读中的不同收获，足能体现中国遭遇康德的最初情形。要而言之，早期阅读呈现的面相可体现在两个方面。其一是知识精英接触康德美学，对它有所领会了解，但未能专文介绍，只是以它作为工具，有目的性地运用，如此的阅读意在与康德作品的神交；其二则是学者们的专门撰文、叙述围绕着康德美学展开，如此的阅读与收获直接显露在外，因而使人易于把握。不同的阅读个体开挖出的作品空间尽管不尽相同，但在文化想象性屏幕上，"文化与救世"的主题书写，在他们早期阅读中，倒也可以辨别得出。

当时的中国知识精英，在血的教训面前已逐渐意识到物质、制度的变革，远没有观念的革新重要，而中国欲革新传统观念，非得引进西方学说不可。康德等西方学说的接受内在于这种意识的觉醒之中，因而康德作品的阅读，一开始就与民族、国家的"求变"意识密切相连。由此也容易明白，中国最先想迫切了解的，不是康德批判哲学真实面貌，而是蕴含着变动观念的"星云假说"（康有为）。因与民族、国家建构等宏大叙事联系起来，康德的中国阅读至少在早期阶段显得异常的沉重庄严。迫切了解西学，以了解的西学为

---

① [法] 布朗肖：《文学空间》，顾嘉琛译，商务印书馆2003年版，第196页。
② [法] 福柯：《知识考古学》，谢强、马月译，生活·读书·新知三联书店1998年版，第12页。

武器批判、改造旧文化，憧憬、向往新文化，是早期康德阅读展开的总体时代趋势。在如此语境中，有理想、有担当的读书人试图探寻文化出路，进而开启社会救治药方，就不再是难以理解的事情。

梁启超的康德阅读，以及他在阅读中挖掘出的康德空间的社会选择性在开始时相对明显。西方哲学大家人物众多，但梁启超似乎只对康德情有独钟，说他是近世睥睨古今的第一大哲。有趣的地方是，梁启超并没有深入钻研康德的批判哲学，而是有选择性地介绍了他的政治学说。个中缘由倒是不难明白。梁启超早年怀抱政治理想，积极参与维新变法，与其师康有为一样，均是政治上的活跃分子。他对康德的阅读，发生在他政治热情高涨的早年，侧重于康德政治学说的介绍，乃在情理之中。后来，他的政治激情消退后，他对康德的关注点发生了变化，他将康德思想加以内化，使其充当自身趣味人生的根基，然后推己及人，希望他人的人生也如此。他的社会担当意识同样很是强烈。梁启超对康德作品的阅读，以及阅读之后的介绍、运用能很好地与"文化与救世"想象性屏幕联系起来。他的康德阅读以社会变革始，以人生救赎终。

王国维对梁启超的康德解读，其中沾染过多的政治色彩，指责很是严厉。至少从他自身意愿来看，他内置纯学术的眼光，与梁启超的康德阅读有着实质性的区别，他坦言他接受康德等西方哲学，目的是解决人生之问题。但是，王国维的康德阅读深埋着救世的宏愿，还是能为后人感受得到。据王国维自己交代，他首次接触康德，只是见到康德之名，内心便已感到狂喜，不过他更觉其文字暌隔，不知所谓。他第一次接触康德的极度兴奋，只是他急切了解西学、康德之愿望最生动的映射。后来他掌握了日语与英语等，还在罗振玉资助下，有过到日本留学的短暂经历，这为他钻研、把握康德学说扫清了诸多障碍。他说他经过四次的反复之后，自认为是读懂了康德，而读不懂的地方，是康德自己弄不明白，康德自己糊涂有矛盾。他借助已消化的康德学说，创造性地提出了美学古雅说与意境论。康德学说艰深晦涩，他却自愿将生命融入康德学说的解读中，并能在解读中有创造性发现，实与他的文化、社会变革理想紧密相连。民族与国家风雨飘摇、危在旦夕，王国维清醒地意识到，欲救民族、国家于水深火热之中，读书人当可作为的是对传统文化进行批判、更新，以期能创造出适合于时代要求的新文化，王国维在此意义上，是五四新文化运动的先驱。他的康德阅读,以人生救赎始,以社会变革终。

就社会影响力而言,蔡元培远超过王国维。假如说王国维是新文化运动先驱的话,那么蔡元培就是时代的弄潮儿。为挽救颓唐落寞的社会,蔡元培开出的审美教育药方,较其他时代同仁,内容更显得具体,操作性也更强。社会动荡不安,文化新旧交替,国民精神如何安顿,中华民族何去何从。传统观念亟待更新,观念的变革需落到实处。蔡元培高举远慕,指出国民观念的更新,精神境界的提升,谋求中国的出路,审美是有效的途径。而审美境界的形成想真正变成现实,就得仰仗于审美教育。其实说白了就是,要形成可操作的制度,"以美育代宗教"。蔡元培的"以美育代宗教",观念之渊源是康德美学。蔡元培开挖出的康德观念,都已凝聚在其整体的美学思想当中,并凭借他重大的社会影响力,已被他引上新文化运动的辽阔疆土。

新文化运动中不绝如缕的口号是科学与民主。受此社会氛围影响,中国智识界到20世纪20年代介绍康德哲学美学的论著,数量变得相对可观起来。1924年的《学艺》与1925年的《民铎》都辟出"康德"专号,专门介绍康德学说,各类文章合计有34篇之多。面对如此情形,贺麟后来总结说,中国20年代出现的康德热,与五四"科学"与"民主"文化精神之影响联系密切,因康德所积极倡导的是理性精神,与五四精神高度吻合。中国近代沿海地区最早开放,接触到西学亦最早。中国最早一批康德作品的阅读者,多聚集在沿海区域绝非偶然。

二 当代的时事:译述之康德阅读空间

到20世纪五六十年代,中国的康德作品阅读想象的屏幕已不再是温和的救世,而是火热的政治。想脱离当时的政治环境来奢谈康德作品阅读,将会是不得要领的。朱光潜、宗白华、韦卓民等人阅读康德的作品,进而敞亮精神的空间,曲曲折折地均与政治语境相贯通。只有内置政治眼光,才能真正看清楚,当时众多学者显现出的奇特姿态。

新中国成立初期,国家的基础性观念是马克思主义。加之,当时受苏联"左"的政治思潮影响较深,唯物(客观)与唯心(主观)二元的价值性论断在社会中迅速传播开去。社会二元论传播带来的恶劣后果是价值判断显得简单而粗暴,凡是唯物、客观的便是神圣的、值得提倡的;凡是唯心、主观的便是卑贱的、当受严厉批判的。如此的价值性区分，对当时的读书人来说，绝不只是学理性探究，而是涉及脑袋搬不搬家的大事。正是受该政治气候左右，在新中国成立后不久，康德即被划归唯心论阵营，成为受批判的对象，实是在预料中的事情。如此语境中的康德阅读，多是在负面上推进。

到1956年之后，情形有所改观。改观的决定力量来自党中央的意志。党中央提出"双百方针"，是一种强烈的变动讯号。读书人对政治信号的捕捉，向来就不显得迟钝。当解读到政治口号背后蕴含的解冻信息，读书人对康德作品的阅读再一次变得活跃起来。可以这样说，当时的康德阅读出现相对热闹的局面，也是拜政治导向所赐。整体上看，阅读所开凿出的精神空间可体现在译、述、用三个层面。

知识界在1949年之前，就已着手翻译康德"第一批判"和"第二批判"，而对与美学有关的"第三批判"的翻译只有到了这个特定时期，才被正式提上日程。康德《判断力批判》的翻译工作，是由宗白华、韦卓民两位学者来完成，他们前后耗时多年，该书终于在1964年由商务印书馆出版刊行，可见，康德著作翻译是何等之艰难。至此，若从王国维首次接触康德算起，事隔近半个世纪之后，康德《判断力批判》完整的中文译本终于面世。几乎在同一时期，朱光潜也因编书的需要，在暗中翻译康德"第三批判"。他们或明或暗的翻译，影响时至今日而未衰。

翻译之外对康德美学的评述也在同时推进，而评述主要由翻译过康德的宗白华、朱光潜等人来进行。宗白华的《康德美学原理评述》长文，最早发表在1960年5月的《新建设》上。该文值得注意的地方是，他对康德美学的述评最后冠以"唯心"的帽子。"唯心"论的指责是宗白华有意释放的烟雾弹，其目的是避开政治的围追堵截。朱光潜在编写《西方美学史》一书中，由于已意识到康德的重要性，于是特意辟出一章的篇幅，来对康德美学做出评介。他的评介由整体到局部，先概述康德体系风貌，再叙说"第三批判"的功能，然后按先后顺序，谈及书中的各大问题。与宗白华一样，朱光潜在评介中对康德也多有指责，说他作品中的思想有形式主义的倾向，严重地脱离了现实。他们两人对康德的微词，目的也是树立保护伞。他们的委曲求全是政治的逼迫所致，他们的评述若剥去政治的外壳，内容还是能经得起时间考验的。

美学教材的编写能体现对康德的运用。应党中央的最高指示,同时也应教学之需要,在 20 世纪 60 年代初,《美学概论》教材的编写应运而出。据主编王朝闻回忆说,到 1964 年已写出四十万字的讨论稿,因"文革"到来,编写工作被迫搁浅,经过后来的修改,在 1980 年出版的该教材,篇幅虽大幅缩小,但基本观点未变。该教材由多人参与,"兵团"作战意味甚为浓重。教材中"真、善、美的相互联系和区别"小节字样赫然在目。科学求真、实践求善、艺术求美,它们分别对应的是大脑的知、意、情机能,虽然大脑机能的知、意、情三分结构和价值追求的真、善、美三分框架,并非始于康德,但康德以"三大批判"的辉煌篇章对它们进行考古式清理,影响最大却是有目共睹。由于受党中央指示,因而编写教材是种国家的行为,是意识形态国家机器的有机组成部分。

智识群体对康德作品的译、述、用,最为直接的一种动因便是"美学大讨论"的推波助澜。现在来看,"美学大讨论"与其说"讨论"的是"美学",还不如说是在"讨论""政治"。"美学大讨论"的导火索是对朱光潜唯心论美学的批驳。朱光潜在 1949 年之前已是中国美学名家,但他的美学理论是沿袭康德、克罗齐思想而来,因而在他的批判者看来,是属于唯心论派别。朱光潜自觉学习马列,提倡主客统一论美学,乱世中幸运地躲过了一劫。而参与过美学大讨论的吕荧和高尔泰两人,决意将"主观论"进行到底,结果是吕荧死得不明不白,高尔太则背井离乡、四处逃离,下场甚是凄凉。显得有些"狡猾"的李泽厚,则以马列为防空洞,因而可安然无恙,蔡仪俨然是官方声音的代言,故而能稳如泰山。成也政治,败也政治。康德作品阅读,由政治话语带动引领,出现阴云密布的情境倒也是不难理解。

朱光潜、宗白华、韦卓民等人有多年留学海外、国外的经历,远距离的空间移动,使他们对康德的作品较第一批的阅读者有着更为真切的体会。他们这一批人对康德的作品,原想挖掘出的空间是努力回到作品本身,而无意将其引向政治。不过当时中国语境的特殊性,却迫使他们事与愿违地把康德引向政治烟火弥漫的地面。

三 当代的实践:理论之康德阅读空间

康德作品阅读,近期出现的新现象是大陆与港台齐头并进。政治语境、社会环境的差异导致双边对康德的阅读呈现出不甚相同的面貌。新中国成立以来直至今日，大陆的主流价值观一直是马克思主义。在大陆语境中成长起来的学者，与主流价值观总是藕断丝连。大陆的学者对康德作品的阅读多以马克思主义为指南针，当是容易理解的。政治语境与社会发展的特殊性，使得港台学者不可能受马克思主义太多的束缚。与大陆比起来，港台新儒家如牟宗三等人，他们阐发、维护传统文化价值更易显出高度的自觉性。因而牟宗三等人对康德美学的解读，仰仗得更多的不是马克思主义的学说，而是中国传统文化的智慧。大陆（以某学者为代表）与港台（以牟宗三为代表）的康德阅读差异，是政治、社会的语境不同使然。

在"美学大讨论"中，青年李泽厚便已为人所注目。为人注目的地方是他对马克思作品的解读，得出的见解与蔡仪、朱光潜等人不同。他的"客观社会性"论说，逻辑漏洞虽然明显，但该论说的提出、论证却使他在当年的"大讨论"中能够做到"自保"，原因是他向世人宣示，他理论的出发点是与党中央一致的马克思主义。该学者近期对康德作品的阅读的力量源泉仍是马克思主义，代表性的成果是《批判哲学的批判》。该书初版在"文革"结束不久的1979年，从那以后直至2007年，该书曾先后六次再版，是近期该领域内当之无愧的"名著"。该书中专列有"美学与目的论"一章，是对康德"第三批判"的述评。与该书其他部分一样，李著该章的目的不是对康德忠实评述的"照着说"，而是对它批判超越的"接着说"，进而希望有所创造、突破。康德穷其一生之力思考的重大问题是大自然究竟是如何向人转化，转化所凭借的中介在康德眼中是反思判断力。而在该学者看来，把自然向人的转化，推给某种心理体验存在着严重的缺陷。根据马克思主义，自然向人的生成依靠的是改造自然的现实活动，即创造出物质文明的实践活动。由此，这位学者便把康德的"判断力"批判转换成马克思的"实践论"创造，他以马克思的实践观念穿越、批判、超越康德学说的内在意图，还是那样的昭然若揭。受社会气候影响，他把自家理论的目标定位在实践美学的创建，而实践美学对主体性的张扬使得他对康德的创造性阅读显露出反思、清算"文革"的锋芒，同时，还影响到文学主体性的论争。

港台新儒家的杰出代表是牟宗三，他在生命最后的十年时间里，几乎将全部精力耗费在对康德《判断力批判》深入的阅读上。在译完《判断力批判》之后，牟宗三对自己一生的学术研究有过总结性的回顾。他不无感慨地说到，他穷其一生的精力均用在对康德学说做出的消化融会、贯通超越上，贡献也正体现于此。① 而他晚年对康德美学的阐述，集中体现在两方面。其一是体现在他的上课讲演中。他上课讲演的内容经他人整理后，分别以"康德美学讲演录"和"康德第三批判讲演录"为名，陆续刊发于《鹅湖月刊》上。其二是体现在他"商榷"长文的书写上。他在翻译"第三批判"时，根据自己的理解，写了长达数万言的"商榷"文章。牟宗三的目的不只停留于简单评述，而是竭力有所超越。康德以美来沟通真与善两界在牟氏看来并不成功，原因是康德的真、善、美都是在分别的意义上使用。依中国儒、道、释的智慧，真、善、美并未显出形相而分离，而是形相去掉之后的圆融一体，真无真相、善无善相、美无美相，所能到达的就是即真即善即美的境界。而中国的传统智慧，体现于人的现实行动。牟宗三想表达的无非是，唯有回到现实的行动，方可解决康德的体系难题。

上述两位个性鲜明的学者，在康德阅读上表现出的共性，便是"实践"的意愿都相当强烈。进入1990年代以后，情形已有所改变。改变的突出表现是，康德阅读越来越学院化，零敲碎打的各种"理论"事件便纷纷涌现出来。康德作品阅读出现了相对繁荣的局面。令人颇感兴奋的场景，可从两个方面见出。其一是翻译与流变。康德相关的美学著作，如《论优美感与崇高感》《判断力批判》《实用人类学》等，都已成为经典流传。重新翻译这些著作能分别出现多个译本，那是在大胆地重译经典。重译康德这些著作表明，经典并非铁板一块，经典的意义领会同样处于流变当中。其二则是论文与著作。近期，康德美学著作阅读的活跃，体现在论文数量之丰富以及专著的不断涌现上。专著的涌现与论文数量的繁多，以及阐释路径的多样化都是前所未见。而论述作者群体更显其庞大，他们或以哲学名其家，或以美学名其家。原作品的重译也好，丰硕成果的涌现也罢，都是在学院的"理论"层面上进行。当中不容回避的事实是：**知识生产出现体制化趋势，无形中在编织着阅读的牢笼，国家观念依然如影随形**。

康德美学中国阅读的空间性，大致可体现于上述两方面。其一是未能将

---

① 牟宗三译：《判断力批判》（上），台北：学生书局1992年版，"译者之言"第6页。

阅读时间的延续性进行到底。早期阅读从德国到中国，属断裂性的空间迁移。早期到中期之间，阅读兴趣有所减弱，甚至出现中断。中期推进到近期，当中因"文革"事发，延续性更是未能保证。阅读上出现时间的断裂，空间再结构化因之而成为现实。其二则是阅读的环境处于变动当中。早期、中期、近期阅读的社会背景，差异性表现得较为明显，阅读所依据的想象屏幕以及阅读舒展出来的姿态，也在随之发生流变。上述两方面的情形，合起来可挑明一个事实：康德美学中国阅读及其文化空间开拓，一直处于不断的变化、演进当中。

我们可以来做个简单小结。阅读能开启文化空间。中国文化的空间转向，在陆扬、阎嘉等学者的推动下正在风生水起。它的理论立足点是空间与文化的内在关联性。康德美学的中国阅读置身于早期、中期、近期三种不同的演进空间中。直接的原因有二：一是在各阶段之间，出现了时间的断裂；二是在不同的时期，结构化意味浓厚。间接的原因是，三个不同的阶段推进与社会背景特别是政治气候始终紧密相连。阅读中康德的作品，一般是意义难以说尽，原因是作为背景的社会空间处于不停歇的演进当中。阐释是对阅读的升华，阐释中暴露出来的问题也不少。

第二章　康德美学之中国当代阐释的问题与求解

价值立场和阅读空间，由近代向当代转进，为康德美学之中国当代阐释奠定了逻辑基础。换句话说就是，我们审视的目光已转向中国当代。阅读是阐释的基础，没有一般的阅读，阐释将无所下手；阐释是阅读的提升，它比一般的康德阅读要求更高，它需对文本的意义有着深入的领会。尽管如此，但在中国当代的阐释中，暴露出来的问题着实不少。对于人文学科而言，问题的存在并发现是推动学科发展的动力。就此而言，发现存在的各种问题，意义并不完全是消极的。问题的发现为问题的解决提供了便捷。马克思学说的重要思想来源之一便是德国古典哲学和美学，而康德是德国古典哲学和美学的开山鼻祖，康德与马克思之间的联系很是密切。马克思当年提出了不平衡关系问题，但他没有来得及深究。我们这里是站在康德的角度来重新审视这一问题，目的是在康德与马克思之间建立起联系的纽带。

第一节　中国当代康德美学阐释的诸多问题扫描

根据康德的设想，他的"判断力批判"是"一切哲学的入门"[①]。既然是"一切哲学"，那么他的批判哲学也应凭此而"入门"。之所以如此，原因是他所从事的是地基的勘探。用他的话来说，就是它属于"这座大厦的地基"，属于"最初基础所在的位置"（宗白华翻译为"第一层的根基"）。[②] 就康德的

[①] ［德］康德：《判断力批判》，李秋零译，载《康德著作全集》第5卷，中国人民大学出版社2007年版，第204页。

[②] ［德］康德：《判断力批判》，李秋零译，载《康德著作全集》第5卷，中国人民大学出版社2007年版，第177页。

体系而言，有了该"地基""最初基础"（或"第一层的根基"）才能生长出知识、道德，前者是第一批判的任务；后者是第二批判的对象。然而，无论在西方还是在中国，相比之下，他的第三批判并没有得到足够的重视，这与康德的预期相差甚远。半个多世纪以前，郑昕就感慨说，康德学之在我国，犹如未被开垦的园地。半个多世纪如今已过，情况或许没有根本改观，康德学很难成为时髦就是明证。若说无人耕耘，那也不尽然。"刀耕火种"般的零星耕耘确实存在。当中留下的问题，颇值得关注。问题种种，不一而足，现仅举其四：**二元论的问题、第三契机的问题、与马克思的关系问题、告别康德的问题**，来加以评说，以求教于学界方家，共同推动中国的康德学，往前发展。原因是这四个问题相对迫切，涉及康德美学本有的性质（一、二），以及未来的发展（三、四）。我们唯有准确地理解康德美学（一、二问题），才能更好地发展康德美学（三、四问题），进而推动中国当代美学向前行进。

一　批判哲学二元论问题指责

哲学反思中的两个元素，虽彼此各异，甚至相反，但相互关联，不离不弃，如身与心、心与物、思维与存在、主体与客体、唯心与唯物、主观与客观、进步与落后等，便是二元论。二元论的思想坚持走两极，认定两端之间，存在着难以逾越的鸿沟，而鸿沟有时虽可逾越，但一般不采用直接的方式。它强调非此即彼，而不是亦此亦彼，因而可称其为两极论。它假如只停留在思维层面，倒也无妨，如果它从思维回到现实，加之以价值论断，极易导致人际关系的紧张、社会的动荡不安。二元对立的强化，给现实带来的灾难，我们一般不会陌生。就此而言，二元论并非褒义。

学界审视康德，在过去较长的时间里发现在他身上，存在的二元论弊端，难以清除。在康德哲学、美学中，二元论的弊病既体现在整体上，又可见之于局部。批判哲学的体系常被认为二元论的色彩异常浓厚。叔本华就指出，康德的伟大贡献便是区分了现象与物自身；[①] 康德的重大失误也恰是在这里，因为他认为现象界可知，物自身不可知，二者之间界限分明；而康德在后来，

[①]　［德］叔本华：《作为意志和表象的世界》，石冲白译、杨一之校，商务印书馆1997年版，第569页。

又试图将此二者调和起来。不难看出,康德是以此区分为基础,进行其整个哲学、美学运思,因而,整体上的康德哲学、美学便进入二元论的行列中来。而在局部的知识论上,康德业已明确,感觉与理性(知性)虽然相容,但不相通。相容是说,知识的形成得靠它们共同参与。不相通说的是,感觉提供材料,理性(知性)赋予形式,各自的来源不同。由此之故,对于康德的知识论,二元论的嫌疑实难摆脱。① 西方学者如卢卡奇,也指出康德知识论上的二元论特点。受中西方学界的影响,张祥龙②、张再林、肖根牛、陈晓平等更晚近的学者,也都认为批判哲学体系的特点便是二元论。二元论在整体和局部上的挥之不去,使得形而上学在康德那里有了容身之处,同时也给康德学说招惹了"麻烦"。

康德以后,现当代西方的美学思潮是在克服康德的二元论中一路向前。他们手中挥动着的利器,便是一元论。他们坚信,主与客、心与物、身与心、思维与存在,原本统一,不应分化。它们如果二分,将会给形而上学及其不可知论留有容身之所,不幸若此,将不合时宜。为了对抗、消除二元论,他们都不约而同地浸淫在感性—生活—流变的世界当中,不愿自拔。"大"的现象学执着于"现象"。黑格尔创建了"精神现象学",现象与精神(绝对理念)的边界终被他打通。叔本华欲以"意志表象论",填埋康德二元论的沟壑。卡西尔的"文化现象学",有意避开了康德那个不可知的"物自身"。胡塞尔眼中的生活世界,现象与物自身不再两分。海德格尔指出,人在世界中,人与世界,不分须臾。与现象学执着于"人文"不同,分析哲学重在追问"语词"的"意义"。维特根斯坦的前期,坚持语言的"符合论",对于不可言说的东西,他主张应保持沉默;维特根斯坦的后期,已将语言"意义"的切问与流动的生活世界联系起来。现象学与分析哲学对康德的二元论,都流露出若干的不满。透过他们的不满,康德的二元论身份也就被坐实了。

二元论的康德标签,是他们刻意立的靶子,这或许才是事实的真相。该问题要害的地方是,对康德哲学体系的概括,二元论能否穷尽;如果不能,我们又是如何来面对如此指责。后来者之所以这样,最主要的原因是,他们

---

① 叶秀山:《叶秀山全集》第 2 卷,江苏人民出版社 2019 年版,第 364 页。
② 张祥龙:《海德格尔传》,商务印书馆 2017 年版,第 261 页。

对康德的第三批判没能引起应有的关注。就思想的走向来看，聚焦于第三批判康德并不想止步于二元论，他已从二元论迈向了一元论。确切说来，康德的哲学、美学是二元生成一元，它的过程留有二元论的痕迹，但其一元论的趋势已然强劲而有力。二元生成一元的康德思想性格，我们相应地也可在局部和整体上看到。

海德格尔指出，他的存在论与康德的知识论，激荡共振，相互支撑。他说康德虽没进入存在论的境地，但他的知识论已经有了存在论的特性。原因当然是，康德不断声明，知识的形成过程暴露了人的有限性、时间性。康德对这一点的揭示，从内与外两个方面都可以看出。康德对知识的生成论述：知性无内容则空，直观无概念则盲。知性由空变实，需直观输送材料；而直观由盲变明，要知性提供范畴，知性和直观，都不能独自运作，因此都存在片面性、局限性。康德于是指认在两者之间，有一个作为第三者的图式存在，它使知性直观化、直观概念化。而在深层里，该图式是由想象力所生。"超越论想象力本身使得存在论综合的源初性统一得以可能"，而源初性的统一就是时间。① 这是内在方面；而在外在方面，海德格尔说，当我们一再追问"我能够知道什么""我应当做什么""我可以希望什么""人是什么"诸形而上学的难题时，也表明了人类理性的内在限度。形而上学的根基，正是人的有限性。② 人是有限的理性存在者，关键点便落在有限上。康德很想说，但他未能说出的是：知识生成的知性和感性两大枝干，有一个共通的存在论根底。应该说，康德思想的存在论、一元论特点，不只体现在局部的知识论上，而"第三批判"的任务，便是要消除二元对立所带来的尴尬。

康德最后的想法，是在他的知识论与道德学之下，正如篇首引语所说的那样，放置着"第一层的根基"（"最初基础所在的位置"）。他从事判断力的批判，除了完善体系构建之外，更重大的目标就是对该"第一层的根基"进行深入的"钻探"。康德对矛盾的消除与体系的完善，紧密地勾连在一起。他的"第一批判"，是为可靠知识划定自然—现象的界限，它得处处遵循因果

---

① [德]海德格尔：《康德与形而上学疑难》，王庆节译，商务印书馆2018年版，第220页。
② [德]海德格尔：《康德与形而上学疑难》，王庆节译，商务印书馆2018年版，第235页。

律，从而具有必然性。他的"第二批判"，则为道德制定自由—本体的范围，它需时时按另一因果性、自由性行事。随此，"第一批判"的自然与"第二批判"的自由留下了鸿沟，形成了对立。批判哲学的体系需要完善，鸿沟需要填平，对立需要消除。从自然到自由，是无限的逼近；由自由到自然，是现实的呈现。问题的扭结点，是反思判断力。人在反思判断活动中，是以自生的合目的性为范导原理，从个别到达一般，并在两者之间建立起反思性联系。冰雪融化了，变成了春天，便是如此，它是在冰雪融化（个别）与春天（一般）之间建起了关联。范导原理不能形成知识，但可促进诸机能的协调。冰雪融化了，变成了水，那是知识，不是反思；而在反思中，冰雪融化，指向了春天，人的各机能，高度协调，令人舒畅。山僧不解数甲子，见一燕至而知天下春，见一叶落而知天下秋，情形也同样如此。推而广之，具体说来，面对外在自然的形式，是想象力与知性的谐和；而面对内在自由的无形式，是想象力与理性在激荡中的协调；谐和与协调，都伴随着情感。想象力的类比作用使得形态万千的自然成为善良灵魂的象征。美的艺术创造，是天才在想象力与知性的一致中将审美理想表达出来，美的艺术中的现象即本体，本体就是现象。从鉴赏到创造，想象力都发挥了积极的作用。康德体系的综合，靠的是想象力，而想象力是直观的机能。

　　人不仅能进行理论与推理，他在更多的时候则是栖居于自然和人事的现实，如此的居住地具体、灵动、柔软，且将差异进行到底。单一自然，为何如此，而不如彼；整体自然，虽千变万化，却有条不紊，想想各自的缘由，都使我们惊赞不已。自然如此，社会亦然，人事虽流变，却充满意义。合目的性是我们有效理解自然和社会极端复杂性的便利线索，同时开启着人类对超感性世界的有利展望。在康德体系构建的最深处，一元论表现得也很充分。有学者也坦言，因为"第三批判"，康德是不彻底的"二元论者"。① 有学者进一步提及，在反思判断中，似乎可找到"理智直观"的踪迹，这里只有一元论。有国外学者也指出，以二元论来批判康德，不一定很妥当，康德"认为感性和悟性通过构思力可以得到综合，反过来，这意味着综合只能是想象的。卢卡奇说康德未能超越二元论的断裂，其实正相反，康德是在已然确立

---

① 叶秀山：《叶秀山全集》第9卷，江苏人民出版社2019年版，第81页。

起来的想象的综合上引入这种断裂的,这便是康德的超越论批判"①。该学者的意思是,卢卡奇指责"康德未能超越二元论的断裂",不一定很妥当,原因是康德在感性与悟性之间,置入了更为本源性的想象力,想象力的综合——构思力是可以超越二元论的。他对卢卡奇的纠正颇有海德格尔的浓重意味。英国学者迈克尔·韦恩(Michael Wayne)指出,康德的批判哲学体系,正是试图克服包括二元论在内的诸多问题。② 如果从前面的讨论来看,康德对二元论等问题的解决,凭借的正是想象力的力量。中西方学者一起都看到了康德对二元论的超越努力及其对想象力的借用。事实上,想象力的综合作用在运用了想象力的反思判断中表现得更为充分。诚然,康德反思判断中的合目的性原则,不仅能运用于自然,还可适用于审美。

二 康德审美第三契机的误读

康德的合目的性原理使用于审美判断,与它运用于自然判断以后,呈现的客观内容的合目的性不同,它是一种主观形式的合目的性。众所周知的是,主观形式的合目的性,或说形式的主观合目的性,是第三契机的内容规定。康德审美的四个契机揭示了审美活动的深层机制,而其中的第三契机,之所以变得更加引人注目,原因还大致有三。

其一是它涉及了审美活动中主体和对象的关联。形式一般为对象所有,可以是自然的,也可是人为的;主观是指人在鉴赏中获得的切身感受,那是人自己的体验;合目的性说的就是,对象的形式合乎了人的主观目的;而合乎了人的目的,便带来了快乐,而这种快乐,只是因形式而引起,因此是无功利的,这便是审美判断或说鉴赏判断。其他的第一、第二、第四契机都只关涉主体;而第三契机则兼顾了主体和对象,在思维阈限上,要高于其他三者。

其二则是它关乎康德反思判断力的先验原理。长期令康德苦恼的事,便是情感与鉴赏力的先天原则实在是难以寻觅得到,为此,他不能马上从事对

---

① [日]柄谷行人:《跨越性批判——康德与马克思》,赵京华译,中央编译出版社2018年版,第128页。
② [英]迈克尔·韦恩:《红色康德:美学、马克思主义和第三批判》(英文版),布鲁姆斯伯出版社2014年版,第2页。

它的批判。直到他认定，如此的鉴赏力原理是合目的性（目的论）①，而在鉴赏活动中，便是主观形式的合目的性，他才着手判断力的批判。足见合目的性以及主观形式的合目的性，作为先验原理，对康德的第三批判来说，是何等的举足轻重。

其三是它与第一契机重要性的相互比较。第三契机涉及先验原理，同时关乎审美主体和对象，重要性自不待言。容易有疑问的地方，是康德分析审美的四个契机打破了常规，不再沿袭原有的逻辑——量先质后的顺序来进行，而是将质的契机摆在了第一的显赫位置，第一契机显然也非常重要；而且，从康德美学对未来的影响来看，第一契机制定的审美无功利性原则，无疑使其变得更加不可取代，后来者对康德的肯定与诟病都与此息息相关相关。第一契机，刚好在审美与非审美之间划下了坚硬的界限。第一契机和第三契机都很是重要，它们的权重将如何衡定。因而，重要性的对比，使得第三契机不能被绕过。

第三契机的问题，刚好也在注目中出现。问题主要集中在第二点，就是说以合目的作为先验原理到底合法与否；回答该问题，同时能够兼及第一点和第三点，即主体与对象之间到底如何勾连，以及第三和第一契机到底何者为重。我们在此的反思，将集中于主要问题，并旁及相关问题。

当代中国美学界，有一种观点认为，康德对目的论的反思，带有一贯性。在第一批判的结尾处，目的论已成为问题，进入了康德的视野，之后他还撰写过相关的论文，而在多年以后，他在第三批判的下卷再次探究目的论，可见他对目的论有着长时间的思考；而相比之下，康德对审美和艺术的思考，则更多是临时增加上去的部分，当中不乏匆忙草率之嫌疑，叶秀山②、牟宗三等人都做如此观。如此观念，容易带来的后果是它将使人看到，在"第三批判"中，目的论的批判部分相对成熟，而审美的批判部分则多少显得青涩；而且，更为重要的是，反思判断活动，无论是目的论的判断，还是鉴赏的判断，都遵循着同一的合目的性先验原理，还由于目的论部分相对成熟，审美部分不太通透，因此该先验原理，如果用在目的论的判断中，就是相对恰当

---

① ［德］康德：《康德书信百封》，李秋零编译，上海人民出版社2006年版，第111页。
② 叶秀山：《叶秀山全集》第9卷，江苏人民出版社2019年版，第52页。

的；假如用在审美的判断中，则变得有些不妥当。说得简单一点就是，以主观形式的合目的性，作为鉴赏判断的先验原理就是非法的。坚持这一理论观点者，是港台新儒家的代表性人物——牟宗三。而哲学家叶秀山，针对自然目的论问题则多有阐发，同样也意味深长。

我们需要重新审视鉴赏判断的先验原理，即主观形式的合目的性。牟宗三就指出，合目的性原理是反思判断的超越原则，它用于对自然目的的反思，使我们能找到通往神学的路径；而如果说美的形式，比如花的构图等，在机能的协调中合乎了神的目的，则是非常难以索解的，毕竟没有合目的性，人仍然能欣赏到花的美，故而说美的形式、花的构图合乎了目的才美，则属画蛇添足。① 简而言之，说自然的合目的性是相对妥当，而说主观形式的合目的性就不太切合了。既然不甚切合，它就需重新厘定。牟氏说鉴赏判断的原则，与其说是主观形式的合目的性，还不如说是无相原则。牟宗三对反思判断先验原理的超越性解读，值得仔细斟酌。

牟宗三的这般解读，至少有三个方面需要引起注意。首先是合目的性的神学归属是否妥当。应该说，他把合目的性与神学勾连起来，存在着若干的困难。康德的思想中，神学原只是道德的需要，神学也因此仅有道德的通路，而神学的自然路径已被康德否定掉。足见，在康德那里，没有自然的神学，也没有神学的道德，有的只是道德的神学。面对异常复杂的大自然，为了能够有效地理解它，就需人在判断活动中内置合目的性的原理，就是说自然界允许人以合目的性的方式去思虑。合目的性的先验原理，只是自然对人的提醒方式。它因此不是自然的本有属性，我们在自然身上，合目的性的特点是找不到的。而在鉴赏活动中，美的形式呈现是人的创造。形式合乎人的目的，究其原因是形式，属于人本身的创造。康德提炼合目的性原理，应有其西方文化的深远伏根。亚里士多德的四因说，说的便是造物塑型，最终需要并达到的便是目的和形式的统一，而审美静观中物的形式也合乎了人的目的。可见造物塑型，属于人的职责，绝非神的行为。无论是目的论判断，还是审美判断，都不是神学的通达路径。牟宗三把合目的性原理与神学联系起来，是智者的误判。他的失误告诉我们，主观形式的合目的性应该得到合理的解释。

---

① 牟宗三译：《判断力批判》（上），台北：学生书局1992年版，"商榷"长文第19页。

其次是对主观形式的合目的性的恰当理解。该问题理解的要害，顺着上面的思路，是把它与人对接起来。美的形式是人作为鉴赏者，在对象形式基础上的合目的性创造。人创造出何种形式，与人的内在世界乃密切相关。其实鉴赏者所面对的是与自己相契合的活的形式，该形式合乎了自身的目的，便是一种愉快的形式。"众里寻他千百度，蓦然回首，那人却在灯火阑珊处。"语境所展现出来的，便是一种契合的面貌。美的形式，与其说是象征了道德，不如说是合乎了德性的目的。美的理想是人的形体，原因是人的形体已不是纯自然物，而是内敛着道德修养，合乎了人的道德目的。倘若回到中国语境，这个问题更不难理解。周敦颐在《爱莲说》中就说，"晋陶渊明独爱菊"，是因为"菊，花之隐逸者也"，菊花的形式合乎了陶渊明的隐士目的；"自李唐来，世人甚爱牡丹"，是因为"牡丹，花之富贵者也"，契合了世人的富贵追求；而他周子"独爱莲"，是由于"莲，花之君子者也"，莲花的形式如"出淤泥而不染，濯清涟而不妖，中通外直，不蔓不枝，香远益清，亭亭净植，可远观而不可亵玩焉"等，合乎了他的君子境界修养。道德，人可以做主。在理想的状态下，造物塑型，人也能够做主。有如前述，亚里士多德的四因说，讲的便是在物的塑造中，人的目的与形式的统一。马克思后来也指出，"消费在观念上提出"生产的"目的"，"消费创造出还是在主观形式上的生产对象"①，因此在商品的生产中，目的和形式仍需要做到统一。西方的逐物文化也提供了理解康德合目的先验原理较为辽阔的背景。从与传统的联系来看，第三契机的重要性超过了第一契机。

最后是牟氏的替换举措带来的深刻启示。因为认定康德以合目的性说美的不恰当，所以牟宗三主张以无相原则，将其取得代之。无相原则，就是中国传统文化智慧的提炼。无相即无向。当站在中国文化传统角度，康德的反思判断，在牟氏的眼中，就是一种无向判断。审美无关乎利害，无关乎概念，因而没有确定的指向。康德审美的第一契机，毅然切断与利害的纠缠，便最符合于审美的本性。康德借用逻辑上的"质"范畴来描述这种本性，不是权用，而是实用。进一步来看，这个"无向"之"无"，就是把利害等有形的

---

① ［德］马克思：《政治经济学批判导言》，载《马克思恩格斯选集》第 2 卷，中央编译局编译，人民出版社 2021 年版，第 691 页。

东西,统统"无"掉,将"善相""真相""美相"等有形之相都化掉,回归人的"妙慧"本心。① 牟宗三的良苦用心,是仰仗中国传统的文化智慧,去消融、超越康德的美学思想。他的超越成功与否,我们姑且不论,但他的这一行径却清楚地告诉我们,中国古典美学、诗学的形态应与西方有所不同。描画中国古典美学、诗学的独特形态是当前美学研究中一个重要的学术生长点。同是在竭力融摄、超越康德第一、第三契机等美学观念,与牟宗三等人不同的是,置身于大陆的学者多依靠于马克思的力量。

三 与马克思的异常复杂关系

由于在当代中国社会语境的特殊性,该问题一般被表述为,"康德"与马克思的关联,而不是做得相反。康德与马克思的关系不但十分敏感,而且相当复杂。敏感指的是,对他们关系的反思容易受到政治力量或直接或间接的干预,学人们由此容易变得犹豫、彷徨。而复杂说的是,同一的康德美学阐释往往形成相反的结论,如是带来的后果是同样的关系,时而变得疏远,时而变得亲密,不知如何是好。其中的疏远是说,有人认为,在马克思与康德之间存在着断裂性关系,它集中地体现在马克思坚持文艺社会学,信奉他律性美学,与康德置身的浪漫主义美学氛围,坚持的自律性原则、修筑的审美内宇宙,还是距离得相对遥远。断裂论深层的出发点,是对马克思独创性的辩护存在一定的合法性。而其中的亲密,是指从康德到马克思,能找到若干合理的演进踪迹,寻找这些踪迹,对于中国美学的当代发展、创新可起到强有力的推动作用。融合论显示出极强的包容性,将也不降低马克思的身份。

面对上述敏感、复杂的情形,我们应树立三种观念。一是马克思并不是在一个空无的平台上进行思想创造。二是马克思的美学思想处于不断的发展变化当中,我们不能认为,受康德思想影响时,马克思就不再是马克思了,或者是不成熟的马克思,人为地制造两个马克思不一定很妥当。三是马克思的美学思想并不是封闭的,而是充满了开放性。就此而言,说关联性比谈断裂相对辩证。言说不宜漫无边际,需遵循若干原则。

事关与马克思的关联,我们当遵循的原则有二。一是宏观与微观相结合

---

① 牟宗三译:《判断力批判》(上),台北:学生书局1992年版,"商榷"第72页。

的原则。宏观是一种整体视野，侧重于关联的可能性探寻；微观是一种局部眼光，立足于关联的现实性寻找。宏、微二者的结合，呈现出动态性平衡，即或者偏重于宏观、微观，或者双管齐下。二是义与语相结合的原则。义是意蕴、义理，着眼于深层关联的探究。语指辞章、用语，是考究表层言语的相关性。有时可依义不依语，有时可依语去正义。遵循如此这般的两种原则，去展开若干关联性的言说，是历史场景的真实要求与表现。

马克思学说的来源和构成通常有三个：一是英国政治经济学（"人体"），二是法国空想社会主义，三是德国古典哲学、美学。它们三者在某种意义上可以组成三联一体的功能性结构：现实—资本主义——思想—论证工具——理想—共产主义彼此交融渗透。德国古典哲学、美学是作为思想—论证工具参与到该结构中来。康德是德国古典哲学、美学的开山鼻祖；德国古典哲学、美学的合法继承人是马克思。康德哲学、美学的重大问题，是思考大自然向人（自由）生成；马克思宏大的理论目标就是来解答"历史之谜"，达成人道主义和自然主义的无缝对接。① "人（自由）—自然"是他们共有的问题框架。具体来说，由康德开启的德国古典哲学、美学的这一问题，被马克思将其转化成自己的问题。马克思在解决这一问题的过程中，与康德的复杂关系既存在着差异性，更表现出融通性。

康德的"第一批判"，聚焦点是自然—现象；而他的"第二批判"，颖思点是自由—本体。自然—现象界无处不按规律—必然运行，而人却有权要求绝对的自由上升到本体界，照此一来，自然与自由、现象与本体之间就深埋着一条难以逾越的鸿沟。康德发现，从前者到后者，将表现为无穷的行进，问题将很难得到解决；而由后者到前者，才是解决问题的恰当路径，他想说的就是，自然（现实）一般不能将自己提升到自由的境界，而自由却必须在自然（现实）中表现出来。康德对此这样写道："值得注意的一点就是，说来是奇怪的，在事实的东西之中有理性的一个理念（这个理念在其自身说来是不能有任何在直观中的表象的，因而也就不能有其可能性的理论证明的）；这就是自由这个理念。自由的实在性乃是一特种的因果作用的实在性（这种因果作用的概念、在理论上来考虑是超经验的），而作为那种因果作用说来，

---

① ［德］马克思：《1844年经济学哲学手稿》，中央编译局编译，人民出版社2002年版，第81页。

它是能够通过纯粹理性的实践而且在按照这些规律而发生的实际行动中，因而也就是在经验得到证实的。纯粹理性的一切理念当中，这是唯一一个，其对象是事实的东西而必须是要列入可觉知的东西（scibilia）之内的。"① 他想表达的无非是：自由是一个理念，既然是理念，它在概念上、在理论上就是超经验的，不能有直观的表象；它虽然是一个理性的理念，却可以在事实之中存在，它可以按照实践理性实践的规律，体现在现实行动当中，就是说"在经验中得到证实"；经验、现实、事实是自然的另一表述，故而自由体现在事实中、现实中、经验中，也就是自由体现在自然中，换言之，自由就通过自然（现实）表现了自身。康德也为此之故，虽已是晚年高龄，仍决心对判断力进行批判。判断力是一种复合型机能，原因是它内生的合目的性的范导原则使得各机能协调一致，而诸机能的协调转动，带来了情感的莫大愉悦。如此，人的独特心理活动就成为康德解决"人（自由）—自然"问题的重大武器。马克思指出，问题的关键不是认识—体验世界，而是实践—改变世界。行动高于知识。于是"人（自由）—判断力—自然"，如此的康德图式便会不妥，更恰当的应是"人（自由）—实践（劳动）—自然"，这才是马克思问题思考的总线路图。尽管对实践的理解存在着若干的差异，但实践环节的加入确实开辟了崭新的局面，并迎来了中国当代美学发展的繁花似锦。

除了差异，他们之间还存在着融通性。没有康德，何来马克思？没有德国古典哲学、美学，又何来马克思主义？"康德"与马克思的学说至少在三个方面体现出极强的亲和性：一是对感性的高度重视；二是对自由的无比推崇；三是对人的极端尊重。诚然，前两个问题都与人有关，因此，第三个问题就带有统摄性。在此，我们看到，"康德"与马克思的距离并没有一般人想象中的那样遥远。

康德的哲学和美学，从某种意义上说，是以感性为基点的。感性才是人真正的居住地，驻足此地，我们深感，人间值得，从而激发出奋发向上的力量。康德一再声明，反思判断面对的是单一的个体，它要么是社会中单一的人和事，要么是自然（含作为"第二自然"的艺术世界）中单一的存在物，它们具体、生动、丰富、万千姿态、流动不居，反思者需穿越它们，凭借自

---

① ［德］康德：《判断力批判》（下），韦卓民译，商务印书馆2011年版，第145页。

身的力量，颖悟其背后的意义，或者将其意义链传达、表现出来。反思判断虽只是一种单称判断，但它却有权对普遍必然的赞同，提出正当的要求，而这种普遍必然性不是概念—逻辑的，而是非概念—形象的。"花是美的"和"花是红的"，不仅谓词不同，一是"美的"，一是"红的"。主词也不同，一是"这朵花"，一是"所有花"；一是主观的普遍必然，一是客观的普遍必然。反思判断活动须回到直观本身，回到时空本身，回到生活世界本身。康德对此说道，我们置身的生活世界才是"地基"般的存在。知识和道德都与它相关。科学的边界不在超感性界，而在感性界。康德在自然科学上的重大发现是创建了"星云假说"。它指明了一个事实，就是宇宙的生成具有物质—时间性。经典作家对此，高度赞扬说，这是康德给僵化的自然观打开了第一个缺口，意义非同小可。① 在"第三批判"的"导论"中，康德有意将实践分为技术的和道德的。技术的实践，就是造物塑型。康德的主观形式的合目的性，更是内在于这种造物塑型当中。在道德实践中，人应遵循的一些原则成为命令，个中原因，乃人首先是感性的存在。实践原则，人自己颁布，人自己遵守，这是自由。

在康德学说中，处于核心地位的是人的自由。领悟了康德的精神，马克思在后来，将自由与劳动紧密地联系起来。自由劳动就是审美。在理想的劳动中，是人按照美的规律来造型；而在异化的劳动中，自由具有相对性，审美、艺术的创造更是在艰辛中进行。吸纳了自由，使得实践美学往前迈开了一大步。在马克思看来，经济基础与文学艺术之间不是决定与被决定的关系，文学艺术还存在着独立发展的空间，古希腊艺术具有永恒的魅力，原因即在于此。而在《共产党宣言》中，马克思提醒我们注意，未来的共产主义是自由人的联合体，而每一个人的自由，是所有人自由的前提条件。在《资本论》中，马克思再一次强调说，应"设想有一个自由人联合体"的存在，它便是未来的共产主义社会。② 马克思的美学同样带有自律性，正如康德美学带有他律性一样。

---

① [德] 恩格斯：《自然辩证法》，载《马克思恩格斯选集》第 3 卷，中央编译局编译，人民出版社 2021 年版，第 852 页。
② [德] 马克思：《资本论》，载《马克思恩格斯选集》第 2 卷，中央编译局编译，人民出版社 2021 年版，第 126 页。

突出感性，强调自由，康德最后的归结点是人本身。康德说，他的整个批判哲学就是集中回答"人是什么"的问题。古留加也说，人才是批判哲学的拱顶石。康德在理论的意义上极大地提升了人的地位。而同样是抬高人的地位，马克思不仅仅限于理论，而是回到了现实，认为人应通过实践，释放潜能，成就自己，收获幸福。马克思的"巴黎手稿"高举着的是大写的人的旗帜。他晚年批判商品拜物教，其出发点更是人的独立与全面发展。马克思对人的尊重，始终如一。马克思的人学，就是美学，正如康德将"人是什么"的问题解答推给判断力批判一样；至于他们之间的关联反思，有学者的工作已堪称辉煌。既然与马克思的联系如此密切，那么对于学界告别康德的劝说，我们就得谨慎面对了。

四 学界有关告别康德的言说

学界告别康德的劝诫，以显与隐两种方式表现出来。有人直接发问："要杜威，还是要康德？"其发问的目的是舍康德而选杜威。多年以前，有人就在提问："要康德，还是要黑格尔？"如今发问的句法结构，与此有着惊人的相似性。存在区别的地方是，先前的问题区域仍停留于德国古典学说，今天则已经溢出了该范围。环视当今中国美学界、文论界，相当一部分学者创建美学、文论的思想资源已不再是德国古典学说，及与其联系密切的马克思主义学说，取而代之的，是更晚近的现象学、存在主义、分析美学等西方思潮。而更年轻一辈的学者，则更钟情于更时髦的后现代主义的解构理论。他们构成了对康德以及德国古典学说某种隐性的告别。无论是显还是隐，告别由康德开启的德国古典学说的姿态，在美学界、文艺理论界已经显露出来了。

学界之所以如此，事出有因。告别康德，拥抱杜威，是有人认为，在回应现实上，康德变得无力，杜威显得有力。康德美学中，第一契机的内容便是无利害而生愉快。即是说，康德将无功利，抬到一个很高的地位。而且，康德的反思判断活动，虽来源于经验，却又独立于经验，甚至超越了经验。就是说，在康德那里，审美想使个别具体上升到普遍必然，它必由经验变先验；甚至它还指向了超验，比如反思判断的归结点是道德的神学，便是佐证。杜威是美国思想的代言人，他将康德的美学观念来了一个大翻转。他强调实用、倡导经验，而且将实用、经验与审美、艺术联系起来。现实告诉他，有用即审美。事实提醒他，经验、生活与艺术，存在着连续性。审美即生活，艺术即经验，审美和艺术，不再具有超越性，也不再需超越什么。事实胜于雄辩。中国当代社会的飞速发展不断提供了问题理解的语境，更是强化了学界对杜威实用论美学思想的认同。

美学需不断回应现实，要在回应审美、艺术的活动中，不断得到发展壮大。基于如此的考量，中国当代相当一部分学人，已不再坚守前辈学者的领地，都不约而同地进行了"洗脑"，毅然深耕于西方现当代的美学园地；而有些原属于前辈学者阵营的，他们为了更好地与西方当代思想家进行有效交流，也将精力从德国古典学说领地中迁移出来。更深层的原因可能是，现当代的西方美学，对审美和艺术现象的阐释有时也相当有效，给人带来耳目一新的感觉；而且它们指向的现实，与中国当代社会越来越具有吻合性。如此一来，康德以及德国古典学说对他们这一群人而言，有时已是相当久远的"往事"了。事出乃有因，但说要告别康德，仍需谨慎辨析。

不要康德，而要杜威，言之凿凿，不无道理，已如前述。不过，当中也将遭遇到困难，困难概而言之，有两个方面。一是康德美学的丰富性、复杂性，"论者"并没有充分考虑到。二是"杜威"也未能充分估计到审美、理论的超越品格对于文化发展来说所可能起到的积极作用。对这两个方面问题的澄清，都需我们"回到康德"。

就前者来说，康德美学的性格表现出"自律—他律"的一体化结构。康德审美的第一契机，完整的表述应包括正题和反题两个层面。康德只说到反题，说美是无利害而生愉快，这种与功利无涉的美显得非常地纯粹，容易获得普遍必然的赞同，只是它需经过修养才能到达；而与此相对应，隐在的正题，则会说美是有利害而生愉快，如此的美不纯粹，它不具有普遍必然性，历史中大部分的美都属于这种不纯粹的美。康德在早年，根据柏克的美学思想，而描述的优美感和崇高感也都属于非纯粹的美，以此为描写对象的书，成为一时的畅销书；之所以说非纯粹，是因为它隶属于经验众生。康德并不想否认历史事实，以及自己前期工作的意义。因而他进入批判期以后，在"第三批判"中，还区分了两种美，一是纯粹美，是种无功利的自由美，从康德所举的例子来看，这种纯粹美的数量相当有限；二是依附美，是依附了某种目的以后才变得美，这种美并不纯粹且数量巨大。康德将美的理想最后推给了依附美。康德的意思是，正题和反题、依附美和纯粹美，各自都存在着正当性（如此的二律背反现象，需要另文详谈）；而他的《论优美感和崇高感》和他的《判断力批判》一样，尽管一者重经验，一者偏先验，但都有其存在的必要性。康德并不是一个喜欢走极端的人。

就后者说来，康德既注意到了审美、理论的"现实"，更是高度关注到了其存在的"理想"维度。纯粹美已然具有超越性，但更大的超越性应来自道德实践领域。康德由此说，美的理想是有德性的人的形体。人也不仅止步于此，他拥有否定的权利，他应通过一再的否定，向"终极目的"不断挺进。现实中，尽管人容易沦为工具，但康德"人是目的，而不是手段"箴言，仍然绽放出不灭的精神光芒。黑格尔就说，康德所创建的是"应该"的学说。健康、健全的理论应具备"现实—理想"的双重性格，康德如此，黑格尔如此，马克思也如此。剪掉飞翔的翅膀，过度沉迷于现实，将极大弱化理论的生命力，太有用了，反而无用，中国历史上的墨家，就是这样。

汲取现当代西方美学思想，中国当代美学理论取得了长足的发展，成就更是有目共睹。其中，容易存在的误区，归纳起来有二。一是在新与旧之间加入了价值的判断，以为新理论的价值，远在旧的理论之上，于是抛弃旧的理论，而选择新的理论，就在情理之中了。二是在生与死之间，划下了井然的界限，将现当代的美学思想视为活的东西，而将德国古典学说当成已死或将死的东西来看待。一和二存在着因果性关联，我们需要从误区中走出。

就前者来看，与其说是新旧之争，还不如说是有无之辩。新旧没有绝对性，只具有相对性。虽是"古典"思想，也有"现代"问题。① 西方20世纪的知识精英，如胡塞尔、海德格尔等，流露出对科学技术的怀疑；他们及其后来者，喜欢侧目于人的有限性。西方近代科学虽在一路阔步往前，康德却已庄严地指出，要限制知识疯长的脚步，把它圈定在合理的区域之内；康德进一步说道，人是有限的理性存在者。时间早一点，思想有时并不陈旧。黑格尔说，在近代美学上，说出第一句合理的话的，是康德。康德的审美共通感说美用于社会交往，对于深陷交流危机的现代人来说无疑是一剂解救的良药。足见要紧的地方，不是学术的新与旧，而是思想的有与无。对我们而言，

---

① 叶秀山：《叶秀山全集》第2卷，江苏人民出版社2019年版，第257页。

下苦功夫，钻研学术，探究思想，对象无论是新学问，还是旧学说，都值得肯定。就此而言，我们应鼓励在探索前沿的同时，给康德及德国古典学说留下些许反思的余地，毕竟它们还没有死。

就后者看来，万万不能说，新近的才是活的，而德国古典学说已死。只要"思想"的事情没有终止，康德学说的反思就不会就此停步。康德进入教育体制是其美学思想被激活较为便捷的路径。康德的思想观念，多为教材所吸纳。马工程的美学教材，对美的本质界定是：审美是目的与规律统一的自由形式，这多少与变形的康德学说有联系，联系的桥梁便是李泽厚。李泽厚指出，美是合目的性与合规律性的统一，美是真与善的统一，因此可"以美启真""以美储善"，如此概括，准确与否，另当别论，但它源于康德当是不讳的事实。马工程的文学概论教材，对文学的价值厘定分有真、善、美三种，真、善、美的区分虽不始于康德，但康德对它们的考究是最为深入的，应毋庸置疑。"红皮本"的文艺理论教程对文学的复合定义，多少也与康德对美的多重界定有关，联系的中介便是蒋孔阳。蒋孔阳的"美论"，说"美在创造中""人是'世界的美'""美是人的本质力量的对象化""美是自由的形象"①，大致可与康德的质、量、关系、模态四个契机分别对应起来。蒋先生不但写过《德国古典美学》一书，而且还精心培养这方面的人才，指导曹俊峰、张玉能、朱立元三人，分别钻研康德、席勒、黑格尔三大家，在学界广为传诵。我们一样可以说，康德我们告而不别，席勒我们告而不别，黑格尔我们告而不别，德国古典美学我们告而不别。

问题的不断出现，是包括美学、文论在内的人文学科取得长足发展的内在动力。随此而言，中国当代美学界、文论界，在接受康德学说过程中所涌现出来问题并不是坏事一桩，而是能为学科的良性演进注入某种内生力量。学界对批判哲学体系二元论的指责由来已久，流播也广。然而，就鉴赏判断力批判的功能承担来看，其二元生成一元的趋势已然强劲得不可阻挡。鉴赏判断的先天原理是主观形式的合目的性，它更多的是关乎人性潜能的发挥，而不是上帝旨意的被动承接。亚里士多德的四因说，以及中国传统的心性文化，成为我们理解该原理的便捷路径。马克思是德国古典哲学美学的合法继

---

① 蒋孔阳：《蒋孔阳全集》第3卷，安徽教育出版社1999年版，第147—203页。

承人，康德是德国古典哲学美学的开山鼻祖，"康德"与马克思之间可以建立起密切联系。如此联系之紧密至少体现在，康德美学不缺他律性维度，而马克思学说则不乏自律性特征。有鉴于此，建构中国特色的美学、文学理论离不开马克思学说，进而也离不开康德思想。中国当代美学、文论的发展，还没有推进到要告别康德的时候。借用郑昕的话来说就是，掠过康德，我们将有坏的美学，超越康德，我们才能有新的美学！

我们稍微归纳一下。康德美学的中国当代接受，至少存在着四大亟须澄清的问题。一是学界给康德哲学和美学贴上了二元论的标签。由于赋予想象力以极其强大的功能，康德的学说及其体系特点不是流播已久的二元论，而是二元向一元的生成。这一特征在鉴赏判断中表现得更加明显。二是牟宗三错误地认为，康德以主观形式的合目的性，充当鉴赏判断的先验原理，不很恰当，应被置换。偏差产生的原因是他将该原理与神学对接起来。确切说来，亚里士多德造物塑型的四因说是它展开的坚实背景。随此，马克思与康德的距离就很近。三是有人不恰当地认定，在康德与马克思美学之间存在着断裂性关系。为促进"人（自由）—自然"的统一，马克思是将康德的反思判断翻转为实践活动。马克思还吸纳了康德重感性、倡自由和尊重人等观念。要康德还是要杜威，我们尚需谨慎面对。四是告别康德的劝诫不时在学界涌动。康德美学的意蕴丰富，而且极具启发性。美学文论教材的编写使用，以及人才的培养，使得康德思想一再得到激活。康德实是告而不别。中国当代美学的发展，应直面康德接受中的问题后再出发！由于种种原因的存在，马克思与康德之间的内在联系，还不太容易为很多人认识得到，我们在上文虽然已做了澄清，但更多是从宏观的角度着眼，因此在下文很有必要就这一问题再做探究，以期在一个微观的层面上，求证康德与马克思联系的紧密性。李泽厚虽有开创性探索，但他并没有注意到马克思不平衡关系问题与康德精神观念之间的深层勾连。

第二节　康德识见与马克思不平衡关系问题求解

珍视马克思与康德及其彼此关联，既是理论的重大要求，更是实践的庄严使命。我们在大的方面，有时对此不难理解。众所周知的是，马克思学说的来源之一是德国古典哲学美学。马克思是德国古典哲学美学当之无愧的继承人。德国古典哲学美学的开山祖便是康德。康德深刻地影响着德国古典哲学美学的思想进程。马克思对康德并非熟视无睹,阿伦特就此指出,马克思"将康德的恢弘事业视为启蒙运动最伟大的作品,而且和康德一样都相信启蒙与革命是连在一起的"①。启蒙和革命紧密相连,马克思和康德都相信这一点,阿伦特的这一看法不无道理。而当我们面对中国当代社会的急剧变动时,应愈发清醒地意识到,我们正在逐渐走进马克思的问题域。现实中"人是什么?"之问题回答,依然迫在眉睫。随之而来的困惑是,在物质文明越发变得丰富的同时,是否有可能以及如何才有可能创造出无愧于时代的精神文明;原创美学和文论的呼声强烈,即一种折射。马克思当年曾尖锐地提出了这个问题,他说我们"决不能在通常的抽象意义上去理解""进步这一概念"。②马克思的提问仍需我们今天做出解答。理论与现实的双重促动,要求我们不断地回到马克思和康德,并在他们之间建立联系,这将不会对各自的声誉造成影响。在这个问题的思量上,中西当代的理论家们业已取得了诸多开创性的成就。其中颇为棘手的地方,恰是更微观的层面。我们将在前人的基础上继续前进。我们在此只想从一个相对狭窄的通道上,来在两个伟大的思想家之间建立起某种合理的勾连。深受康德和马克思精神的感召,我们在此不愿意再重复的是被表层伦理拖动着走的路。

一 问题提出及其解答状况

马克思在 1857 年 8 月下旬,为计划中的经济学巨著《政治经济学批判》撰写了一个"总的导言","这是一篇未完成的手稿"。③ 正是在这一篇未完成的"导言""手稿"之第"4"部分,马克思提出了不平衡关系问题。他说:"物质生产的发展例如同艺术发展的不平衡关系。进步这个概念决不能在通常的抽象意义上去理解。就艺术等等而言,理解这种不平衡还不像理解实际社会关系本身内部的不平衡那样重要和那样困难";"关于艺术,大家知道,它

---

① [美] 阿伦特:《康德政治哲学讲稿》,曹明、苏婉儿译,上海人民出版社 2021 年版,第 57 页。
② [德] 马克思:《政治经济学批判导言》,载《马克思恩格斯选集》第 2 卷,中央编译局编译,人民出版社 2021 年版,第 710 页。
③ [德] 马克思:《政治经济学批判导言》注释 296,载《马克思恩格斯选集》第 2 卷,中央编译局编译,人民出版社 2021 年版,第 923 页。

的一定的繁盛时期决不是同社会的一般发展成比例的，因而也决不是同仿佛是社会组织的骨骼的物质基础的一般发展成比例的。例如，拿希腊人或莎士比亚同现代人相比"。①他的大致意思是，生产力水平提高了，物质生产极大地丰富了，但文学艺术等精神生产未必随之会出现繁荣现象；与此相反的情形是，文学艺术等精神领域出现的兴旺发达局面，却选择在物质极度凋敝的时代；古希腊艺术如神话传说，以及莎士比亚的戏剧创作等，成为"一种规范和高不可及的范本"②，就是只能选择在物质生产相对落后的时期出现。由于"理解这种不平衡还不像理解实际社会关系本身内部的不平衡那样重要和那样困难"，马克思后来再也没有就该问题继续思考，与"导言"的其他内容一起，让它停留在了"手稿"的形式里。

要很好地理解这种"不平衡关系"，我们应该回到马克思的问题语境，并将问题语境化之后再出发。其一是他的"现代人"遭遇。他生活的年代，资本主义正处在上升时期。由于生产力水平的极大提高，人类在征服和改造自然方面已取得了巨大的成就，建造起的物质大厦已然辉煌而夺目。"资产阶级在它不到一百年的阶级统治中所创造的生产力比过去一切时代创造的全部生产力还要大，还要多。"③马克思的感受真切而真实。其二是他的"批判"性旨趣。他是在"政治经济学批判"的意义上，提出这一不平衡关系问题的。"批判"带有扬弃的意味，并不完全排除否定的意义。他在此之前，在《共产党宣言》中虽列举了资产阶级的成就，但其用意还是公开声讨。而在更早的1844年书写《政治经济学手稿》时，他就已蕴藏着无比的激愤了。其三则是他的问题框架。马克思问题讨论的前提是"物质生产的发展""同艺术发展的""平衡关系"，即一个整体的社会框架。至少由此来看，古希腊的神话和传说只能建基于极低的生产力水平上，而随着生产力水平的提高，人类社会就很难再出现神话和传说了。其四是价值皈依。不平衡关系虽以平衡关系为

---

① ［德］马克思：《政治经济学批判导言》，载《马克思恩格斯选集》第2卷，中央编译局编译，人民出版社2021年版，第710页。

② ［德］马克思：《政治经济学批判导言》，载《马克思恩格斯选集》第2卷，中央编译局编译，人民出版社2021年版，第711页。

③ ［德］马克思、恩格斯：《共产党宣言》，载《马克思恩格斯选集》第1卷，中央编译局编译，人民出版社2021年版、第405页。

基础，但它依然存在着为文学艺术的独立发展开拓出若干空间的意图。他在"导言"中同一第"4"部分的第"（2）"要点，就区分了现实和观念两种历史，前者受制于"客观"的现实；后者则不一定如此。[①] 观念的历史尚且如此，那么包括文学艺术在内的观念本身的生产，就更应是如此了，即不一定完全受现实摆弄。问题语境化直接告诉我们，这一问题虽停留在"手稿"的形式中，但绝非一个无足轻重的小问题。

由于意识到它的极端重要性，马克思的后继者们对这个问题倾注了极大的理论钻研热情，成为马克思主义美学发展历程中，一股不容忽视的推动力量，这无论是在西方还是在中国都无不如此。理论的形态不管怎样，他们如果想使各自的言说变得令人信服，都需回到马克思的问题语境，并得在此基础上继续前进。其中潜藏的问题很值得关注。问题语境的其一和其二合起来涉及的一个潜在话题是，谁才是资本主义社会中，真正的创造性（艺术—精神）主体，是在物质生产中处于优势的资产阶级，还是在这方面遭受剥削的无产阶级？我们如果站在马克思的立场，这个问题当然是不难回答，然而它的缘由却不太容易为人所知晓。问题语境的其三和其四合并在一起，关联到的另一深层问题则是，包含文学艺术在内的精神生产，在整个社会中的作用如何，及其又展现出怎样的风貌。它们如果归纳起来的话，前者是历史创造的主体及其内在机制追问，后者则事关创造活动呈现的外在样态厘定。马克思主义者们对此二者都做出了程度不同的回答。

就后者来看，马克思的诸多追随者大都内置着一种"他律（基础）—自律（上层建筑）"双重性的检视眼光，他们或许会偏重于一极，但一般不会因此偏废另一极。如此双重性的理论基调，在恩格斯那里已得到调适。以为马克思学说的内核是片面的经济决定论，针对社会上流传着的这种错误观点，为还原马克思学说的本来面目，恩格斯在晚年给布洛赫、施密特、博尔吉乌斯等人的信中，不断强调的一个观点是，包含文学艺术在内的上层建筑各因素，既存在着独立性又发生着相互关系，它们对经济基础能起到反作用。其深层的用意，是在他律性的地基上突出上层建筑（文学艺术）独立性、自主

[①] ［德］马克思：《政治经济学批判导言》，载《马克思恩格斯选集》第2卷，中央编译局编译，人民出版社2021年版，第709页。

性的自由品格。恩格斯说"每一个时代的哲学作为分工的一个特定的领域，都具有由它传给它便由此出发的特定的思想材料作为前提。因此，经济上落后的国家在哲学上仍然能够演奏第一小提琴"①，哲学如此，文学艺术等亦然，这是对马克思不平衡关系问题的强调与回响。鉴于恩格斯与马克思的特殊关系，中西方学术界面对恩格斯的两重性结构提点做出了持久性的回应。

学界的回应大致在三个层面上推进。其一是偏重于他律（基础）。表现出的特点是对文学艺术性格和功能的把握，紧紧立足于社会现实。列宁的党性原则提倡以及反映论强调，便是以此作为转动轴心。卢卡奇的现实主义文论是其社会存在本体论的有机组成部分。本杰明看到了技术因素对现代艺术的强力渗透，及其蕴含着的强大社会变革潜能。有学者眼中的马克思主义美学，有时就是文艺社会学；他的工具本体论恰是立足于劳动（技术）视点，来观看繁复的审美艺术世界，他后来虽提出了情感本体论，但这一视点并未改变。这位学者在中国的影响是巨大的。其二则是侧重于自律（上层建筑）。没有绝对的自律自足，因此它的基本意思是自我独立之为他。艺术如果向内转，同样有抵抗的作用。阿多尔诺就指出，艺术越是自律，越能发挥它的他律功效。观念信仰与现实行动如影随形，因而在阿尔都塞看来，隶属于上层建筑的审美观念在社会中已是无处不在，它对生产力和生产关系同样起到了重要的促进作用，它在此意义上是及物的。伊格尔顿也指出，马克思及其后继者都不缺乏对文学艺术形式独立性的强调。他说一个不容忽视的事实是，"马克思心爱的作家埃斯库罗斯、莎士比亚和歌德，没有一个在真正意义上是革命的"；"如托洛茨基所提醒我们的，文学形式有高度的自主性"，正如托氏所说的那样，"一件艺术作品的好坏首先要根据它自身的法则来判断"。② 突出文学艺术的自主和独立，伊格尔顿的着眼点是男男女女的解放，即是说如此的文学艺术将帮助他们从资本主义的意识形态束缚中拯救出来，获得自由。审美具有了改变现实的强大功能。而在韦尔施、阿苏利等人的眼中，消费社会中的审美艺术，已经成了强大的生产力。其三是注目于中介（基础与上层建筑之

---

① ［德］恩格斯：《致康拉德·施米特》，载《马克思恩格斯选集》第 4 卷，中央编译局编译，人民出版社 2021 年版，第 612 页。

② ［英］特里·伊格尔顿：《马克思主义与文学批评》，文宝译，人民文学出版社 1980 年版，第 50、30、48 页。

间)。威廉斯指出,连接基础和上层建筑的中介,不是抽象的概念,而是动态的活动("不可分割的联系""构成性的过程""具体的、不可分割的现实过程"①);其立足点是把人从抽象概念的牢笼中挣脱出来。劳承万深感在审美活动中中介环节的极端重要性,究其缘由是在存在与意识之间、在基础与上层建筑之间,区域开拓越是广阔,人就越发不轻易被直接决定,从而将获得足够的人性尊严;劳氏随之创建了"异军突起"的审美中介论体系,成就不容抹杀。三个层面行进的共同指向,是人的自由和解放。

就前者来说,创造出指向解放的文学艺术产品,其主体将也非同寻常。我们在这里需要提醒的是,马克思指出的不平衡关系问题时,所说的生产力水平应是一个相对的概念,它指向的应是某种物质存在状态。它既可以指总体的生产力水平,也可以指相对高的生产力水平中某种物质的社会分配情况。置身于生产力水平不高的时代语境,其一流文学艺术(精神)的创造主体应是一种充满谦卑和苦难的存在者,涵盖现实中的个体和群体;换句话说,是某种悲剧性的存在者创造了杰出的精神(文学艺术)产品。马克思的提问,指向的应是这一悲剧性主体,或说是主体的悲剧性存在。马克思指出,在人类进入共产主义社会以前,都是人类社会的史前史。而在此之前的一切人类历史,都存在着或多或少的非人性的异化因素。马克思《资本论》的潜在意蕴是,构筑起资本主义辉煌的商品大厦的不是腰缠万贯的、高高在上的资本家,而是被残酷剥削的、一无所有的、创造了剩余价值的工人。《共产党宣言》就将新世界的创造性力量,推给了"在欧洲游荡"的"共产主义的幽灵"②,即由诸多悲剧性主体联合起来的无产阶级。而从马克思的《1844年经济学哲学手稿》来看,无产阶级已经处于异化的深渊之中。由于私有制的存在,在整个社会的物质分配中,工人无产者显然处于劣势。他们并不觉得幸福如意,而是充满了灾难不幸,却既是物质创造的决定性力量,更是精神文化创造的真正主体。

随着资本主义现实中苦难的日益深重,后来的马克思主义者们有一部分

---

① [英]雷蒙德·威廉斯:《马克思主义与文学》,王尔勃、周莉译,河南大学出版社2008年版,第87、88、89页。

② [德]马克思、恩格斯:《共产党宣言》,载《马克思恩格斯选集》第1卷,中央编译局编译,人民出版社2021年版,第399页。

人对马克思的悲剧精神有着更加深刻的认同并领悟。他们以自身的绝望体验为出发点，对现代社会中的悲剧问题进行了卓有成效的理论阐发。他们或以专著阐述悲剧观念，如本杰明、威廉斯、伊格尔顿等就是；或使悲剧性弥漫于自己的笔尖，如阿多尔诺即是。他们都认为悲剧是一种深刻的美。简单地以共产主义运动陷入低谷作为他们形成这一共同趋势的因由，应该是比较肤浅的行径。他们面临的不是某一群体的衰落，而是人类集体的灾难，比如纳粹的种族清洗等。更为重要的是，他们想深入探究的是人类文化创造的真正动因。中国当代重要的马克思主义美学理论家王杰，倡导审美的悲剧人文主义，其深层目的也是想在现代意义上寻找到文化创造的可靠动力。就此来看，本杰明、阿多尔诺等指责卢卡奇，说他太过于乐观，并非没有道理。一个不应忘掉的事实是，马克思在"巴黎手稿"中，除了论及自由劳动，异化劳动更使其义愤填膺。

简言之，后者是将自由（自律、独立、自主、创造）的星星之火点燃，而前者则是将这一自由创造的主体追溯到了人的悲剧性存在，诚然都是以马克思主义的名义来进行。将它们综合起来说，就是唯有这些远离了感性—物质—幸福的悲剧性主体，方是历史创造的决定性力量，更是第一流艺术（精神）产品的决定性力量。如果将其翻译成马克思的话就是，艺术等精神活动的兴旺繁荣，与物质生产的丰富发达，建立起了某种"不平衡关系"。这是审美文化创造的重要原则。创造的力量固然需要社会性力量，但在社会之内的个体潜能，同样也不容被忽视掉。鉴于篇首所说的马克思与康德之间关系之密切，以及有上述的开创性解答作为基础，我们还可以站在康德的立场上，对该问题做出回答，以期找到一条康德通往马克思的隐秘路径。

二 康德扬弃资本主义精神

康德和后来的马克思一样，都异常严苛地审视着资本主义社会。康德虽出生于马鞍匠家庭，且足不出哥尼斯堡半步，但凭借哥尼斯堡频繁的"海上贸易"往来等优势[1]，以及他自己的勤奋好学，浓烈的资本主义气息还是让他感受到了。康德把自己培养成了那个时代的感受器官。与后来的马克思一样，

---

① [德] 康德：《实用人类学》，邓晓芒译，上海世纪出版集团 2005 年版，"前言"第 4 页注释 [1]。

他对资本主义的态度是极其复杂的。他一方面认定资本主义创造了新的人类文明。他密切地注视着英、法等国所发生的一切，认定英、法两国是"地球上两个最文明的民族"①，他有时固执地认为"他的祖先来自苏格兰"②，而法国大革命更是令他魂牵梦绕。另一方面，他又不能容忍资本主义给人制造的恶，说那是异常沉重的生命负担。他在这方面既受到卢梭的影响，同时也形成了自己的独立判断。从某种意义上说，康德的学术活动，特别是他对审美判断力的批判就内在于他如此"辩证"的态度当中。康德很清楚，如果走两个极端，只能单路走到黑，唯有置身于中间地带，才有机会见到光明。

康德整个的精神活动有一个坚实的背景，那就是资本主义社会的发展。没有经济—物质—实用的支撑，康德构筑的辉煌观念大厦将会轰然倒塌，而他的学说及其取得的崇高地位将也变得难以理解。康德对审美判断进行了多重界定。至少有两点值得注意：其一是审美的无功利性和无目的性，其二则是他界定方式的知识论特性。我们在这里将会看到，康德的审美与伦理、认识一样，都离不开资本主义社会的现实。

康德很早就指出，围绕着实用（"生活必需品"）转动，其能力是人类早就获得了的③，而且它占据着人群中的"最大多数"④。康德对此进一步写道："在这一点上是不可能有任何不利的，因为这种人乃是最勤奋的、最守秩序的和最谨慎的，他们给予了全体以支撑和稳固，从而他们就无意之中成为对公众有利的，这就创造了必要的所需并提供了基础，使得一些更美好的灵魂得以发扬美与和谐（原文'利谐'有误）。"⑤他在批判时期对此有着更进一步的强调："由于绝大多数人仿佛是机械地、无需特殊技艺地为别人的舒适和方便提供生活必需品，其他人则从事着不太急需的文化、科学和艺术部门的工作。"⑥他前后表达的意思大致相似：从事生活必需品生产的绝大多数人，给别人带来了"舒适和方便"，进而给整个人类社会"以支撑和稳固"，那是

---

① ［德］康德：《实用人类学》，邓晓芒译，上海世纪出版集团2005年版，第246页。
② ［苏联］古留加：《康德传：康德的生平与事业》，贾泽林、侯鸿勋、王炳文译，商务印书馆1997年版，第13页。
③ ［德］康德：《宇宙发展史概论》，全曾嘏译，北京大学出版社2021年版，第128页。
④ ［德］康德：《论优美感和崇高感》，何兆武译，商务印书馆2022年版，第27页。
⑤ ［德］康德：《论优美感和崇高感》，何兆武译，商务印书馆2022年版，第27页。
⑥ ［德］康德：《判断力批判》，邓晓芒译，人民出版社2022年版，第220页。

"对公众有利的"事情，换成马克思的话来说就是，物质生产给人类社会的发展提供了重要的基础；正是在这个基础之上，人类才有了更高的精神追求，它"使得一些更美好的灵魂得以发扬美与和谐"，并"从事着不太急需的文化、科学和艺术部门的工作"。他的言下之意便是，艺术、美等精神文化创造是以经济—物质—实用作为支撑的。可见康德关于无功利、无目的的审美判断活动，是以功利、目的作为前提的，或者说是以资本主义社会的发展作为条件的。他的审美判断活动，并不抽象。

康德的审美判断包括（优）美和崇高以及艺术活动等。顺着上面的思路，具体的美和崇高、艺术活动，不能远离经济（物质、实用）而独在。学者们对此已有所察觉。柄谷行人在对"康德与马克思"的"跨越性批判"中，就敏锐地注意到了康德审美判断中的"剩余价值"特点。在柄谷行人看来，康德的"（优）美和使用价值/快乐原则是不能分开的"，其"非功利性""已经是对使用价值的本质差异漠不关心的商品经济的产物了"；而康德的"崇高是通过不快而获得的某种快乐。康德认为，'它（想象力）获得一种扩张和势力，这势力是大于它所牺牲掉的。'这正是剩余价值的问题"。① 伊格尔顿在转引了托洛斯基的"艺术靠经济的汁液过活，其发展主要靠社会在物质上的剩余"之后指出，"文化本身是一种'剩余价值'"②，就此去反视柄谷行人的康德美学阐释，就更加容易看得清楚：审美文化活动有一个物质基础。

审美判断所需的物质（经济、实用）基础，只能由人自己去提供。康德不止一次地说道："人类应该而且能够自己成为自己幸福的创造者。"③ 他的意思就是，满足幸福所需的物质条件，即那些"生活必需品"，只能由人类自己去创造，而不能只靠大自然的恩赐。那些"生活必需品"，无非就是衣食住行，它们的获得以及随之而来的对真、善、美的享受，在康德看来无一不是人自己的创造。康德对此这样写道："人类倒不如说是由自己本身来创造一切的。生产出自己的食物、建造自己的蔽护所、自己对外的安全与防御（在这方面大自然所赋予他的，既没有公牛的角，又没有狮子的爪，也没有恶狗的

---

① ［日］柄谷行人：《跨越性批判》，赵京华译，中央编译出版社2018年版，第306—307页。
② ［英］特里·伊格尔顿：《马克思主义与文学批评》，文宝译，人民文学出版社1980年版，第79页。
③ ［德］康德：《实用人类学》，邓晓芒译，上海世纪出版集团2005年版，第269页。

牙，而仅有一双手）、一切能使生活感到悦意的欢乐、还有他的见识和睿智乃至他那意志的善良，——这一切完完全全都是他自身的产品。"①"食物""庇护所"以及"安全与防御"等是由人自己"生产"出来，而"悦意的欢乐"（美）"见识和睿智"（真）和"意志的善良"（善）也是由人自己"创造"出来的。人类自己生存、生活所需的一切，包括物质产品和精神产品，都是由自己的理性而不是本能创造的，这是人和动物活动区分的边界，至少在此可以看出这一点。尤其是对物质产品的生产，人仰仗得更多的是技术力量，那是一种技术的实践。技术的实践展现出两个特点，其一是它需要有作为"中间项"的判断力的参与，其二则是它具有明显的目的性。有效的技术实践，既需要活动者拥有足够的理论知识（一般），它们得由医学理论家、农学理论家、经济学理论家、法学家等提供；更要求活动者面对特殊的对象（个别）时，能进行灵活而恰当的判断，从而促进理论和实践的统一，从而生产出某个产品。② 反思判断力是在个别与一般之间建立有效联系。康德批判反思判断力是试图在理论与实践之间建立联系。我们已经知道，马克思写过《政治经济学批判》，按照他的意思，"使理论与实践结合起来，正是批判"③。由此看来，康德判断力批判的精神旨趣应点燃过马克思的智慧火花。康德所理解的技术的实践，尚需安置着目的。它的特点是在一个产品还没弄出之前，已将其在表象中完成，用康德的话来说，就是"事物在其原因中的一个表象必须先行于它的现实"④。一般事物的创制如此，艺术也不例外。艺术家的活动若想配称为创造，他得在想象中将形象表现出来："在艺术家能够表现出一个具体的（仿佛可以触摸的）形象之前，他必须先在想象中把它完成，而这个形象因此才是一种创造……如果是受意志控制的，就被称为作品、创作。"⑤艺术创造隶属于一般的人类活动，故而具有人类活动的一般特征，即现实的活动先在大脑中存在。马克思与康德相似，他在《资本论》中也指出："劳动过程结束时得到的结果，在这个过程开始时就已经在劳动者的表象中存在着，

---

① ［德］康德：《历史理性批判文集》，何兆武译，商务印书馆2020年版，第5页。
② ［德］康德：《历史理性批判文集》，何兆武译，商务印书馆2020年版，第168—169页。
③ ［美］阿伦特：《康德政治哲学讲稿》，曹明、苏婉儿译，上海人民出版社2021年版，第56页。
④ ［德］康德：《判断力批判》，邓晓芒译，人民出版社2022年版，第112页。
⑤ ［德］康德：《实用人类学》，邓晓芒译，上海世纪出版集团2005年版，第62—63页。

即已经观念地存在着。"① 表象中、观念中、想象中的存在物，只能表现为形式、形象，其创造的外化过程就是形式、形象对材料的塑型，最终促成材料与目的、形式（形象）、动力（原因）圆融一致，一般的物质生产如此，文学艺术的创作亦如此。马克思与康德学说，之所以能有如此的认识，实与他们共同拥有的传统有关。古希腊的亚里士多德，提出了四因说理论，他的落脚点是造物塑型，即造出一个有形的物，比如说房子等。足见康德和马克思的如此观念都根植于传统西方的逐物文化，而造物塑型的出发点是人的理性——知识能力。我们在这里，还可以发现康德美学的知识论特征及其久远的文化伏根。

整体上看，无论是表层还是深层，康德对审美判断的界定都展现出其与知识论联系之密切。审美判断的对象，除了艺术之外，还有美和崇高。康德对"美的分析"和"崇高的分析"都运用了逻辑的手段，它们都是按照逻辑的量、质、关系、模态顺序推进。后者在大的范围里，康德虽将其分为数学的和力学的两种，但他在内地里的分析，仍按量、质、关系、模态的顺序铺开。前者打乱了量先质后的秩序，其原因是质的契机与知性联系更紧密。在美的鉴赏中，是想象力与知性的和谐达到可感受的程度，故而在其中，能开启着对合规律性的有利展望。而在崇高的鉴赏中，则是想象力与理性两种认识机能的协调。审美判断活动中的诸认识机能处于高度的和谐状态中，审美与认识密切相关。在《纯粹理性批判》中，康德所列知性的范畴表就囊括了（数）量、（性）质、关系、模态四个方面，共计12大范畴。② 这是他对亚里士多德的十范畴，即实体、数量、性质、关系、何地、何时、所处、所有、动作、承受③做出的进一步的提炼、扩展，并最终将其运用到审美判断的实际界定中。西方自近代以来，科技在不断取得进步，它为资本主义社会的发展提供了强有力的保障。康德"第一批判"的初衷应是为科技争得属于自己的稳固地盘，从而为社会的前进扫清障碍。康德的审美判断厘定，就发生在这

---

① ［德］马克思：《资本论》，载《马克思恩格斯选集》第2卷，中央编译局编译，人民出版社2021年版，第170页。
② ［德］康德：《纯粹理性批判》，韩林合译，商务印书馆2022年版，第144页。
③ ［希腊］亚里士多德：《工具论·范畴篇》，载《亚里士多德全集》第1卷，秦典华译，中国人民大学出版社2021年版，第5页。

样辽阔的文化和社会背景之上。

　　康德并没有在如此的背景下迷醉。在康德看来，经济—物质—实用虽为审美艺术等精神文化活动创造了条件、奠定了基础，但假如仅停留于此，并对此沾沾自喜，被如此的条件、基础所囚禁、吞噬，同样也很不应该。因而当面对给审美艺术等精神文化奠定了根基的经济—物质—实用等因素时，康德还是对其进行了诸多的批判。他的批判归纳起来有二：一是直接对资本主义社会中商业精神兴起带来的危害做出相对严厉的责难；二是在一个更深的学理层面上，间接地对资本主义的内在原则及其后果展开有理有据的否定性反思。

　　一个不容争辩的事实是，资本主义社会中商业精神的兴起使人性中的恶得到了强化和暴露。康德说，有时人本性的缺陷并不利于社会交往。人有一种强烈的倾向，就是喜欢盯着、揪着"别人的一切缺点"不放，比如他人"掉落了的一颗上衣纽扣，一个齿豁，或是一个习惯性的语言毛病"等，这种"特别坏的习惯""既使别人不知所措，甚至也使自己在交往中把事情弄糟"。① 人还有一种个人主义的狂妄倾向，"想要一味按照自己的意思来摆布一切"②，前者表现为理性（逻辑）、鉴赏（审美）、实践的极度孤立化，容易切断与他人交流的任何路径；后者在现实中的表现就是奴役他人的统治癖的满足，它人为地制造了不平等，康德就说因"不平等"而获得的技术性"熟巧"，使得社会中的绝大数人处于被压迫的状态。③ 人另外还有一种不良倾向，就是善于伪装自己，不轻易暴露"自己的真面目"，"保守着自己的思想"④，于是人与人之间就很难做到坦诚相待、心心相通。资本主义强化了上述倾向及其非社会性的表演。英国是当时最文明的、最强大的海上商业民族。人的非社会性，在英国对外和对内的关系中均得到了极其充分的体现。康德就指出，高福利的英国对外国人总不能完全释放善意，甚至不把别人当人看："英国人为自己的同胞们建立了庞大的、一切其他民族所没有的慈善机构，但由于命运而漂泊到他们土地上并陷入危难的外国人，却常常可能死在垃圾堆上，

---

① ［德］康德：《实用人类学》，邓晓芒译，上海世纪出版集团2005年版，第10页。
② ［德］康德：《历史理性批判文集》，何兆武译，商务印书馆2020年版，第7页。
③ ［德］康德：《判断力批判》，邓晓芒译，人民出版社2022年版，第220页。
④ ［德］康德：《实用人类学》，邓晓芒译，上海世纪出版集团2005年版，第275页。

因为他不是英国人，也就是说，不是人。"① 英国人不能平视他人，不能把别人当人来看，很难说他已是真正的文明人。英国人对外国人不友好，对自己人也好不到哪里去。康德就说英国人自己也是很孤立的，不愿意与他们分享自己的食物："即使在他们自己的国土上，英国人也还是孤立的，他吃的是自己的所得。比起在餐桌里吃饭，他宁可一个人用同样多的钱在单独的房间里进餐，因为在餐桌总要讲一定的客气。"② 资本主义的个体化原则，在日常餐饮上也得到了折射。不独英国如此的反社交（会），其实凡资本主义国家也都是如此。康德因此说，这不能归结为竞争性，"而要归咎于一般商业精神"，"一般说来，商业精神正如贵族精神一样本身即是反社交的，一间铺子（商人这样称呼自己的柜台）和另一间铺子是由他的生意分离开的，正如一块领地与另一块领地是由吊桥分离开来一样。它们都毫不客气地把友谊的交往从中驱逐出去"，说白了就是物质利益使得各自独立、彼此分离。③ 资本主义加剧了人与人之间关系的撕裂。

撕裂了社会关系之后，人极容易再度野蛮化，极容易被当成商品盈利的手段，女性的地位在其中因为买卖尤显尴尬。康德就说："印度斯坦同样也不乏商人们从罪恶地买卖如此之美丽的女性当中获得巨大的利润，他们把这些女性送给当地骄奢淫逸的富人们。"④ 女性已经沦为工具，商人们通过她们"获得巨大的利润"；而"富人们"则将女性当成"骄奢淫逸"的对象；"印度斯坦"尚且如此，其他地方就更不用说了。唯利是图的资本主义社会倡导个人利益至上，至少"道德的个人主义者是这样的人，他把一切目的都局限于自身，他只看见对他有利的东西"⑤。个体行为转动的轴心，是感官享乐的满足及其有用性欲望的激活。"现在，习惯上总是只把能向我们更粗鄙的感受提供满足的东西称之为有用的，亦即那些能使我们饮食丰盛、衣着和居室器用奢侈以及宴客浪费的东西。"⑥ 即是说能满足我们感官满足的，比如衣食住

---

① ［德］康德：《实用人类学》，邓晓芒译，上海世纪出版集团2005年版，第249页。
② ［德］康德：《实用人类学》，邓晓芒译，上海世纪出版集团2005年版，第250页。
③ ［德］康德：《实用人类学》，邓晓芒译，上海世纪出版集团2005年版，第250、257页。
④ ［德］康德：《论优美感和崇高感》，何兆武译，商务印书馆2022年版，第42页。
⑤ ［德］康德：《实用人类学》，邓晓芒译，上海世纪出版集团2005年版，第7页。
⑥ ［德］康德：《论优美感和崇高感》，何兆武译，商务印书馆2022年版，第26页。

行等物质产品就是有用的东西，资本主义就是在最大程度上满足我们这方面的要求。假如以感官的满足、有用性为衡量一切的标准，那么情况有时就变得很滑稽，人的现实及形象就会遭受到漫画般的处理。"一只母鸡就确实要比一只鹦鹉好，一口锅就比一件瓷器更有用，全世界上聪明才智都抵不上一个农民的价值，而要发现恒星的距离的努力就可以搁置下来，直到人们对于怎样才能最有效地驾犁达成了一致的意见为止。"① "一个人只有满足了一种愿望时，才会发现自己是幸福的。所以使他能够享受巨大的满意（而又不需要有突出才能）的那种感觉，就肯定是非同小可的了。那些大腹便便的人们，他们精神上最丰富的作家就是自己的厨师，而其所嗜好的作品只见之于自己的窖藏……一个对一切欢乐都乏味的商人，——除非是一个精明的人算计到可以获利时所享受到的那种欢乐而外，——一个喜欢异性只不过是在盘算着那种令人满足的事情而已的人……所有这些人都有一种感觉，使他们能以各自的方式去享受满意。"② 康德眼中的荷兰人，就是"单纯着眼于有用的东西……对他来说，一个伟大的人和一个富有的人所意味的乃是同一个样；他理解的所谓朋友就是和他通信的人，而且一次访问若是没有给他带来任何东西，他就会觉得非常之乏味"③。不独荷兰人如此，地球上的绝大数人也如此，资本主义社会中的人更如此。人的行为受外力牵着走，而不是出于义务的动机。康德的生动描述，不乏辛辣嘲讽的意味。

　　无论是非社会性的加剧，还是有用性的追逐，都已使人严重地非人化。康德的批判哲学体系建构，间接的批判对象不是别的，而是资本主义社会中人变非人的"异化"现状，尽管他采用的语言艰深晦涩、高度抽象。他的反思判断力批判承担着体系完善、美学独立的双重任务，在批判资本主义这一点上，其表现尤为抢眼；他在此意义上说，他的反思（审美）判断力批判是"一切哲学的入门"④，显然更是其批判哲学的入门。康德审美的第一契机便是无功利而生愉快，矛头对准的是商业精神弥漫的现实。他强调审美的普遍必然性，而且为此设定了人的先天共通感，用意是把人从非社会性的野蛮丛

---

① ［德］康德：《论优美感和崇高感》，何兆武译，商务印书馆2022年版，第26页。
② ［德］康德：《论优美感和崇高感》，何兆武译，商务印书馆2022年版，第1—2页。
③ ［德］康德：《论优美感和崇高感》，何兆武译，商务印书馆2022年版，第57页。
④ ［德］康德：《判断力批判》，邓晓芒译，人民出版社2022年版，第24页。

林中解救出来。他一再声言鉴赏判断的关键是判断在先愉快在后，其深层用意也是为维护人的独立自主性。相比于优美的有形式，无形式的崇高更能体现出人的内在决断性，他因此反复说道："真正的崇高必须只在判断者的内心中""去寻求"。① 依此来看，康德尽管在"第三批判"中，对优美着墨甚多，而对崇高则简略谈及，但崇高的地位和价值还是在优美之上。无论是谈优美还是说崇高，康德虽然均依据逻辑范畴来展开，但他还是用无功利、无概念、无目的来限定它们，表层的意图是还审美以本来的面目，而深层里则是对科学知识给予某种限制，原因是科学知识在现实中的运用会直接激活并满足人的感官欲望，而且最终是为它服务的。康德深知西方的传统与资本主义的现实已无法回避，因此他首先得给科学知识找到可靠的适用范围，并限定了科学快速前行的脚步。康德虽然是一位自然科学家，但他对知识做出了某种限定；他说他不得不扬弃知识，为的是给信仰留下地盘，就是说给人的价值尊严留下地盘。他站在实践理性的高度，对道德上的幸福论者给予了不遗余力的批判，其潜在的动机也是希望人不受物质过度的干扰，能勇敢地挺立在天地之间。康德对资本主义精神的学理性批判是相当有力的，他在此意义上才配享"法国大革命的哲学家"（马克思语）之荣誉。

　　人是自己的创造和生成。人的精神文化、审美艺术发展所需的物质（经济、实用）基础，只能由人自己的创造。诚然在这里，人依靠的不再是本能，而是人已拥有的理性，是理性对本能的征服。商业精神的推波助澜，表现为一再被激活的、变得强大的本能力量，这极容易冲垮理性的堤岸，使得人的独立（自由）价值遭到很严重的威胁，也使得人的更高文化、第一流文学艺术的创造能力遭到极惨重的钝化。我们有趣地发现，人类创造潜能的拥有，只能与幸福、感性、物质的丰富走在相背离的道路上。康德的文化理想是把人从资本主义社会中提升、超越出来，为第一流的创造活动开辟道路。

　　由上不难看出的是，人的合理性存在（在康德那里）已经变得相当重要。康德比较早地意识到了这个问题的重要性，他原给自己设定的哲学任务就是解决四个问题：我能知道什么？我应当做什么？我可以期待什么？人是什么？而这样的四个问题都应以相关学科的深入勘探来解答，他说："形而上学回答

---

① ［德］康德：《判断力批判》，邓晓芒译，人民出版社2022年版，第72页。

第一个问题,伦理学回答第二个问题,宗教回答第三个问题,人类学回答第四个问题。但是从根本说来,可以把这一切都归结为人类学,因为前三个问题都与最后一个问题有关系。"① 美学应内在于第四个问题当中,诚然与"我可以期待什么?"等问题还是有关联。康德说他的审美判断力批判是含自己批判哲学在内的一切哲学的入门。古留加就说过,我们了解康德哲学,最好是从他的人类学入手,这是对古希腊神谕"认识你自己"在西方近代的最强回响。康德提出的问题依然极具诱惑力,近代以来,有许多思想大家纷纷在这里挥洒智慧和才情,试图直面、迎解康德的逼问,马克思也并不例外,他得出的基本结论是,人是一切社会关系的总和。康德已提醒我们注意,他在这里提出的四大问题,以及最后归结为人类学问题,是"站在世界公民的意义上"②,他对资本主义精神的"辩证"阐发应也与这一旁观立场的坚持有关。康德极力推崇旁观的审美立场。

三 康德对旁观立场的推崇

康德在思想上不喜欢走极端,他以"辩证"的合理态度,扬弃资本主义精神便是这一思维习惯的体现。康德根据西方传统,并先于马克思,不无深刻地指出,人类整个的审美艺术等文化活动乃建基于自身的物质生产。他另外更不无敏锐地洞察到,倘若过度地沉迷于物质(经济、有用),人将再次任凭本能的风暴摆布;随此而来的人独立自主品格的丧失,将极大地败坏着精神文化的创造,其中第一流的成果终将随风飘荡。康德想表达的意思很清楚,那就是不受到过于丰盈的物质支配,人才能真正踏上创造之路,才能创造出无愧于历史和时代的杰出的文化艺术产品,这换成马克思的表述就是,人有时只能在物质生产不发达的情况下,才能有惊人的文化艺术创造,而资本主义过度膨胀的物质欲望,不只不利于诗等艺术的创作,更不利于其他的文化创造活动。可以这样说,不平衡关系是一种文化创造需要遵守的重要原理。

我们可以更进一层来看,康德"辩证"态度的拥有,以及深刻洞察力的获得,原因不是别的,而是除了他的天分之外,更是与他坚定的旁观立场有

---

① [德]康德:《逻辑学讲义》,许景行译,商务印书馆2013年版,第23页。
② [德]康德:《逻辑学讲义》,许景行译,商务印书馆2013年版,第23页。

关；康德如此，后来的马克思也并不例外。那些或出于外力的无情强迫，或出于自身修养的情愿，而弱化甚至摆脱了物质（经济、有用）欲望纠缠的人，才能真正担当起文学艺术等文化精神的创造重任，深层的原因首先也与他们旁观立场的坚守，发生着极其密切的联系。他们并非逃身离去，高高在上，摆出一副上帝般的高傲姿态，对人世间的一切纷争指指点点；而是勇敢地融入现实之中，全身心地感受四面八方的风雨来袭，甚至是站在历史和现实的风暴之中，然后在内心决然地培养起某种反观现实和历史的漠然、公正心灵。简单来说，就是他们既"入乎其内"，拥有无比真切的生命质感、现实感受，又"出乎其外"，反思人世风波、宇宙浩渺，在"内"与"外"之间自由"出""入"，任意驰骋，公正评判，尽情创造。阿伦特就指出，审视人事所需的"'不偏不倚'是通过考虑他者的视角而达到的；'不偏不倚'并非某种更高的立场的结果——这种更高的立场能够定分止争是因为它完全处在论战之外的更高的视野上"①。它不在"上"俯视，而是由"内"而"外"以后，在之"外"旁观，即阿伦特所说的"他者的视角"。

比较康德和马克思之间的"内""外"、"出""入"状况，是一件相当有趣的事。马克思的一生，目睹过工人无产者，在资本主义中承受的许多苦难和不幸，他因此积极从事并领导着革命工作，颠沛流离、朝不保夕、艰苦卓绝。他一生留下的学术著作卷帙浩繁，是他反思资本主义以及整个人类历史的成果，更是内在于他变革现实的迫切要求之中。马克思能"入"也能"出"，其归结点不在"出"而在"入"。而相比之下，康德的一生，过的是书斋生活，作息有度，宁静优雅，生活与学术高度地吻合。他对法国大革命流露出极强的介"入"意识，不过他却让这种介"入"永远地停留在意识（"出"）的层面。他一生留下的著作，特别是"三大批判"，艰深晦涩，使许多人视为畏途；不过，其介入现实的冲动并没有在这些著作中泯灭掉。康德虽能"出"也能"入"，但其落脚地不在"入"而在"出"。不难看出的是，康德对旁观的立场相对更加推崇。

推崇旁观立场，是现实引动的结果。个人主义的唯我独尊毒瘤深埋在人性之中，而资本主义的兴起，加剧了它的现实扩张势头。康德指出，人

---

① ［美］阿伦特：《康德政治哲学讲稿》，曹明、苏婉儿译，上海人民出版社2021年版，第66页。

以及人的活动不幸如此，其价值将大打折扣。解决问题的关键是得拥有旁观的立场。拥有了它，将使深陷在逻辑（知性）、道德（实践）、审美（鉴赏）个性主义泥淖中的人超拔出来，并赋予其活动以重大意义。康德内心想说的是，个人的活动与存在，想变得合理、可靠、有价值，需有旁观者的目光，在持续地深情凝望。整个的人类活动，无非涵盖认识、实践、审美这三个方面，随之，各自意义获取所需的他者眼光，刚好正也分别体现在如此三个层面。

在康德那里，人的认识活动主要依靠知性的机能。人运用知性，如果他由此取得的对象知识有资格跻身到科学—真理的行列，那么他就需有旁观者立场的校正，换句话说，他的认识不想变成虚妄，就时时要考虑他者的介入、检验，并竭力使自己的知性，与他者的知性保持一致。个人发现了科学的真理，如此发现被别人重复，他的发现才能被证实。反过来说，只有个人的知性结果得到了他人的有效验证，它才变得有价值。可见个人—私人的知性，需另一个他者的知性作为参照，随之就变得很重要。在康德的理解中，单个人的知性经过别人知性的估量、检审后，才具有稳固性、客观性。"我们甚至是通过别人的知性来坚持自己的知性的，而不用自己的知性把自己孤立起来。"① 人自己的个别知性，需从私人的房子里走出，跃进到更加广阔的天地中来，接受别人知性的检验和矫正，与别人符合才坚持；与他人不一致就放弃。康德言行并重，他这么言说，确实也这样做。他无论在公开的文章，还是在与私人的交流中，都很早就使用并重申了这一旁观者的立场。康德在1766年，针对视灵者斯维登波格以前对地震的预言，写了一篇《一位视灵者的梦》。康德在这篇文章中指出，他自己在内心深处已发生了裂变，不同于以往的个人化倾向，他现在将自身放在旁观者的理性位置上，来考察原有的知识判断。而在时隔5年以后，他于1771年6月7日在给他的学生兼朋友赫茨的私人信件中，亦如此写道："对于有道理的异议，我并不是仅仅考虑怎样去反驳它们，而是在反思中，随时把它们编织在自己的判断之中，并且使它们有权利推翻我先前的臆想的一切意见，即使这些意见是我过去所喜欢。这一点，他们是知道的。我总是希望，能够通过从他人的立场出发，无偏见地考

---

① ［德］康德：《实用人类学》，邓晓芒译，上海世纪出版集团2005年版，第118页。

察我自己的判断，从而创造出某种比我原来的判断更好的东西。"① 康德想吐露的心曲是，他人针对自己的知识性意见，提出的异议如果有道理，他将坚决予以接纳，并放弃自己原先的成见；而且他还将这一举措，提升为一般的知性原则，因为他"总是希望"如此，"这一点，他们是知道的"，即为与他交往的朋友所知道。康德对旁观立场的推崇及运用具有长期性。

至于个人为何形成偏见，即不容易就认识的对象生成毫无偏差的知识，康德认为那是因为个人的知性（理性）被私下使用，而未能进驻到公开运用的领地。"一个人在其所受任的一定公职岗位或者职务上所能运用的自己的理性，我就称之为私下的运用。"② 根本原因是，此时他运用自家的理性是代表着某种团体的利益，比如政府、军队、教会、学校，甚至是民族、国家等；尽管是代表着团体，但理性（知性）仍是私下的运用。很显然，被利益所裹挟的理性（知性），就是它在私下、极个别的运用，它的合理与否仍然需要旁观立场的审视。站在旁观的立场来运用理性（知性），它才由私下的变成公开的，学者置身于这一立场的绝佳位置。康德说他"所理解的对自己理性的公开运用，则是指任何人作为学者在全部听众面前所能做的那种运用"③。学者之所以如此，乃是由于他勇敢地摆脱了利益的纠缠后，其人格是独立自由的，他的发言不代表个人的团体的利益，而是代表着世界公民的"利益"，代表的是学者自己的尊严。对于社会的良性发展而言，这一学者的旁观立场，其重要性不容被忽视。康德受卢梭的影响深刻。卢梭在《爱弥儿》中就提到，同是参加奥林匹亚运动会，有些人是去开店铺，为的是赚钱盈利；有些人是去当运动员，为荣誉而拼搏；而有些人是去当观众，纯粹是为了观看。前两者为利益而战，唯有后者才不受利益左右，站在了旁观的公正立场上。康德痴迷于卢梭的《爱弥儿》等著作，注意到了卢梭的这一论述。康德当时想迫切争取的是学者作为旁观者应具有的写作、出版的自由；而马克思在早年，为

---

① ［德］康德：《康德书信百封》，李秋零编译，上海人民出版社2006年版，第30页。阿伦特在《康德政治哲学讲稿》中引用了这段话，与该书其他论述一起都给笔者以莫大的启发，她对康德"第三批判"的政治哲学解读颇具开创性之功，不过应该注意的是，列维纳斯"他者"的智慧火花也在她的行文中闪烁。
② ［德］康德：《历史理性批判文集》，何兆武译，商务印书馆2020年版，第26页。
③ ［德］康德：《历史理性批判文集》，何兆武译，商务印书馆2020年版，第26页。

出版、写作的自由奔走呼告，同样也是出于对旁观立场的维护。在此还应注意康德与赫尔德的关系。赫尔德有一重大发现，即在个人与人类之间存在着"民族"这一特殊环节。民族之所以重要，乃是因为通过它，个人和人类才能得到理解。① 而站在世界公民的旁观立场来看，民族（国家）仍是团体的利益，理性（知性）在此的运用不能算是公开的。就此而言，康德对赫尔德的民族（国家）观点，持的是批判的态度。缺乏对民族（国家）的旁观审视，它容易陷入迷茫、疯狂之中。20世纪的两次世界大战都与日益膨胀的民族（国家）欲望有关，有力地证明了康德眼光之深邃异常！旁观立场对检视人类行为的合理性起到了推动作用。

假如没有做特别说明，康德的实践多关乎道德。理性也能在道德实践中立法。与理性（知性）在认识中的自由为"他"的运用不同，它在道德行动中的独立使用乃是为"己"，即是说此时的人无所依傍，是他自己指挥自己在行动。物质欲望及其享受冲动的消弭是成就道德的条件，西方有谚语就说：富人升入天堂，比骆驼穿入针眼还难。人被迫远离物质幸福之后，依旧勇敢无畏地生活着，这本身就体现了道德上的伟大。自由之为"己"的道德，为人类现实行为的价值提供了极其重要的保障。康德眼中的德性，在很多情况下是人兽区分的边界。问题的要害是，发乎内、足乎己德性及其事件的生成，旁观的立场又是如何在其间发挥作用。

道德的独立自主仍需旁观立场的介入，乃基于两个方面的考量。其一是道德行为的形成所依据的法则是可以公开推广。康德论及若干的道德法则，而这些法则无一不是人自身的设定，比如"重然诺"（诚实守信）、"人是目的而不是手段"、"应该这样行事，从而可以使你的准则成为普遍的法则（不管它所要求的可能是什么）"②，等等即是；虽是出于个人的设定，但它们都是可以推广公开的，如果不能将私下与公共统一起来，那将是一种恶行。可见，德性需接受旁观立场的监督："道德性则意味着适于被看见，不仅仅是适于被人们看见，归根结蒂，是适于被上帝、这位心灵的全知者看见。"③ 其二

---

① 参见［日］柄谷行人《跨越性批判》，赵京华译，中央编译出版社2018年版，第126页。
② ［德］康德：《历史理性批判文集》，何兆武译，商务印书馆2020年版，第139页。
③ ［美］阿伦特：《康德政治哲学讲稿》，曹明、苏婉儿译，上海人民出版社2021年版，第76页。

则是在历史的紧要关头，旁观立场赋予所生发事件以意义，而使自身显现出德性的意味。康德对法国大革命热情欢呼，但他仅停留在旁观的立场上："它仅只是指观察者的思想方式"，"在一切观察者（他们自身并不曾卷入这场演出）的心目之中"。他由此发现了人类一种普遍的道德秉性，那就是看到了人类不断"朝着改善前进"的希望。① 人类在苦难的最深处，仍然充满希望地活着。沿着康德的思路，阿伦特指出，意义只对旁观的立场显现出来，其原因大致可在比较中见出：行动者占据着部分立场，本质上是偏狭的；而旁观者则与其相反，他占据的是整体的立场，能做到公正无私、不偏不倚；行动者是他律的，而旁观者则是自律的。② 阿伦特由此推断说，人类的历史假如是一个剧场，那么观众比演员要重要得多。③ 无论是前述理性公共运用对利益的拒绝，还是阿伦特在这里对康德的引述，在某种意义上都已使旁观的立场呈现出若干的审美艺术特质。

康德对审美艺术的关注和颖思，体现在他对审美判断力的批判。它与目的论判断力的批判一道，成为他"判断力批判"的有机组成部分。他从事"判断力批判"的因缘，除了使美学学科独立之外，同时还想完善其批判哲学体系的建构，即想在知识—自然—第一批判与道德—自由—第二批判之间，建立起有效的沟通，从而推动人性潜能的极大发展。因此审美判断和目的论判断一样，其价值阈限应高于认识活动和道德实践，而他对旁观立场的推崇，将在其中得到更加充分的体现。

康德扬弃资本主义精神，为的是给旁观立场扫清道路。值得注意的是，无论是在认识活动中，还是在道德实践中，旁观立场的担当者由于要评定知识的真假和道德的善恶，因而都变得异常的严苛，用康德的话来说，就是"他对自己和对别人都是一个严厉的审判官"④。相比之下，审美判断（目的论判断）中的旁观者，面对观赏的对象以及不同的观赏者，则是属于柔情的回望。如果说认识活动和道德实践展现出的只是主体性的话，那么审美判断则是主体与主体之间的交往，即是说体现为主体间性或复数的主体。审美判断中传达出

---

① [德] 康德：《历史理性批判文集》，何兆武译，商务印书馆2020年版，第156—157页。
② [美] 阿伦特：《康德政治哲学讲稿》，曹明、苏婉儿译，上海人民出版社2021年版，第83—84页。
③ [美] 阿伦特：《康德政治哲学讲稿》，曹明、苏婉儿译，上海人民出版社2021年版，第92页。
④ [德] 康德：《论优美感和崇高感》，何兆武译，商务印书馆2022年版，第20页。

来的诸多信息令人感到异常舒适，用阿伦特的话说，就是使人有归家般的感觉。

它虽个体个别，却普遍必然。变动不居的人事，流变万千的自然，成为人现实的居住地。审美判断与人生动的居住地同在。它首先面对的是单个的人事以及特定的自然物，即某种"特殊物"，而当鉴赏者一旦在主观上判断其为美或丑，或者说他只是为了满足情感的需要如此，但他有权提出普遍必然的赞同，这只是一种充满期望的"应该"而已，至于众多的他人是否真的赞同，他是无法也无须去——核实的。独特的鉴赏（审美判断）对象，比如菊花、莲花、竹子等自然生长物，以及纷纷扰扰的人事风波，鉴赏者在它们这里发现了或美或丑的意义，因之感到愉悦或不愉悦，他将其传达出来，理应得到别人普遍而必然的认可；此时鉴赏者所感受到的，是他已不再是寂寞中的单体，而是与万千众生同在，甚至是与整个宇宙同在，他也为此感到无比欣慰。之所以能够如此，乃是因为：其一，鉴赏者已排除了功利的扰攘，这种排除既可以是他人强迫，例如历史上那些在社会边缘行走的人们，也可以是经过修养所到达，比如那些在社会中不为功利所触动的人们，康德由此才说，消除了功利杂念之后，我们才能做出公正无私的评价①；其二，鉴赏者随之设想，他由鉴赏而产生的愉悦心境，根源于想象力和知性、想象力和理性的协调，他也能感受到这种协调，而这些谐和一致的认识机能是在每一个普通的人身上都有的，它便是一种"共通感"，鉴赏者凭此想到，他与其他人是"心有灵犀一点通"啊，他的愉悦心境于是得到了加强；其三，鉴赏判断凭借想象的反思性，使其避免了与感觉对象的直接关联，崇高在此比优美走得更远，原因是想象力在如此的运动中将自我牺牲掉了，鉴赏者最后面对的只是人的心灵本身而已。由于体验到自己与整体人类、宇宙共在，因而在物质生产及分配当中，处于绝对劣势的个人和群体并不因此而感到绝望，他（们）获得了生存、创造性活动的巨大动能。具体个别与普遍必然，不分须臾。因着眼于意义—情感的普遍必然的传达，鉴赏判断有效地促进了社会交流，其自身也是社会交往的产物。发现美的普遍必然性特征是康德从事审美判断力批判的先决条件，他在《逻辑学讲义》② 以及在给朋友的信③

---

① ［德］康德：《判断力批判》，邓晓芒译，人民出版社2022年版，第31页。
② ［德］康德：《逻辑学讲义》，许景行译，商务印书馆2013年版，第13页。
③ ［德］康德：《康德书信百封》，李秋零编译，上海人民出版社2006年版，第111页。

中，都提到了这一点。审美判断属于反思判断。

它虽从事判断，但只在意反思。康德将判断一分为二：一个是规定判断，另一个是反思判断。知识的灵活运用事关规定判断力。之所以说是规定，原因之一是它的原理是既定的；原因之二是它的对象是现成的，它只在原理与对象之间建立起恰当的联系。反思判断与此不同。它的对象虽是给定的，比如单个的自然和人事及其组合而成的整体，再比如文学艺术构筑的第二自然，但这些对象之所以如此，原因却不得而知，它只能由判断者自己去寻找，但他不可在别处寻找，而只能回到自己身上，就是说他为了更好地理解如此这般的对象，只能是自己为自己找到某种理由。容易见出的是，反思判断的意义（原因）是个人的主观创造。单个自然（人事）令人愉悦的形式是鉴赏者自己的创造，康德因此说它是主观形式的合目的性。第二自然中的诸多形式（形象）及其有机组合，它们的呈现及意义的领会同样是欣赏者自己的创造。自然及人事纷争，虽由众多的具体事物组成，但似乎并不由此而陷入无序之中，鉴赏者因思虑到统一性而感到莫大的惊异："地球的圆形，他发现也是在一切可想象的多样性之中所展示出来的统一性的一种令人惊异的对象。"① 而其内在根由不为人所确知，却为人所能反思得到，即他为自己的方便，而大胆地想到了某种缘由。由上看来，人在反思判断中，就已是在自我决断、自我创造了。当大磨难、大灾难降临时，当社会陷入无序、动荡之中时，当现实中的人们彷徨、无措时，当以往的陈规、旧则不足以应对乱局时，就最需要进行这样的活动了，即最需要人们在"直面惨淡的人生"时，内心里生起并回荡着良心的呼唤，并让它驱散一再密布的阴云，使人在光明之中一路前行，而不是一味地听凭岗位的职责和命令行事，并纵容着罪恶的不断滋生蔓延。连同鉴赏判断一起，反思判断的旁观立场在康德那里就具有了非同寻常的意义。

它重鉴赏判断而轻天才创造。康德将美的艺术创造推给了天才。天才创造美的艺术，它不依赖任何规则，同时又不是在胡闹，而是树立起了典范规则。天才因其独创性、典范性，历来给美的艺术创造带来了异常神秘而又无上的荣光。"于是一些浅薄的头脑就相信，除了它们从一切规则的学习的强制中解脱出来以外，他们就不能以更好的方式表明他们就是脱颖而出的天才了，

---

① ［德］康德：《历史理性批判文集》，何兆武译，商务印书馆2020年版，第35页。

并且相信他们骑在一匹狂暴的马上比一匹经过调教的马更威风。"① 从中不难看出，康德并没有再沿袭传统将天才无限拔高，而是将其地位平放，让它受到规则学习的管束。而能对天才实施管束的，便是鉴赏判断："鉴赏力正如一般判断力一样，对天才加以训练（或驯化），狠狠地剪掉它的翅膀，使它有教养和受到磨砺。"② 在一部作品当中，天才和鉴赏力发生冲突时，如果要牺牲掉其中一种东西的话，"那就宁可不得不让这事发生在天才一方"③。康德不得不扬弃天才，为的是给鉴赏判断留有地盘，或者说是给旁观立场开拓空间，其深层的原因是，鉴赏的旁观立场赋予作品以重大的意义，而假如没有鉴赏判断介入，再天才的作品的意义也无法得到激活。康德重鉴赏（欣赏、读者）而轻天才（创作、作者）的举措，其价值意味重大而深远。马克思在《政治经济学批判导言》中就指出，在生产和消费构成一体化的辩证运动关系中，生产直接就是消费，而消费直接也是生产，消费同样对生产起到了重要的促进作用，如果没有消费就没有生产，生产的价值也就无法实现；假如生产出来的产品没有被消费掉，那么它的使用价值更是无法得到体现。消费的重要性就由此被凸显出来。马克思就此举例说，一条铁路没有通火车之前，它只是一条可能的铁路，而只有等到火车在上面奔驰或说它被消费后，它才变成了一条现实中的铁路。同样的道理，假如一件艺术作品，没有读者进行消费阅读，它的价值一样无法得到实现。后来的阐释学、读者接受理论，将读者阅读、消费的价值提升到了空前的高度。不独《政治经济学批判》如此，《资本论》也同样如此。柄谷行人细致解读了马克思的《资本论》，他在其中发现了一条在消费的层面上抵抗资本主义的有效路径。④ 他的意思是，消费者可以

---

① ［德］康德：《判断力批判》，邓晓芒译，人民出版社2022年版，第118页。
② ［德］康德：《判断力批判》，邓晓芒译，人民出版社2022年版，第126—127页。
③ ［德］康德：《判断力批判》，邓晓芒译，人民出版社2022年版，第127页。
④ 柄谷行人如此写道："马克思强调价值或剩余价值最终只能在流通领域里实现"，"使《资本论》与古典派经济学区别开来的，就是对使用价值以及流通领域的重视"，"在流通领域劳动者站在'购买的立场'上，即，劳动者作为消费者而转为主体"，"正是在流通过程中可以发现劳动者对抗资本的根据地"，"在《资本论》那里，劳动者成为主体的契机可以在商品—货币这一范畴中劳动者所处位置发生改变之际被发现。就是说，资本绝对无法解决的作为'他者'之劳动者将以消费者的面目出现。因此，对抗资本的运动，只能作为横向的多国间的消费者/劳动者运动来实施。……而之所以能够获得一定的成功，就在于拒买运动对于资本来说是很恐怖的"。均参见［日］柄谷行人《跨越性批判》，赵京华译，中央编译出版社2018年版，第422—425页。

联合起来，不买资本家生产的商品，这对资本主义将是沉痛的打击。另外需要提及的是，天才已不再是现代西方文学、美学理论的重要话题。

重视并推崇旁观立场，康德如此举措的缘由大致有二：一是树立起平等的观念，二是强调人的社会交往。受牛顿的深刻影响，康德首先是自然科学家；后来他才转入人文学科领域，从事批判哲学体系构建。帮助他完成这一角色转换的，是经由卢梭影响之后树立起来的平等观念。他原先以对知识的无穷探索为傲，并"鄙视那些知识极端贫乏的庸俗之辈"，他说正是卢梭改变了他对大众的骄横态度，使他"学会了尊敬人"，进而使他踏上了批判哲学体系的创建道路。① 接受卢梭的影响之后，康德越来越重视人的社会性。他说，只有在交往中才能看清人的特性。他对两性关系有着细致入微的观察。人的本性有时不利于交流，但"人具有一种要使自己社会化的倾向"，而在一个国家共同体中，"每个成员"将"受到一种感觉的震动，即他们每一个都依存于整体的保全"。② 美更是一种社会性的现象。判断力遵照的是扩展性的思维方式。平等性和社会性，在审美艺术活动中表现得最为充分。不管怎样，此二者都与康德对创造活动的期盼联系在了一起。在特定的语境中，由于历史的机缘和个人的遭遇，有些人的物质生产能力不发达，甚至物质极度贫乏，但他们为了赢回平等做人的资格，奋力抗击、一路飞奔、永不放弃，他们也就与创造性同在。马克思后来对资产阶级的批判以及对共产主义的未来创造渴望，正是受到平等意识驱使的结果。此外，康德有时也说，人从高度的社会化中退出，显示出某种孤独性的崇高。其实一切的创造性活动都伴随着某种独孤。平等性、社会性也好，个体性、非社会性也罢，它们都是以康德对旁观立场的推崇作为出发点，除了上面提到的情形，康德还喜欢阅读英国的《旁观者》杂志，并对"世界公民"甚为尊崇，都可以作为旁证。从这个意义上说，康德（马克思）推崇旁观立场，为的是给审美文化的创造人格形成铺平道路。

四 康德对创造人格的追慕

康德的思维习惯是不在一条路上走到黑，而是善于吸收对立各方的优点。

---

① 参见［苏联］古留加《康德传：康德的生平与事业》，贾泽林、侯鸿勋、王炳文译，商务印书馆1997年版，第46页。

② ［德］康德：《历史理性批判文集》，何兆武译，商务印书馆2020年版，第7、18页。

照此来看上述的旁观立场固然很重要,但将其无限拔高,同样不得要领。从康德的角度来看,个中缘由不难理解。假如首先没有认识活动,一切别的都将无从谈起,更不用说要以他人的观点来校正自己的意见,而他人的观点有时也未必全对。人类的现实行动,如果压根就不存在,便妄谈其现实活动应该遵循哪些原则,同样也是显得荒谬。人类的活动倘若缺乏情感质素,人变得无欲无求,审美艺术的欣赏终将更无所依托。人首先得活动、得行动、得是个活人,才能有其他的规定。旁观虽赋予活动以意义,但如果没有活动,旁观就只能是一个无了。站在马克思的立场上,这一问题将更加不难理解。马克思说消费固然重要,但一旦没有了生产,消费就会失去对象,而失去了现实对象的消费,只能是一堆空幻的激情而已。同理,只顾沉迷于旁观,而没有改造现实的行动,局限性同样明显。问题的关键是在清醒的旁观之后,如何融入火热的现实之中去,直面惨淡的世界,改变世界的惨淡。人虽生而脆弱,但他一路向前,不断创造,乃是他在天地间第一等的任务,此系他命中注定的事情。成人就是不断创造、证明自由、变得独立的过程,他为此"虽九死其犹未悔"!

从上一个部分的论述,我们至少还留下一个印象,就是旁观立场与创造活动并非毫无关联。在某种意义上讲,人在旁观之时,就已是在创造。鉴赏判断活动,是判断在先,愉快在后,即美的判断在先,愉悦的产生在后。如此的先后,只是在逻辑上有效,它们事实上是在同步发生。面对一个对象,该存在的对象既可以为自然,如万千的自然存在物,也可以是人为,像无主题音乐等众多的艺术作品,鉴赏者漠视其内容,而只关心它的形式;确切地说来,是鉴赏者依据想象力为着满足自己的意愿,对形式进行自由构筑,此时他即可判定,该对象的形式为美。材料(内容)属于对象,形式(形象)是人的创造,而创造出怎样的形式(形象),一定会打上人性修养的深刻烙印。同是面对大自然,有人觉得山美(仁者),有人觉得水美(智者),有人觉得菊花美(陶渊明),有人觉得莲花美(周敦颐),有人觉得竹子美(郑板桥);哪怕是面对同样的山水,比如是桂林山水,有人觉得是"五岭皆炎热,宜人独桂林"(杜甫),有人觉得是"江作青罗带,山如碧玉簪"(韩愈),有人觉得是"桂林山水甲天下,玉碧罗青意可参"(王正攻),有人觉得是"神姿仙态桂林的山……如情似梦漓江的水"(贺敬之),美的形式(形象)产生差异的原因是，由于人的存在状态不一样，它们都是不同个人的创造。面对自然万物时如此，面对文学艺术作品时同样也不例外，俗话说"一千个读者就有一千个哈姆雷特"，"一千个读者就有一千个林黛玉"，指的就是鉴赏者对形式（形象）的自由创造。认识活动中理性的公共运用，以及道德实践中对原则的颁布并遵守，都在为创造扫清障碍。在其哲学最深层的地带，康德对创造性人格流露出了极大的向往。

拥有创造性人格，是成人的重要标志。它在与动物的比较中见出。人与动物存在着相似点，都属于被造物。它们要么是被上帝所造，要么是自然的产儿，但归根结底，是上帝的创造。康德眼中的动物，就停留在了被造物的水平上，只能遵照上帝的命令行事，接受自然本能的驱使活动。同是被造物，人与动物不同的地方是他敢于违抗上帝的指令，不是任由自然本能的摆布，而是自己指挥自己行动。应该承认的是，上帝、自然的力量总是那么强大而难以抵抗，因而人对上帝、自然的摆脱、远离，就犹如"孔雀东南飞，五里一徘徊"，一直显得依依不舍、犹豫不决。这就使得从上帝、自然的怀抱中摆脱出来的成人过程变得异常的漫长、艰辛，人为此所遭遇到的，何止是九九八十一难啊！故而创造性人格的突出特征是历经了生死的考验，人拥有了理性—自由以后，变得独立不依—足够自我决断。创造性人格的具备，是自然向自由的生成，从角色的转换上看，是由"牛顿"转向"卢梭"；而就批判哲学而言，是从"第一批判"向"第二批判"的挺进；而如果转换成马克思的话，就是大自然向人生成。

深入理解如此生成的机制，自然和自由双方意蕴的领会将无法绕过。等待着人去转化的自然，在康德那里的意思较为繁杂。它大致涵盖外在的自然现象、内在的自然本能、自然的必然规律等意义，是人与动物共同面对的东西。由于是上帝的创造，因此自然皆善。依偎在上帝的怀抱中，栖居在自然的乐园中，一直是自然人的梦想。人的社会历史却不如此。他被踢出了自然的乐园，被迫离开上帝的庇护，只能自己创造自己。人的自我创造就是自由，就是文化。对此康德指出："一个有理性的存在者一般地（因而以其自由）对随便什么目的的这种适应性的产生过程，就是文化。"① 文化是人自己的创造，

---

① [德] 康德：《判断力批判》，邓晓芒译，人民出版社2022年版，第220页。

因而它从恶开始，并向善不断迈进。文化的自由创造便面临着双重困难。首先是自然带给他的麻烦，接着是文化制造的灾难。由于亦需直面如此双重的挑战，因此创造人格的"肉身成道"必定充满了浓重的悲剧意味。我们大致可以这样说，第一流的文化、艺术创造，必定被悲剧的气氛所笼罩。

他的梦想破碎了，原有的自然乐园蜕变成了苦园。自然在他的面前，暴露出了狰狞的面孔。大自然并没有把人视为宠儿，而是给他带来了无穷的伤害，此伤害有时远超过动物。自然以地震的威力，破坏着我们的家园，康德生前就发生过的里斯本地震，就是如此。"火山以其毁灭一切的暴力，飓风连同它所抛下的废墟，无边无际的被激怒的海洋"①，甚至如海啸，人都无法抗拒。再比"如瘟疫、饥饿、水患、冻伤，其他大小动物的侵袭，如此等等"②也同样如此。人际传播的瘟疫，制造的大面积死亡，无不令人绝望。食物极度匮乏的饥饿，是那样的令人不堪忍受。洪水泛滥，淹没着良田、村庄、城镇，使人无处藏身。极度严寒，令人无所适从。毒蛇猛兽，时时威胁着人的性命。众多的自然灾害，有时动物可避开，而人却没法逃脱。外在自然给人带来了众多灾难。

相比于外在自然，内在自然带给人的同样是沉重的负担。它们与生俱来，包括本能冲动、倾向意向等，作为强烈的兽性欲望，它们顽固地残存在人身上，挥之不去、摆脱不掉。康德就此指出，性欲和母性冲动是人"内部强制性"的本能。③ 前者与物种生存有关，常常演变为对异性的爱；后者则关乎个体生存，往往表现为对生命的爱，它们都是些"最为强烈的自然冲动"④。在康德那里，情欲除了是由文化获得的意向，例如"荣誉癖、统治癖和拥有癖"等之外，尚有经自然的（天生的）取得的意向，比如不甘心沦为工具的原始倾向。⑤ 诸如此类的兽性欲望，强烈无比。受它们的支配，人的理性遭受到了最严重的威胁，使个人向动物性的边缘不断滑落。它们需要得到满足，而它们满足的毫无止境，将使个人与个人之间，蜕变为弱肉强食的关系。动物以

---

① ［德］康德：《判断力批判》，邓晓芒译，人民出版社2022年版，第77页。
② ［德］康德：《判断力批判》，邓晓芒译，人民出版社2022年版，第219页。
③ ［德］康德：《实用人类学》，邓晓芒译，上海世纪出版集团2005年版，第183页。
④ ［德］康德：《实用人类学》，邓晓芒译，上海世纪出版集团2005年版，第196—197页。
⑤ ［德］康德：《实用人类学》，邓晓芒译，上海世纪出版集团2005年版，第186—189页。

及动物组成的"社会",无异于人间地狱,充满了无穷的矛盾,生命在其中是种再沉重不过的负累。康德对此这样写道:"人身上的自然素质的矛盾性还把他置于自造的磨难中,又把和他自己同类的另外的人通过统治的压迫和战争的残暴等等投入绝境,而正如在他身上发生的那样,他自己也进行着毁灭他自己的同类的工作。"① 即是说人的内在自然,带给他自己的和带给他人的,无一不是苦难。内在自然给生命制造的重负,依然令人难以忍受。

有一种自然规律对人影响之重大远在动物之上,那就是人的时间性、有限性。康德眼里的人,首先与时间共始终,即是说人的生命在时间之内,而不在时间之外。"人确实是永远不会从时间里走出来的,而只能是永远地从一个时间前进到另一个时间。"② 人具有明显的时间性,人走不出时间的"如来佛掌心"。而时间性意味着人的有限性。康德在知识论上谈到了时空的二律背反,而就自然(个体)而言,时间(空间)不是无限的,它只能是有限的。而相比之下,有限的时间比空间更为根本、更为重要。康德不止一次地指出,人是有限的理性存在者。在个体(自然)的层面上,人首先是有限的存在者,然后才是其他。康德整个的批判哲学是以人的有限性作为基础。突出人的时间性、有限性,就是直面人的有死性。死亡是自然套在生物身上另一副异常沉重的枷锁。面对死亡时动物无知无觉,它们因此避开了有死性的苦痛,然而死亡在人的心灵中,投下了异常浓重的阴影。死亡是类对个体的胜利。尽管"没有人能在自己身上经验到死亡"③,但康德还是指出,死亡令个人恐惧不已。④ 在自然(肉身)的意义上,没有作为生命个体的人能摆脱得了死亡的严实牢笼。康德在这一点上,深刻地体验到了人的有限性、时间性,以及自然秩序对人的残酷无情。"生命的短促"是"人类对自然秩序"又一不满。⑤ 康德周围的人,包括当时的国王,活的时间都不算长。目睹着亲人、同事、朋友纷纷离去,康德无一不感到悲伤。康德的理论与他的生活,没有想象的那样遥远。后来的存在主义美学,在现代的意义上,将人的时间有限性

---

① [德] 康德:《实用人类学》,邓晓芒译,上海世纪出版集团 2005 年版,第 219 页。
② [德] 康德:《历史理性批判文集》,何兆武译,商务印书馆 2020 年版,第 82 页。
③ [德] 康德:《实用人类学》,邓晓芒译,上海世纪出版集团 2005 年版,第 52 页。
④ [德] 康德:《历史理性批判文集》,何兆武译,商务印书馆 2020 年版,第 69 页。
⑤ [德] 康德:《历史理性批判文集》,何兆武译,商务印书馆 2020 年版,第 79 页。

放大，使得美学与悲剧性体验发生着的联系更加内在。

内在和外在的自然，以及冰冷的自然铁律，带给人的负担苦不堪言，更是把人推向了动物的边缘，使人与动物的边界逐渐变得模糊起来，情形很是危急险恶。成人的过程如果说是不断地拥有理性和独立，那么唯有摆脱了自然的紧箍咒，人才能真正站立于大地之上，才能真正成为一个大写的人。这一过程就是人的文化创造。这里表现为两个方面，一是文化创造所需的人的理性获得；二是人取得理性之后，依据理性进行的自由创造。无论是哪一个方面，都变得很是坎坷崎岖，伴随着的是难以言说的苦痛。

理性不是从天上掉下来的，它的获得需经人的努力。理性的生成是历史的现象，它的发展在康德那里，至少经历了四个阶段。理性发展的第一步，是它被迫为冲动、本能服务。理性此时尚未觉醒，人也就没有痛苦。制服了本能、冲动，沉睡的理性才被唤醒，人于是踏上了追求独立的道路，随之就产生了痛苦。理性迈出的第二步，是"反叛大自然的声音，并且使之不顾大自然的抵抗而做出了自由抉择的最初尝试"，如此虽未使其愿望完全得到满足，"却从此开启了人类的眼界"。康德说这虽给人带来"一瞬间的欢慰"，但"必定立刻就继之以忧虑和焦灼"。理性驾驭着自然的强力，使本能、冲动受到了控制，却带来了新的不安。人拥有了自由之后，理性迈出的第三步，便是他清醒地期待着未来，他的不安便随之加剧。原因是现实与未来之间埋藏着难以逾越的沟壑，马克思后来将这种鸿沟统称为历史之谜，其中有一个死亡的未来更令他"满怀恐惧"。不过人的尊严将使不安和恐惧"灰飞烟灭"。因此理性超越动物性的第四步，就是人意识到他才是大自然的目的；他远在自然之上。理性的生成虽历经了痛苦，但它终究让人觉得做人是有尊严的、高贵的。容易看出的是，人尽管迈出了"最后的这一步"，然而"可敬"与"危险"同在，"因为大自然把他赶出了那种儿童受保育的安全无忧的状态，犹如把他赶出了一座无需他自己操劳就得到供养的乐园那样，并且把他赶到广阔的世界上来，那里有如此之多的忧患、艰辛和未知的灾难都在等待着他"①。文化创造所需的理性，是在痛苦的磨难中形成。

---

① 该段意思和引文，参见［德］康德《历史理性批判文集》，何兆武译，商务印书馆 2020 年版，第 63—69 页。

理性的生成和拥有给人文化的自由创造提供了主体条件。我们应该承认的事实是，文化的自由创造给人打开了无比广阔的世界。使人解放的东西，同样可以产生新的囚禁。康德说"熟巧"推动着文化的前进，却制造了某种"不平等"，即它使提供生活必需品的绝大多数人，处于"受压制、辛苦劳累而很少享受的状态"①。后来马克思用异化来描述这种状态。由于不平等状态的存在，康德说"磨难也在两个方面以同样的强度增长着，一方面是由于外来的暴行，另一方面是由于内心的不满"②。无论是"外来的暴行"，还是"内心的不满"，都可以制造着诸多矛盾，而矛盾的解决有时上升为战争，有时发展为复仇的行为。不平等及其矛盾如果不断得到渲染升级，世界末日的可怕图景将在人的面前展现。康德对此写道："有的人就从不正义的蔓延、穷人由于富人的骄奢淫逸而备受压迫以及撒谎和背信的普遍流行，或者是从大地上各个角落里到处燃烧着的流血战争等等之中，总而言之，就从道德败坏和各式各样的邪恶迅速增加以及与之相伴随的、在他们的想象里是以前的时代从未见过的种种罪行之中，看到了它们。"③人自由地创造了文化，也给自己创造了枷锁。文化是人的创造，它只能从恶开始，却从不止步于恶。

有一点我们务必清楚，只有站在文化的更高视野上，外在自然的由乐园变为苦园，内在自然转成生命的负累，以及生物有死性铁律给人带来的恐惧，才能为人所察觉得到体会得到。换言之，只有站在一个更高的文化层面上，自然才蜕变成令人难堪的存在，而文化对人的束缚亦如此。文化创造，是成人的必要仪式。而人在创造文化中所遭受到的一切苦难，是他无法逃避得了的，更是他必须承担的"义务"。由前述我们业已清楚的是，无论是内外的自然，还是自然的规律，无一不是上帝的赋予。因而文化的创造是他从上帝的怀抱中逐渐走出的艰难行程。他慢慢摆脱掉上帝的庇护以后，不再依靠上帝的力量，而是变成了自己的上帝，自己指挥自己行动，尽管摆在他面前的是无穷无尽的困难。上帝是宗教信仰的幻化产物，人被他搀扶着走将无法成熟起来。康德将宗教限定在单纯理性的限度内，以及他因宗教与当局发生的龃

---

① ［德］康德：《判断力批判》，邓晓芒译，人民出版社 2022 年版，第 220 页。
② ［德］康德：《判断力批判》，邓晓芒译，人民出版社 2022 年版，第 220 页。
③ ［德］康德：《历史理性批判文集》，何兆武译，商务印书馆 2020 年版，第 88 页。

龉，都是与他对人的文化创造的坚定维护紧密地联系在一起。为了给人的文化创造扫清障碍，康德故而说他"把启蒙运动的重点，亦即人类摆脱他们所加之于自身的不成熟状态，主要是放在宗教事务方面"①。诚然意识到困难的存在是一回事，而将困难克服掉又是另一回事。唯有将自然的灾难勇敢地征服掉，人才能成为真正的文化人；而只有克服掉文化的沉重负累，人才能成为更高存在的人，唯有如此，创造之门才会为他徐徐打开。

内在的欲望和本能是上帝对人的被迫给予。人为挣脱掉上帝的桎梏，求得自身的独立性，必不能任它恣意奔流，而是将其牢牢遏制，并放置在由他掌控的范围之内。人驯服它的重要手段是他的劳动和道德实践。如前所述，人只能自己创造自己。康德的理论有其现实生活的来源。康德年轻的时候，为了满足生存需要，同样被迫从事繁重的工作，由此他说人在本能上并不喜欢从事劳动，而更喜好享受。不过在他看来，就对人的价值而言，劳动远在享受之上。"单纯以我们所享受的东西来衡量，我们生命的价值（那就是以我们的一切爱好的总和这个自然目的来衡量的，也就是以幸福来衡量的）是容易决定的，那就是少于一无所有。因为一切情况不改变，谁愿再次回到生命中来？谁愿再次回到生命中来，乃至按照一种新的，而且是自订的（可是还得要依照自然的过程的）计划的，如果生命还是旨在享受的呢？"②康德想说的是，倘若以享受来衡量人生命的价值，那么它是一点价值都没有的。旨在享受的生命，是极度懒惰的人。相比之下，不想做任何事的懒惰，比起怯懦、虚伪等缺点来更加可鄙。依此康德批评了"以不需要工作为荣"的西班牙人。③康德非常重视劳动，他后来更是以"工作为荣"。康德一再告诫年轻人说，应放弃更多的享乐，投入劳动之中去。"年轻人！（我再重复地说）你要热爱劳动，轻视享乐"；"年轻人！你要放弃满足（娱乐、饮宴、爱情等等的满足）"，拥抱劳动。④人如果非得享受不可，那就是等到劳动之后的休息，那是生命最大的享受。康德之所以轻享乐重劳作，深层的原因是要将享乐掌握在人自己的手里，他因之说"把享受控制在你手中这种意识正如一切理想

---

① ［德］康德：《历史理性批判文集》，何兆武译，商务印书馆2020年版，第31页。
② ［德］康德：《判断力批判》（下），韦卓民译，商务印书馆2011年版，第100页注释［1］。
③ ［德］康德：《实用人类学》，邓晓芒译，上海世纪出版集团2005年版，第151页。
④ ［德］康德：《实用人类学》，邓晓芒译，上海世纪出版集团2005年版，第196、50—51页。

的东西一样,要比所有通过一下子来耗尽自身因而放弃整个总体来满足的东西要更加有益、更加广博","不是为了放弃享乐,而只是尽可能多地将它们永远地保持在视野中!"① 如此便不至于因受本能（自然—上帝）的任意驱使,使人走在与人相背离的道路上。人生命的价值,不能由外在力量赋予,只能由人自己赋予,哪怕是他为此所从事的劳动令他不堪忍受。当历史的机缘迫使人不得不放弃享受,反而使他毅然回归了自身,并不断地打开自身、创造自身。相比于劳动,道德实践对人的回归和打开、创造更加彻底。

人赋予自己以价值,其关键途径是道德实践。人在道德实践中所必需仰仗着的是自己历经艰难后获得的理性。人因之在行动中,便能自己颁布法则,然后自己遵守,并竭力去实现。无求于外,本足乎己,独立不依,自我决断,一往无前,人所构筑起的便是道德的世界,他所成就的,就是道德的事实;他在其中,自己生起目的,自己勇敢去实现。它是人兽之别的要害所在。不难看出的是,拥有顽强的意志力是一切关键中的关键,一切要害中的要害。历史的风雨苍茫之中,人的意志力顽强与否需要得到多方的考验。因此,没有经过考验的道德是不可靠的。不断考验意志力和道德的,既有人为制造的文化,又有在文化基础上一再遭遇的内外自然。经受了多方考验,甚至是生死抉择,他仍朝着既定的目标前进,面无惧色,毫不退缩,他在此时,虽远离幸福,却具备了开拓性的创造品格。

康德眼中的人,是种两重性的存在,他一方面是感性（肉身、自然）的,另一方面是理性（灵魂、精神）的,人是有限的理性存在者,便是如此两重性存在的集中表达。故而,人身上的本能和欲望不断地侵扰着他,令他不得安宁。他为了恢复平静,常以理性的强力,抑制着一再滋长的自然冲动。而如此的抑制,本身就是崇高。崇高虽以感性（大的对象、想象力）为触媒,却超越了感性。经由它,人开启着对德性的有利展望。意志力经受住了考验。自然的冲动越是强劲,压制的力量越是有力,道德的感受越是强烈。同样的道理,外在的自然越是危险,他越是毫无畏惧,越是能显现他人性的光芒。他舍弃了感性的一丝享受,为的是释放人性的无穷能量。上帝的职责是创造,人近乎残酷地活着,离上帝其实已经不远,他只能以创造为使命。

---

① ［德］康德:《实用人类学》,邓晓芒译,上海世纪出版集团2005年版,第51、145页。

考验人的，不独自然。对人的极大考验，还来自文化。康德援引卢梭的话说，人的文化创造，是从恶开始。文化创造出来的恶，是差异及其不平等。它既体现在个人之间，也体现在国家之间。大自然已将差异进行到底，而文化创造则加剧了这种差异。差异的彼此尊重，固然是好事一桩，假如差异被强化，就容易演化为竞争。竞争令人紧张，它制造着不和，人间的悲剧，多因它而起。令人惊奇的是，人性的诸多潜能却随它得到释放。许多创造性的成果，却是由于竞争而出现。当社会资源匮乏，分配难以达到公平，竞争较为惨烈时，反而催生了不尽的创造激情，其成果反而变得更加光彩夺目。对此康德指出，"一切为人道增光的文化和艺术、最美好的社会秩序，就都是这种非社会的结果"。"非社会"即不和谐，由它便会有"为人道增光"的创造问世。康德还拿森林中的树与旷野中的树作比较来说明问题。他说旷野中的树一般"长得残缺、佝偻而又弯曲"，而森林中的树则容易"获得美丽挺拔的姿态"，究其原因是，前者缺乏竞争，而后者则有"要超过对方"的竞争。①树犹如此，人何以堪！人想在竞争中脱颖而出，他必得心无旁骛、全力以赴。而当竞争由个人转向国家后，如果是国家内部的新旧变革，那就是革命；如果是国家之间的较量，那就是战争。无论是革命还是战争，都得流血牺牲；而革命和战争的长期准备，"压在人们身上的也许还是更大的磨难"②。革命和战争及其备战给人类带来的伤痛，民众的流离失所、物质匮乏，社会的荒败萧瑟、横尸千里，实属罄竹难书。不过这些创伤的不断刺激却唤醒了沉睡中的理性，极大地提升了人的精神境界。法国大革命中的罗兰夫人，自杀未遂，慷慨赴死，勇敢异常，尽显灵魂的无比高贵。③无论是野蛮时期还是文明时期，都保留着对战士的崇敬，原因是战士拥有"不逃避危险""不会被危险征服"果敢、勇敢、坚毅的品格。而政治家和统帅相比，后者同样不畏艰险而更令人敬重。战士和统帅都是战争所需。"如果它（战争——引者注）是借助于秩序和公民权利神圣不可侵犯而进行的，本身就具有某种崇高性，同时也使以这种方式进行战争的民众越是遭受许多危险，并能在其中勇敢地坚持

---

① ［德］康德：《历史理性批判文集》，何兆武译，商务印书馆2020年版，第9页。
② ［德］康德：《判断力批判》，邓晓芒译，人民出版社2022年版，第221页。
③ ［德］康德：《实用人类学》，邓晓芒译，上海世纪出版集团2005年版，第175页。

下来，其思想境界也就越是崇高；与此相反，一个长期的和平通常都使单纯的商业精神、但也连带着使卑劣的自私自利、怯懦和软弱无能到处流行，并使民众的思想境界降低。"① 战争中的勇敢坚持锤炼了民众的意志，其精神境界得到提升；而和平孕育的商业精神却败坏着民众的意志，使其"思想境界降低"。战争的另一种动机就是，"要把服务于文化的一切才能发展到更高的程度"②。社会历史的动荡不安与文化创造的极度活跃，往往是一对孪生姐妹。革命和战争的降临，迫使物质生产凋敝，却激发了人类无穷的创造热情。竞争、革命和战争考验的与其说是人，还不如说是人的文化创造。意志力顽强的人，虽挣扎在社会的最底层，却决然朝着已定的目标前行，终于踏出了一条条没人走过的血路。

人在前行的道路上，背负着的最大包袱，莫过于有死性了。有死性是自理性觉醒以来，人感受到的最大恐惧。无论是黎民百姓，还是王侯将相，都共同面对着如铁般真实的有死性。众生在有死性面前，一律平等。如何消弭恐惧，解决人生这一最大难题，更是文化遭遇的最大挑战。文化创造的最终落脚点，便是直面人的有死性。再大的雄心壮志，再亮的豪杰伟业，终将随死亡一道烟消云散。事实尽管如此清楚，但人为反抗有死性而进行的文化活动，一直就没有停歇过。在康德看来，文化创造的遗忘机制可以有效缓解有死性的恐惧。劳动工作也好，竞争、革命和战争也罢，它们对本能的压抑、对危险的遭遇，都使人的死亡意识觉醒。而麻痹人的死亡意识的是审美艺术活动。康德就说到，理性要驱使人，"非常之有耐心地去把自己所憎恶的那种艰辛加之于自身，去追求他自己所不屑的种种廉价的装饰品，并且关怀着他目前更其害怕丧失掉的那一切身外琐物而忘却他所恐惧的死亡本身"③。"追求""廉价的装饰品"、"关怀""一切身外琐物"，便是审美艺术活动；而这些东西使人"忘却他所恐惧的死亡本身"。顺着康德的理论言路，其中的道理不难为人所知晓。审美艺术活动，最后都与人情感的愉悦联系在一起。与美、艺术的自由嬉戏，使他忘却了死亡的恐惧。康德一再强调美的无功利性、无

---

① ［德］康德：《判断力批判》，邓晓芒译，人民出版社2022年版，第78页。
② ［德］康德：《判断力批判》，邓晓芒译，人民出版社2022年版，第221页。
③ ［德］康德：《历史理性批判文集》，何兆武译，商务印书馆2020年版，第69页。

概念性、无目的性，是为人争得更多的快乐，从而为人减轻死亡的痛苦。另外美和艺术以意义的营造使人窥视到无限的存在，进而确认人间值得。某种经验的事物，为何独独如此；流动缤纷的世界，为何井井有条，思之无不令人动容。康德虽剪掉了天才的翅膀，但天才的独创性、典范性使其创造的作品以不朽的意义顽强地抵抗着时间的侵扰。更为重要的是，在绝望的最深处，人还凭借想象，创造出了美妙的天堂。康德一再提醒我们，人类是在朝着改善不断前进。如此前进，没有边界，但动人的乐园，一直在前面召唤着我们。"柏拉图的大西国、莫尔的乌托邦、哈林顿的大洋国以及阿雷的赛韦朗比亚"，"那只是美妙的梦"，但我们有"义务"去逼近它。① 快乐的沉浸、意义的营造和乐园的想象，都使人忘却了死亡的恐惧。人类的审美艺术创造活动，便与其对死亡恐惧的克服发生着很密切的联系。人为超越有死，必得聚集能量进行审美艺术创造。

康德眼中的悲剧和喜剧，由于交织着快乐和痛苦，因此都提高了人的生命力，而使它们变得极具魅力。不过两相比较之下，康德还是更喜欢前者。他之所以更好悲剧，乃是因为它与崇高感相关。剧中和观者的表现，无不指证了这一点。悲剧所表现的，是为了别人的幸福而慷慨献身、处在危险之中而勇敢坚定、经得起考验的忠诚，人与人之间的沉痛的、深情的、令人尊敬的爱，等等严肃的事迹。而剧中的如此表现极大地提高了观者的精神境界，他于是有同情的感受、慷慨的胸襟为着别人的忧伤而动荡、深情地受着感动、感到了自己天性中的价值，等等动人的心境。② 崇高感首先是痛感。因此生命力的提升虽交替着快乐和痛苦，但后者更为根本："痛苦是活力的刺激物，在其中我们第一次感到自己的生命，舍此就会进入无生命的状态。"③ 生命力崇高性的昂扬奋进，只能靠痛苦来推动。而"一个在感情上是属于忧郁型的人"，能"使自己的情感听命于原则"，在康德看来就是高贵的崇高。"一个属于忧郁型心灵结构的人，不大关心别人是怎么判断的，别人认为什么是善或真，他在这方面依靠的仅仅是他自己的看法。"另外，对他而言，"真实性

---

① [德]康德：《历史理性批判文集》，何兆武译，商务印书馆2020年版，第165页注释①。
② [德]康德：《论优美感和崇高感》，何兆武译，商务印书馆2022年版，第7页。
③ [德]康德：《实用人类学》，邓晓芒译，上海世纪出版集团2005年版，第138页。

是崇高的，而且他痛恨谎言和虚伪。他对于人性的尊严，有着一种高度的感情。他重视他自己，并且把一个人看作是一种值得尊重的造化物。他不能忍受恶意的侮辱，他在自己的高贵的胸中呼吸着自由。一切枷锁，从人们在宫廷里所佩戴的金饰直到船奴们身上沉重的铁链，对于他都是可憎的。他对自己和别人都是一个严厉的审判官，而且也常常不免对自己以及对世界都会厌倦"①。忧伤厌世而又独立不依，俨然是康德的自画像。康德说"有思想的人都感到一种忧伤"②，讲的也是他自己。如此这般的康德确实做出了非凡的创造性成就。康德推己及人，指出，由于"坚持不懈地追求自己的目的，同时又忍受住由之而来的艰难困苦"，加之拥有"正确知性和深层反思的理性的禀赋"，德国"有能力造成最伟大文化的民族"。③康德的自信不无道理。18—19世纪的德国与英、法等发达资本主义国家相比，物质上虽然比较落后，但他们在哲学、文学艺术等文化创造已取得了令世界刮目相看的成就。有了自己国家的强烈刺激，马克思于是将其上升到普遍性的理论反思，说物质生产不发达，反而有第一流的文化创造。恩格斯很好地理解了马克思的意思，也说经济不发达的地区同样也可以演奏哲学上的第一小提琴。物质不发达的地区，首先指的是自己的祖国德国，然后再指向别处。哲学上如此，文学艺术等其他文化又何尝不如此呢！个人与国家一样，都在艰难困苦的不断创造中生成并确证自己！

有三种情况值得注意。其一是社会动荡不安，其物质生产活动再也无法有序展开。民生虽极度凋敝，离乱的痛苦加剧，但国家意志他移以后，却给不幸的个体提供了自由喘息的机会。其二则是国家和社会，由于制度性的安排，给现实中的诸多个体造成了极大的伤害，他们在物质分配上极度匮乏。如此被边缘化、受伤害的绝望个体，容易与现实保持一段距离，拓宽了他们随意审视的空间。其三是现实和观念的促动，使得有良知的个体，为捍卫某种坚定的信念刻意与社会、历史保持距离。置身于上述三种情形，生命个体虽将变得困难重重，甚至是一无所有，但他们却能将审视的目光投往灾难深

---

① [德]康德：《论优美感和崇高感》，何兆武译，商务印书馆2022年版，第17—20页。
② [德]康德：《历史理性批判文集》，何兆武译，商务印书馆2020年版，第77页。
③ [德]康德：《实用人类学》，邓晓芒译，上海世纪出版集团2005年版，第253—254页。

重的场景，并以极大的生命热情竭尽全力地在荒败的历史废墟中创造出某种崭新的意义。他们与"自己陷入的意识形态、制度和实践"决裂，阿尔都塞说他们"算得上是一类英雄"①。康德和马克思一起，连同历史上千千万万的文化创造者，都算得上是这一类英雄。领会了阿尔都塞的意思之后，伊格尔顿因之指出，马克思主义试图在"阐明这种事实，理解到在缺乏真正的革命艺术的情况下，只有一种像马克思主义一样敌视自由资产阶级的萎缩价值的极端保守主义，才能产生出最有意义的文学来"②。不独资本社会中的文学艺术如此，其他社会中的文化活动同样也如此。在某种意义上可以说，唯有保持不平衡关系，才能容易有惊人的文化创造！叶秀山就此指出："物质生活相当困难的社会、家庭、个人，也会有很高超的'精神境界'出现，在各种'冲突—挑战'中表现了'高度'的'自由''精神'。所以古人说，'生于忧患，死于安乐'"；"要清醒地意识到'幸福－富裕'与'自由'之间的'不平衡'关系"。③ 他想表达的是，"物质生活相当困难"，反而有"很高超的'精神境界'出现"，根本原因就是，其中给"自由"的创造留下了空间。他结论的得出是立足于对康德和马克思的融会，存在着相当多的合理性。至于他提及的中国"古人"，不属于本书的探究范围，只能另文展开讨论了！不过在这里，"今人"劳承万的苦难遭遇，以及领会康德之后的美学创造应该进入我们反思的领地中来。

---

① ［法］阿尔都塞：《意识形态和意识形态国家机器（研究笔记）》，载《哲学与政治》（下），陈越译，吉林人民出版社 2011 年版，第 291 页。
② ［英］特里·伊格尔顿：《马克思主义与文学批评》，文宝译，人民文学出版社 1980 年版，第 12 页。
③ 叶秀山：《"知己"的学问》，载《叶秀山全集》第 9 卷，江苏人民出版社 2019 年版，第 442—443 页。

第三章 康德与劳承万的学术轨迹及其美学创新

劳承万是在边缘和苦难中保持特立独行、勇猛开拓姿态，进而有着重要创新的当代美学家。与国内许多人不同，同是钻研康德的"第三批判"，他除了深入地颖思上卷"审美判断力的批判"，进而提炼"审美中介"观念之外，还相当自觉地攻读下卷"目的论判断力的批判"，从而彰显了德性的审美文化形态的价值。他之所以如此选择，除了下卷最早的翻译者系韦卓民是其师之外，还与他对康德美学采取的整体哲学审视视野、不断地在美学上开疆拓土有着非常内在的联系。如前述，正是在下卷第83节等地方，康德提到了一个很重要的观点，那就是人类遭受的苦难和不幸，譬如说战争等，为锻炼人的意志力、进行文化创造提供了重要的条件。康德所说到的这一历史与伦理构成的二律背反情形，劳承万与其有着相当的吻合。我们在本章中讨论的核心问题恰是劳承万的艰难人生，与其美学创新之间建立的勾连。他早年提出"审美中介论"，到晚年倡导"审美形态论"等，都与他对康德思想的深入领悟有关。我们可以在这里看到中国当代美学行进中的一个生动侧面。

第一节 美学家劳承万之学术轨迹论略

孟子说："读其书，不知其人，可乎？"孟子提出的最高要求是"读其书""知其书"（学术），而满足此要求的恰当途径是需要"读其人""知其人"（人生），孟子眼中的"其书"与"其人"，实在是难以割裂开来的。笔者受教于劳承万，与他有师生之缘，毕业后留在他身边，与他朝夕相处多年，与他交流甚为频繁密切，对"其书"不能说已做到全知，然而对"其人"

却"读"来甚久，较他人知道得更多一些，孟子两千多年前的话助长了笔者诉说劳氏"其人"，以及由诉说劳氏"其人"到扫描"其书"的勇气。当然笔者在此的诉说与扫描是仅以他的"言说"为出发点的。这种"近水楼台先得月"的方便与幸运，是他人难以具备与拥有的。笔者不是一味地为尊者讳，而是力求站在一个旁观的立场，如此对所书写的对象才能算得上是公正的。

一 苦难的人生经历

人生舒展的姿态与学术演进的轨迹常发生着"剪不断，理还乱"的关系，有时我们通过窥视前者，即能洞察后者的面貌。苦难的人生经历与真实的学问，往往是缠绕在一起的。劳承万对自己的人生苦难，有过意味深长的概说："我是广东化州乡下人，1934年农历十月十日生，算命时挨上新历'双十'节（国民党生日）的边，加之出身贫困农民家庭，襁褓中丧父，瓜啦落地便注定了一生的噩运（A）。1957年毕业于武汉华中师范学院（今华中师大）中文系（我属中师保送生，而非高考生，这是意外的幸运）。在校时，学习较认真，属'三好'（身体好、学习好、工作好）生，爱玩单双杠和打篮排球，爱四处投稿，爱出风头，更爱打抱不平。毕业前一个月，上了'阳谋'的大当，成了右派学生（B）。从此就真正注定了一生只有被'异化'与被'边缘化'的命运，同时也逼出了求取生存的'争回那一口气'的牛劲与无可奈何的拼搏与挣扎（C）。"① 如此的 ABC 三点的概说表面上显得轻松，深层里则是在苦难中浸泡过的，因而字字得来、书写皆是血。正如王元化赠给他的对联所说的："呕血心事无成败，拔地苍松多远声。""拔地苍松多远声"学界自有详说，王元化所说他"呕血心事"倒也是事实。

"出身贫困农民家庭"、"襁褓中丧父"，劳承万作为生命个体，是没有办法选择自己的"出身"的，如果说此是"噩运"、苦难的话，那么这种"噩运"与苦难是命定的、没有办法摆脱得掉的。A 点的苦难因此是客观地存在着。有人在命定的苦难面前沉沦了，有人却能在苦难中爆发，从劳承万大学时的表现来看，他显然属于向命运挑战、不屈服的后者。他在"毕业前一个

---

① 劳承万：《学术求诚不求诈》，《美与时代》2014 年第 3 期。

月，上了'阳谋'的大当，成了右派学生"，既与他"爱打抱不平"的"人之生也直"之性格有关，更与他没法选择的并发酵有日的时事氛围相连，前者如果说是主观的话，那么后者则是客观的。B 点的苦难因而是主观与客观并存。他向苦难命运发出的最初挑战，因更深苦难的来临而宣告夭折。A 点与 B 点双重的苦难，导致了他以后 C 点人生取舍的复杂姿态。他一方面深刻地意识到他的被"异化"与被"边缘化"，即是说苦难是命定的，而另一方面却能激起无穷的斗志，这是他与岁月的不断搏斗中体现出来的"自强不息"的君子行为。ABC 三点基本概括了他苦难的人生道路与学术进取的主要精神，当中的 A 与 B 两点是动力系统，而 C 点则是系统开启的具体表现，更值得深思与借鉴。倘若联系中国文化传统、康德与时代风云变幻来观察，则会更容易从他那曲曲折折的学术轨迹中，见出那"牛劲——拼搏与挣扎"的种种迹象来。

浸泡在苦海中的王国维，在 1919 年祝贺其师沈乙庵先生七十大寿时，高度称赞其师"忧世之深，择术之慎"不逊于前贤，具体说"其忧世之深，有过于龚（龚自珍）、魏（魏源），而择术之慎，不后于戴（戴震）、钱（钱大昕）"。① 王国维面对世纪之交的民族危难，以及中西文化冲撞中的恶劣局面，故而庄严地提出了，近世以来中国知识分子严酷的文化使命与时代担当：忧世要深，择术要慎。忧世与择术都有具体的所指。忧世从小处着眼即是要告诫世人，不要"玩人生"而虚度年华，而在大处来看则是在时代的风雨苍茫中，要忧民族之存亡。而择术则告诫我们既不能闭关自守、故步自封，需以开放的心胸接纳西方的文化，更不要全盘西化、失宗忘祖，要把中国五千年的文明高高挂起。忧世事关人生大计，直指人的现实行为，择术则与学术选择、与知识相联系，前后两者的叠加，则是知（学术）与行（人生）的一致。学术与人生是密不可分的。劳承万常告诉笔者说，他大概经历了几十年的人生曲折之磨难后，才终于悟到王国维言语中潜藏着的个体生命与民族生命一体化的大道理，才真正体会到知行一致（立其诚）的可贵，及其具有的针砭时弊的功效，劳承万与王国维在这一点上实在是"心有灵犀一点通"，但

---

① 王国维：《沈乙庵先生七十寿序》，载《王国维全集》第 8 卷，浙江教育出版社、广东教育出版社 2009 年版，第 620 页。

并不意味着他的成就超过了王国维。

领会了王国维的微言大义，劳承万在反省人生时常说："位卑人微志难酬，位尊人贵徒风流"，"位卑人微"才能超越，人生被剥夺得一无所有的时候，反而能激发出无穷的潜能，肩承的文化使命与时代担当，唯有在如此的情境中才能变得自觉。时代的狂涛怒吼，他当年的被错划右派，可谓"位卑人微"至极。站在历史的角度审视，当年错划成右派的大学生只有三条路可走。一，规规矩矩接受组织的安排改造，无所作为，"低头认罪"；二，押送回老家农村或农场，"接受专政"，最后落得的下场是终于成为如猪似牛的文盲；三，逃亡海外或自杀。对于错划为右派对大学生来讲，同是被推到社会的最边缘，然而选择的路径与命运的归途却大不相同。劳承万尽管属于第一类，但是他从不死心，他选择了与命运的极力抗争。他始终坚信"天生我材必有用"，于是把"人之生也直"的锐利刀锋投向了学术研究的领地。在异常艰难的岁月中，马克思的著作，特别是"巴黎手稿"和康德的论著，尤其是"第一批判"，成为他获取心灵慰藉和治疗心灵创伤的良药，他求取学术新生机"东山再起"的渴望竟是那样的强烈。同是苦难之人的司马迁之《报任安书》，他非常喜欢阅读并时常读来泪如雨下。看他在学思上几十年如一日的"卧薪尝胆"精神，看他在人生态度上几十年如一日的"乐天知命"而不乏顽强进取，还有，看他几十年如一日的天天晨跑后的洗冷水浴等，即可透露出后来他学术事业的若干消息。苦难的人生与重大的学术成就，以及学术成就获取的姿态是紧密地联系在一起的。

二　边缘的学术道路

劳承万苦难的人生，可以说是不断被边缘化的人生。劳承万出身贫困，襁褓中丧父，这是他人生边缘化的序幕；他大学临近毕业时被划为右派，毕业后被分配到偏远的鄂西，使他再次被推到人生的边缘；而平冤昭雪后他回到老家工作，后来调至雷州师专工作时至今日，湛江仍是中国版图上的边缘地带。人生的姿态决定着学术的姿态，劳承万取得的学术成就，一言以蔽之就是"边缘"。他用"在野"二字描述自己学术的"边缘"品格，是再恰当不过的。他确实几十年如一日地在边缘中坚守，在边缘中默默耕耘，在边缘中辛勤创新，为自己打开了一条铺满血色的边缘化的学术道路。

他时常告诉笔者说，他毕生的学术成就主要体现在三部著作中，第一部是由上海文艺出版社出版的《审美中介论》，上卷即1986年出版的《审美中介论》，中下卷即1992年出版的《审美的文化选择》，上中下三卷的合集在2000年由该社再版；第二部是《中国古代美学（乐学）形态论》，2010年由中国社会科学出版社出版；第三部是《中国诗学道器论》，2010年由出版过朱光潜、宗白华、将孔阳全集的安徽教育出版社出版，该书曾获得国家新闻出版署"三个一百"原创图书奖，以及广东省社会科学奖二等奖。他说他的三部著作刚好体现他的三论美学主张，由书名可知三论美学具体指的：一是"审美中介论"，二是"乐学形态论"，三是"诗学道器论"，简而言之是中介论、形态论、道器论这样的美学三论。三部著作、三论美学都定型于他五十岁之后，古人云：五十而知天命，可以说三部著作、三论美学是他在边缘中坚守与生命展开搏斗的结果，前后划过的生命轨迹较长，折射出来的时代信息大不相同。

时代造就的苦难容易使得苦难的体验个体，与苦难的时代保持若干的距离，他断裂性反思的要求，与快乐幸福的体验者相比，要来得强烈得多、迫切得多。五六十年代的中国大陆，受主流意识形态的影响，通行于学界神圣而不可侵犯的范式是"主体—客体"关系的二项式公律。受此二项式公律影响，学界充斥于耳的是主体与客体、主观与客观、唯心与唯物、形式与内容、精神与物质等诸如此类的二项性言说，随此而来的是二项性思维的禁锢，而且更为触目惊心的是，凡属于前者的都被认为是落后的、保守的、反动的、错误的，因而是需要坚决推翻的，而与此相对的后者则是进步的、革命的、正面的、正确的，因而是务必拥护的，此类二项性思维与言说是生命攸关的大事情，既是屁股移不移过来的问题，更是脑袋搬不搬家的问题，来不得半点的马虎。劳承万在断裂性反思中发现，二项式思维在生活与审美中是行不通的，只有中介项的第三环节的加入，成为"主体—中介—客体"三项式，才能畅通审美交流的过程。"审美中介论"在当年轰动学界热闹一时，全在边缘中冶炼的"中介"新观念，它把一切守旧僵化的思维程序全部打乱，那是劳承万在当右派的苦难岁月中，血泪搏斗所带来的效果。中介论美学的轰动效应，证明了野地开放的花同样美丽灿烂。

20世纪90年代以来，历经十年的血泪酝酿、艰辛拼搏，他狠下决心：

"推倒一切，从头开始"，毅然推出自己学术的新平台，因而有2010年两部著作、两种学说的问世，此时他不但"著书"，而且还"立说"。如果说"中介论"是他受西学影响的产物的话，那么"形态论"与"道器论"则是回归中国传统之后，受牟宗三等学者影响并有所创新的结果。两部著作、两种学说尽管在同一年推出，然而它们的刀锋所指是不甚相同的。

劳承万指出，中国近代以来通行的美学只是"西方美学在中国"而已，美学是典型的舶来品。中国有美无学已久，倘若要使中国之美变为学，它舒展的形态到底如何、是否不同于西方，这实在是个值得反思的原则性问题。他乐学形态论的庄严提出，正是为解决诸如此类的大问题。他的论述沿着正反两条路推进。他说中国没有西方式的美学，西方的美学从属于西方的哲学认识论，西方有的是认识论的美学，而中国的美学与此不同，中国的美学发端于老庄、孔孟，后从属于中国哲学的心性论，有的是心性论的美学，具体来说中国有的只是乐学，此乐决非肉欲、肉感之乐，而是形而上的心性之乐，即是王阳明所说的，乐是心的本体之乐，也是儒学喜欢讨论的孔颜之乐如此等等。他所肯定的是中国有乐学，而他所否定则是中国传统没有西方认识论的美学，正反所指皆是建立乐学。①

乐学形态论的副产品是诗学道器论，后者是对前者的完善补充。诗学是把诗（文学）当成知识性的对象来加以把握审视，它侧重的是对柔软灵动的文学场地做出逻辑性的演绎，如此的诗学名称及其内涵本源自西方，诗学道器论虽然仍沿袭西方诗学的称号，但是它的内涵却已发生根本性的改变。劳承万指出，中国文化中缺乏西方意义上的诗学，中国因而没有知识型的诗学，它有的只是"六经皆教"的"诗教"，它重视的是"胄子"人格的培育与塑造，它关注的不是知而是行，中国的诗学因此是经学型的诗教。② 与美学学科一样，中国诗学的形态不同于西方。

中介论是他在"劫后求生"，而形态论与道器论，则是他逐渐摆脱体制束缚后，苦心孤诣地变换中国美学、诗学之学科形态的产物，他说跨越中介论、乐学、诗教三点既艰难困苦，也洋溢着大痛快，这是他所走过的起伏而曲折

---

① 劳承万：《中国古代美学（乐学）形态论》，中国社会科学出版社2010年版。
② 劳承万：《中国诗学道器论》，安徽教育出版社2010年版。

的路，确切说来是一条血染的边缘道路。

三 沉重的文化使命

个体人生的苦难与边缘的学术，如果能够与文化救治结合起来，则会体现为文化使命感的激活，救治的愿望越是强烈，使命感越是沉重，这是中国文化人所应走的共同的道路，这也是他们个体生命渴望融入文化生命有责任与担当的重要体现。社会与时代在变，与王国维不同的是，劳承万对"忧世—择术"的根本问题有着自己独特的处理方式。整体上看他主要从三个方面入手，挖井及泉、正本清源，大有把一切伪饰失真之论说不翻转过来一轮誓不罢休的气势。

其一，中西文化之大别。中西文化之大别与中西方社会性质的差异有着很密切的联系。西方社会是商品社会，商业是买与卖的活动，社会靠"买—卖"关系维持，因而重于"物"之塑造与交流。中国社会是农业社会，农业是人与自然（天地）的活动，社会靠天（自然、天地）人关系维持，因而重于"天时—地利—人和"之三才协调，当中特重"人和"（人际）的亲密关系。社会的差异导致了文化的差异。牟宗三指出，西方文化是逐物文化，是讲究物质实体性的文化，重视对"物"的厘定解剖，而厘定解剖仰仗的是数学—逻辑之运演观念，这便是 Being（即存有）的问题。与此相对，中国文化是心性文化，是人际（或天地人一体）之心性功能文化，它撇开物质之实体性，更无法采用数学—逻辑之运演观念，只讲究心性功能之协和汇聚（天人合一），以道德仁义观念去处理一切关系，这便是 Becoming（即呈现）的问题。与牟宗三的形而上思辨不同，钱穆更喜欢以事实说话。钱穆先生指出，中国有的是人与人相处、心与心相通的文化。基本可以清楚的是，西方文化重"物"（形），中国文化重"人"（心），这是中西文化之大别所在，一旦混淆两者的边界，所有理论将轰然倒塌。近世特别是近半个世纪以来，这种中西文化相混不分的观念却占据着主流的阵地，这给当代学界带来严重的危机。而学科形态甄别是文化大别的进一步具体化。

其二，学科形态之甄别。中西文化大别，可在学科形态的甄别上见出。梁启超在 1902 年的《中国的旧史》一文中便明确地指出："于今日泰西通行诸学科中，为中国所固有者，唯史学。"① 梁启超想说的是，中国文化中只有史学有资格被称为学，其中根本就没有西方式的哲学、美学、文艺学、语法学等，更没有什么逻辑学可言，即是说知识谱系性的学在中国很是缺乏。由此，近世以来流行的中国哲学、中国美学、中国文艺学、中国语法学、中国逻辑学等诸如此类的时髦学科，或在关于中国文化的种种论著中，大谈逻辑结构体系、逻辑起点、逻辑范畴体系，肆言本体论、宇宙论、价值论、知识论等，皆是对西方观念的套用、仿制。季羡林面对学界的中西混用局面，有过沉痛的指责、批判，在指责、批判中他希望建立中国自己学科的愿望还是相当的强烈。乃至在20世纪30年代初，冯友兰出版了上下两卷本的《中国哲学史》，在金岳霖的"审查报告二"中，便明确地区分了中西方两种不同性质的学问，他说凡在中国流行的西方仿制品，都叫作"西方××学在中国"，而完全不同于中国文化中自身固有的学问（学科），故而要严格区分："所谓中国哲学史，是中国哲学的史呢？还是在中国的哲学史呢？"② 金岳霖的报告是意味深长的，被审查的对象冯友兰，恐怕有时只能做到"在中国的哲学史"，一代哲学史大家难免如此，中国现当代学界的"一塌糊涂"想必是容易想象得到的，至今肯定还有很多学人，根本就不明白"是"和"在"的大区分。劳承万说，当代文化的真正危机就在于，出现了"误认他乡是故乡"（曹雪芹）的迷狂局面。故而他深感推倒一切从头做起，着眼于"学科知识谱系树"的耕耘与梳理的必要，他是这样想，确实也在这样做。他常告诫学界说，倘若缺乏"学科知识谱系树"的耕耘与梳理，而尽是卡片串连或时髦的耸人听闻，无论再怎么努力，再怎么"著作等身"，那都是一场梦幻一场空而已。

其三，学术批判的挺进。劳承万怀抱的是中西学科形态甄别的理想，而他更是深感于中国学界的混茫、脆弱，因而他在学术领地内的耕耘与梳理，挺进的特有姿态便是着眼于划界、清理的批判。他学术批判的刀锋锐利，很少隐藏批判的锋芒，他批判的刀锋所指都是他熟悉崇拜过的，因而他说他批判的就是他自己，把批判的锐利刀锋指向自己，这需要何等的勇气！他学术

---

① 梁启超：《饮冰室合集》第1卷，中华书局1989年版，第1页。
② 金岳霖：《审查报告二》，参见冯友兰《三松堂全集》第2卷，河南人民出版社2001年版，第617页。

批判的内容，约而言之有三。第一是批判学界流行的概念术语，如中西本体论的混用（牟宗三、李泽厚等），康德经验论的误用（李泽厚等），尽管混用者、误用者所取得的学术成就正是有口皆碑。与概念术语批判相联系的，第二则是指责中国学界观念的迷误，如学界对中西学科的边界未能及时清理（王国维、朱光潜、冯友兰等）。术语的批判观念的清理，他的立足点是纯真学术的追求，因而第三是他对政治、体制影响学术的"反感"，如他对评奖、立项等的"颇多微词"即是。容易见出他的学术批判很少为尊者贤者忌，这是他"人之生也直"的生动体现，因此他的批判有时也很激进。激进的人常常很善良，因为他把批判的锋芒引向他自身，所以他的批判具有难以抗拒的力量，它完全区别于帮派之无端纠缠，或个人意气的学术纷争。

从劳承万对"忧世—择术"根本问题的处理来看，他始终保持着异常顽强、旺盛的反思力、创新力，可以说只要生命不竭，他学术的反思力、创新力就会永不衰。康德对他的影颇深。他通往康德的"中介"是韦卓民。

四　师承康德专家韦卓民及其他

学术成就的取得常是汲取多家优点的结果，劳承万也有"转益多师"的经历。整体上来看，他的师承可包括两个方面的意思，其一是他受教育时的师承，即他上大学时对他影响至深至远的老师，大学时的老师与他的关系是相对固定的；其二则是他在学术研究推进中，不同时期为他所熟悉的学界尊者、贤者，与他是亦师亦友的关系，关系则相对灵活。前后两种师承都带有偶然性，因而都只能算是"意外"。

劳承万钻研康德学说，同样有其可依靠的中介环节，他依靠的中介环节便是他上大学时的老师韦卓民。韦卓民学贯中西、享誉中外，谙熟中国古学，"同时精通英、法、德、拉丁、希腊文等语种"，他对西方哲学文化特别是康德学有着相当深入的了解。韦卓民的康德学研究行进于1949年后，在他退出领导岗位、不断遭受政治迫害，如此异常艰难的岁月中，"不管风云变幻，世态炎凉"，但他"始终以一颗平常之心，豁达、精进，默默地耕耘和奉献"，显示出了学者的本色、智者的睿智。[①] 他的潜心付出是有

---

① 韦卓民：《韦卓民学术论著选》，华中师范大学出版社1997年版，第481页。

成效的,可以说新中国成立后较长的时间里,中国出现的大部分的康德译著都出自韦卓民之手。劳承万天资聪颖,读大学时已相当活跃,是三好学生,除了上课时仔细聆听韦卓民的课外,私下还多与韦卓民有交往,并向他请教问题;他在毕业前夕被错划为右派,与同样被错划为右派的韦卓民可谓"同是天涯沦落人"(白居易),相同的坎坷遭遇更容易使人产生共鸣,韦卓民遭受政治迫害后,便一头扎进了康德学的研究,借此慰藉受伤的灵魂,凭此与"世态炎凉"作静默的对抗,劳承万同样也钻进了康德学中,他用力最勤的是康德的"第一批判",韦卓民翻译的《康德的纯粹理性批判解义》一书几乎被他翻烂。劳承万内心崇拜这位大学时的同乡老师,韦卓民温暖着他的心灵,他是他黑暗时代的灯塔,是他研习康德、走上康德学之路的指导老师。

教师的职业是异常辛苦的,有人因而说教师是太阳底下最光辉的职业,对教师职业最大的安慰与奖赏莫过于他能遭遇到"英才",能培养出精神上的继承者。弟子对教师精神的最佳继承,并不是亦步亦趋地简单维护、重复,而是在消化、理解的基础上,有创造性地推进、发展,若是不敢超越藩篱半步,正如顾随所说的那样,这个学派必亡无疑。就此而言,作为教师的韦卓民是足够幸运的,因为他有精神衣钵的继承人,更难能可贵的是,在他的基础上后来者能有创新性的发挥、贡献。劳承万严格遵守作息时间,毕生写作言必称康德,他曾被人尊称为"劳康德"。他对康德以及韦卓民介绍的康德学多有创新性的领会、阐述。劳承万在早年,就以审美中介论"异军突起"于学界(蒋孔阳语),为学界同仁所注目。

敢说自己是康德的知音并能有所超越的,是牟宗三。牟宗三是港台新儒家的杰出代表,相对于韦卓民,劳承万与牟宗三的关系相对灵活,相对灵活的原因是他并不登入牟宗三的堂室,故而能与他作远距离的思想交往,而交往中他对牟宗三有着相对清醒的理性取舍。牟宗三令他倾心的地方,是牟宗三在康德学上的成就卓著,牟宗三以毕生精力研习康德,对康德有超越性的论述,劳承万故而说,牟宗三是站在康德之上来说的康德,因而更显得可靠、可信;牟宗三超越康德的利器是中国的传统文化,因而在他的超越性叙述中,中国传统儒道释文化的价值得到最大程度的捍卫,而传统文化的形而上学维度在他坚决的捍卫中得到开掘,崭新领域开掘到达的深度、广度令劳承万着迷；牟宗三像康德一样高蹈的思辨力与充满个性的批判人格，显示出自身无穷的思想魅力，无不令他向往。而面对牟宗三的抑程朱理学扬陆王心学，即所谓的"别子为宗"、传统文化的清理中依靠太多的西学元素等举措，劳承万则多有指责。

劳承万虽已年八九十岁之高龄，但前些年仍奔忙在三尺讲台上，孜孜不倦地为本科生细讲《中西文化精神》课程。该课程是系列讲座性质，面向全校本科生开放，学校教师可自由听讲，课程灵活不受学分限制，如此的师表也属"意外"。他之所以如此，除了受学校领导的委托之外，还有他始终坚信梁启超的告诫，只要能学得《论语》中一句话且终生受用，这就足矣。《春秋》之治，一言以蔽之即是"治己—治人"，治己以仁待人以义，仁与义互为一体，己与人也互为一体，一了百了干脆利落；家国、天下，无非人与己也，岂有他哉！故孔夫子说"己所不欲，勿施于人"。这便是"己（仁）—人（义）"关系的标准式与最高境界。劳承万痛感当今之学者"为己"之学太少，而"为人"之学太多，己与人、仁与义处于分裂的状态中而不自知。

笔者生性笨拙愚钝，素来不谙世故，不过因为当年本科时美学老师王杰的推荐，加之劳承万的不嫌不弃，硕士阶段有幸在他的指导下研习康德、钻研学术，毕业后比其他的同学更为幸运的是，能留在他的身边，与他的交往来得相当频繁、密切，对他的"其人"了解得比他人更多些，开篇时提到孟子"读其书，不知其人可乎"的话，更是助长了笔者由"其人"略说他学术轨迹的勇气。劳承万素来挑剔，笔者对他"其书"，读起来多是诚惶诚恐，为有一日能避开他的指责，笔者只能更加努力地诵读"其书"了。

我们稍微归纳一下上述内容。如上所述，出身贫困农民家庭，襁褓中丧父，大学毕业成为右派，劳承万所经历的是苦难的人生。苦难的人生经历，使他所走的只能是边缘的学术道路，他的三论美学即审美中介论、乐学形态论、诗学道器论，是他在边缘中血泪搏斗的收获。坚决区分中西文化、学科形态，永不停歇的学术批判，体现他沉重的文化使命。他师出韦卓民，他对牟宗三等港台新儒家多有取舍，美学、诗学学科形态的爬梳弥补了新儒家的某些不足。他创建美学体系，显示出某种自觉，其中融入了康德的思想观念。

第二节　从康德观念到劳承万的美学创新

如篇首引孟子的话说："读其书，不知其人，可乎？"这当然是难以行得通的。孟子的言下之意便是唯有知其人，方可读其书，从而知其书，是为知人论世。劳承万虽一生遭受许多苦难、置身于边缘地带，但他长期颖思学术问题，留下了不少闪光的著作，其心术之宏大，视野之高远，智思之闪烁，把握起来自是不易。吾辈生而有幸，受教于劳承万，与其相处超过20年的时间，对其学不能说已全部领会，但孟子的如此言说，却助长了吾辈由其人读其书，从而诉说其学术的勇气。前述是个大概，此处的任务，是凸显康德在他思想深处所留下的深刻印痕，以窥见当代中国学人，怎样在消融康德以后，创建美学体系的真实面貌。

劳承万治学，先西后中，以西视中，用中融西，中西打通，后求我立，自成一家，尤以美学名于世。他的美学实在是带有创新的品格，他的许多观点如今都还处于被遮蔽的状态当中。劳承万创新美学的精神内核，一言以蔽之曰批判。他常将批判的锋芒引向自身，与时俱进，显示出一往无前的批判力量。不过，在他坎坷而颇具传奇色彩的学术生涯中，他却极少将批判的刀锋指向批判哲学美学家——康德，这很值得玩味。西学中他最推崇的哲学美学家是康德，他认为康德是西方哲学美学中的一大制高点。他一再强调说，掠过康德，我们将有坏的美学；超越康德，我们才能有新的美学，他以创新性的付出，对此做出了生动的诠释。康德在他的创新美学格局中，便具有了非同寻常的地位。

学问之事无它，知与行二者而已。反思知与行，促进两者合一，成为古今学人的共有心事。开篇孟子的话，业已透露出他坚守由行达知、知行合一的文化信念。不只是孟子如此，近代王国维的一生也在自觉地追求知与行的统一，于是在他看来，康德是言行并重的典范[①]，其与中国文化存在着亲和性。荣格说人是文化产物，劳承万对康德的推崇领会及其留下的创新美学成果，也突出地表现在对知与行的继承上；而在他创新美学的最深处，体现了

[①] 王国维：《王国维文集》第3卷，中国文史出版社1997年版，第294页。

他个体救赎的迫切愿望,以及文化独立的强烈使命。

一 创新美学格局:从中介论到形态论

劳承万的学术领地与成就,体现在文艺学、美学、文化学、哲学等多个方面,他一生用力最勤、成就较高的是美学。他长期耕耘于美学园地,除了是时代的引动,还与美学空间的辽阔有关。美学属于边缘学科,能左右逢源、上下贯通,灵动性质明显。美学也是哲学的入门,往上,其可与形而上的哲学思辨相牵连;但美学又不能太过于凌空虚蹈,往下,其可与形而下的文化艺术、社会生活相关切。上下联动的美学,张力阈限如此阔大,成为劳承万驰骋才情、安慰心灵的理想天地。从整体上来看,他毕生的美学成就,体现在他三论美学的用心创建上。他治学从不甘于平庸,认定创新性是学术生命力之所在。他所创建的三论美学,具体指的是审美中介论(1986年)、乐学形态论(2010年)、诗学道器论(2010年)。他三论美学的生命力与价值,恰也体现在他对创新性的不懈追求上。蒋孔阳当年就指出,审美中介论是"异军突起"。乐学形态论所指划者是中国古典美学的独特形态。诗学道器论是乐学形态论的姐妹篇,它站在中西比较的立场上,旨在厘定中国诗学的独特形态。后两论所致思的方向,是求得中国美学、诗学等学科形态的独立。从中介论到形态论的美学三论,构成了劳承万原创美学的基本格局。他三论美学格局的形成,是他身处边缘地带、苦难人生血泪搏杀的收获,无一不留下其不屈灵魂探索的深刻印痕。人生与学术不可分也!

"中介"是连接两端的力量,是极具深蕴的功能性概念。现实中连接两端的功能媒介无处不在,中介理论与现实的联系异常密切。劳承万对此洞若观火,并也了然于心,这成为他论述审美中介坚实的基础。世界因中介而连成一体,自然与自然之间、人类社会之间、人与自然之间都无不如此。鲁迅就说道:"动植物之间,无脊椎和脊椎动物之间,都有中间物,或者简直可以说,在进化的链子上,一切都是中间物。"[①] 劳承万指出,探索这些自然"中间物",将给科学带来辉煌的成就:"可以展望将来科学的皇冠,将从'中介'思维里获得。控制论的创始人维纳早就认为:将来获得最大成就的学科,

---

① 鲁迅:《鲁迅全集》第1卷,人民文学出版社2010年版,第302页。

将从各门学科之间的'无人区'产生。这不是'填坑补缺'式的优越，而是在中介思维特有土壤中盛开的灿烂花朵。"① 生物学诸多诺贝尔奖获得者，便是得益于中介思维的熏陶，劳承万当年的预言已经成为现实。劳承万援引恩格斯的话说，辩证法应该追求"亦此亦彼"，不只是自然如此，人类社会也如此。河的两岸靠桥连接，两地、城市、省份、国家等之间的往来有诸多的交通工具，过去男女结合需有"父母之命，媒妁之言"，如今买卖得紧紧依赖于互联网、物流业等，房地产、旅游中介公司遍布在城市的每一个角落，出国留学机构也时有所见。凡此种种皆可表明，离开中介思维，社会特别是当代社会中的人们将会寸步难行。人与自然之间的联系，同样需要中介参与。在不同的理论家那里，该中介物自是不同。马克思在《政治经济学批判导言》中指出："在生产中，人客体化，在人（消费）中，物主体化。"② 人与客体（自然、物）之间便凭借劳动（生产、实践、工具）建立起了相互交换活动。马克思的如此言说，带有"人体解剖"的至高作用。有人说人通过工具作用于自然对象，需达到"度"的境界，其实"度"也是动态化的中介思维。没有中介思维，人的劳动生产也将无法进行。中介是一种"之间"的思维，不主张走两个极端，而是提倡在"之间"行走，有人着力倡导打通中西的"中道智慧"，也是隶属于扩大化的中介思维。与现实联系的极端密切，为劳承万的审美中介论扫清迷雾，拓宽了其理论自身的适用空间，保持了中介理论旺盛的生命力。

审美中介思维同样立足于现实，它同样追求审美的中介性。劳承万指出真正的审美活动，出现在审美客体到审美主体"之间"，而两者之间不是简单、直接的决定与被决定的关系，而是存在着异常复杂、间接的诸多过渡环节，即认定面对审美客体到美感的最后定型，是各环节要素相互缠绕非常复杂的一体化行进过程。如何将该过程的各个环节准确、有效厘定，进而将其序列化、清晰化、系统化，是审美活动之谜解开求得科学阐释的关键，更是审美中介论的目标所在。劳承万指出，从审美客体到审美主体之间，需首先生成审美态度，然后依次经过审美感觉、审美知觉、审美表象等各关节，最

---

① 劳承万：《审美中介论》，上海文艺出版社 1986 年版，第 20 页。
② [德] 马克思：《政治经济学批判导言》，载《马克思恩格斯选集》第 2 卷，中央编译局译，人民出版社 2021 年版，第 689 页。

后形成具体、真切的美感，或曰美感的生成、定型。审美中介表现为共时与历时不断交织缠绕的复杂序列。劳承万所运用的历史发生学方法，一开始便不同于李泽厚的纯哲学思辨。站在今天的角度来看，审美活动中的各环节及其特性，或许已成为常识、为人所熟悉，但它们作为整体系统所潜藏着的丰富意蕴，却取得了指向未来的重大价值。

其一是美学发展动态的准确把握。无论是国内还是国外，当代美学的美感转向在悄然推进，是个不争的事实。中国20世纪五六十年代的美学大讨论，所热烈争论的是"美的本质"问题，形成了美在客观（蔡仪）、美在主观（吕莹、高尔泰）、美在主观性与客观性的统一（朱光潜）、美在社会性与客观性的统一（李泽厚，属于逻辑范畴上的失范）四种不同的观点，各家的观点虽然不同，但其思维方式都是一样，都是在回答"美是什么"的形而上本质问题。而紧接着七八十年代的美学热，则以美感论取代了原先的本质论，所需回答的问题已不再是原先的"美是什么"，而是"美感是什么"或"什么是美感""什么是美"等诸如此类的形而下具体问题。审美中介论对美感系统的内在剖析，与西方19世纪中后期以后美学对心理学的借用，从而转向美感的形而下探究同样也是吻合的。分析美学、后现代主义等思潮的兴起，西方已少人再谈论美的本质问题了；中国美学界受西方影响，同样也无不如此，本质无论如何是反不掉的，但反本质主义的呼声已弥漫于学界也是事实。劳承万对美学的最新发展态势，有着相当清醒的意识与把握。

其二则是审美动态性的有效揭示。从审美客体到审美主体之间，历经的诸多环节到美感的定型是一个不断变化纵横交错的过程。审美中介理论的厘析并介入，并没有改变该过程的流动本性，反而是对如此本性的强化确认。理论固然要廓清审美的一般性、不变性边界，但审美活动中的主体以及主体的态度、感知、表象等会各有各的不同，导致美感的最后生成会表现出个别性、变动性。而且更为重要的是，该过程中每一个环节、每一个要素如果发生了变动，都将带来牵一发而动全身的效用，即会带来整个审美活动面貌的新变化，它常变常新、清新不已，即诗人所说的"群籁虽参差，适我莫非新"。审美（美感）之所以存在"差异"[1]、流变，深层的原因是美是主体的

---

[1] 劳承万：《审美中介论》，上海文艺出版社1986年版，第116页。

自我创造，它最具主体性、能动性。劳承万由此指出，审美过程以及美感系统不具有预成性，而是一个开放的过程，或曰"渐成系统"。审美不再是已成的、静态的、凝固的、僵化的，而是渐成的、动态的、流变的、灵动的。劳承万对审美活动的如此观察是符合事实的，目光是敏锐的。

其三是扭转时代僵化的思维模式。新中国成立前的抗日、解放战争年代，以及新中国成立后相当长的时间里，中国文艺界深陷在对立斗争思维的泥淖当中难以自拔。对立斗争思维的突出特征便是充满了二元对立，将差异当作不是你死就是我活的对抗，其通过政治手段的强化达到了无以复加的地步，在这当中绝没有第三条道路可以走。如果说在革命战争年代，斗争思维有其合理性的话，那么在和平建国年代，如果还继续延续斗争思维，历史已经证明其导致的只能是悲剧，以及社会"万马齐喑"般的严重倒退。消弭悲剧走出社会低谷的要害所在，是坚决将斗争思维模式消除掉。斗争思维陷入了"非此即彼"二元对立的淤泥之中，将其纠偏的关键是大力提倡"亦此亦彼"。审美中介论首先是一种思维学，它破除的是二元对立的"非此即彼"，而竭力追求多元共生的"亦此亦彼"，它努力在"客观＝唯物＝进步＝无产阶级＝左派/呈红色（A式）；主观＝唯心＝落后＝资产阶级＝右派/呈白色（B式）"之间寻找到第三条道路，即A式到B式之间复杂的过渡路径，而不是简单粗暴地"以'进步'之A式横扫'反动'的B式，以'红'克'白'"。① 事实也已经证明了，以二元对立作为书写内容的文艺注定是速朽的文艺，是毫无生命力可言的文艺。破除时代僵化的思维模式，从二元的两大块走向三大块（主体—中介—客体）是审美中介论的题中之旨，我们今天也应同样警惕如此二元思维模式的死灰复燃，以便使得社会、文艺健康发展。

中国当代美学的演进，长期浸润于德国古典美学之中，"异军突起"的审美中介论是其掀起的极高浪峰。刘士林教授说：劳承万治学非常善于打"攻坚战"，面对巨大主题，乐而为之；不避困难，不怕艰苦。可以这样说，审美中介论是劳承万长期在异乡漂泊、逆境血泪求生中的创新性收获，就理论思辨的深刻性、意蕴潜藏的丰富性而言，在中国当代美学界还是不多见的。他在教中学语文课中的周敦颐之《爱莲说》便深有感触："陶渊明独爱菊"，

---

① 劳承万：《当代学人该如何回顾"美学大讨论"》，《清华大学学报》2013年第3期。

"花之隐逸者也";"世人甚爱牡丹","花之富贵者也";"予（周子）独爱莲","花之君子者也"。其间的"隐逸—富贵—君子"便是"人—花"之间的中介物，蕴含着人类文化凝聚与哲学焦点的巨大秘密。叶落而归根，有良知的中国读书人大多选择在艰难"出征"后毅然"归来"，真可谓"少小离家老大回"，劳承万也同样如此。孟子说五百年必有圣人出，劳承万由此时常动情感慨地说，王阳明之后中国读书人的文化脊梁已断，至今都还没有完全挺直起来。中国美学家如果想真正站立起来，绝不能再跟着西方人说西方美学与西方诗学，而需要推倒一切另起炉灶，创建出根植于中国文化土壤的美学与诗学。经过长期反复的思虑之后，劳承万意味深长地指出，中国传统美学与诗学的体系、形态绝不同于西方。

劳承万的中国美学形态立论，已不再效法过去流行的"乐感文化"说的零敲碎打①，以及"积淀"说的顺手牵羊，而是朝着美学体系论证的方向迈进。他言说有着相对清晰的中西界限意识，他指出，中国没有西方式的知性美学，有的只是形而上的心性乐学。形而上指的是它同样走超越之路，不过不是西方的外在超越之路，而是中国的内在超越之路。不同于西方外在超越的物性追逐，中国心性文化指向的是摆脱有形物质纠缠之后无穷无尽的心性体验反思。正如古人所说的那样，反求诸己，反身而诚，乐莫大焉。乐不同于西方由物的外形外观引发的愉快，而是超越了物的形式之后产生的快乐，即是说它追求的是无物无形的心性之乐。王阳明说"乐是心之本体"，钱穆也说"乐则人生本体，当为人生最高境界、最高艺术"，他们古今二人的言述，在某种意义上说，为劳承万演绎形而上的心性乐学奠定了同质性基调："心"即惺惺明明的心性，此心需人生化、艺术化，是谓心之用；"本体""最高境界、最高艺术"即形而上的境界，是谓心之体；心之体用一如便是乐，它所向往的制高点也便是乐。诚然，劳承万的乐学体系化构架还远不止于如此抽象的言说。

"中华民族只有'乐学'而无'美学'"②，问题的关键便落在一"乐"字上。劳承万说"乐"，既有实说，又有虚说，虚实合璧，是他说乐的"基本

---

① 劳承万：《中国古代美学（乐学）形态论》，中国社会科学出版社2010年版，第47页。
② 劳承万：《中国古代美学（乐学）形态论》，中国社会科学出版社2010年版，第39页。

骨架与情调"①，更是我们追踪他体系性论述的有利线索。实说是指实际说到了"乐"，是中国文化典籍上留下了对"乐"的热烈争论。上文提到王阳明、钱穆"一言定乾坤"的结论性意见，便是关于乐学的实说。事实上，"礼—乐"是传统社会的存在方式，至少在儒家来看是这样。儒家创始人孔子对于与"礼"相牵连的"乐"有过许多随点即是的交代。如"兴于诗，立于礼，成于乐"（《论语·泰伯》）；"子在齐闻《韶》，三月不知肉味。曰：不图为乐之至于斯也"（《论语·述而》）；"知之者不如好之者，好之者不如乐之者"（《论语·雍也》）；"智者乐水，仁者乐山"（《论语·雍也》）；"饭疏食，饮水，曲肱而枕之，乐亦在其中矣"（《论语·述而》）；等等，其中既有音乐的"乐"，也有快乐的"乐"，两者具有相通性。其中最为著名的莫过于"孔颜之乐"。在孔子眼中，颜回之乐在好学（"不迁怒，不贰过"）、专一（"其心三月不违仁"）、无利（"一箪食，一瓢饮，在陋巷，人不堪其忧，回也不改其乐"）。孔子说乐，是承上启下。上古三代，舜之《韶》乐，尽美尽善；武王之《武》乐，虽尽美但未尽善；武王伐纣，武王亦有乐，当是有美而无善。音乐与快乐相通。"孔颜之乐"以后的《乐记》《乐论》《乐学歌》等，都是实说乐。孔颜所乐何事，成为宋明理学一道公开的考卷，宋明儒说乐，已是俯拾即是。儒家多实说乐，但实说乐的并不都是儒家，道家也直接讲乐。虚说指的是没有说乐但有乐在，即其意思都指向了乐。儒道两家都在虚说乐。孔子所说的"天何言哉？四时行焉，百物生焉，天何言哉？"（《论语·阳货》），以及孟子所说的"充实之谓美，充实而有光辉之谓大，大而化之之谓圣，圣而不可知之之谓神"（《孟子·尽心下》），还有荀子所说的"虚壹而静"（《荀子·解蔽》）等都是在形而上虚说乐。荀子的"虚壹而静"已与道家的思路较为接近，而乐的虚说则多体现在道家，如"庄子艺术型的'逍遥'与'齐物'的理路与情思"②等即是。从整体上来看乐的言说，儒家偏重于实说，而道家侧重于虚说，但儒家也有虚说，道家亦有实说。虚与实各有侧重，说明儒道两家虽同属于心性之学，但乐的表现形态还是存在着差异；儒道各自言说的虚与实均已兼备，表明中国人向往一种完满圆融的人格与艺术，它

---

① 劳承万：《中国古代美学（乐学）形态论》，中国社会科学出版社2010年版，第34页。
② 劳承万：《中国古代美学（乐学）形态论》，中国社会科学出版社2010年版，第34页。

为探寻儒道互补的一体性结构以及二者的文化渊源铺平了道路。前者求异，后者存同，同异两者，各有所指。

儒道两家的心性之乐，形态各有不同。整体上儒家是入世的人乐，那是一种人为的入世之乐，而相应地道家则是出世的天乐，那则是一种自然之乐。人为之乐可分为两种，一种是一般人之乐；另一种是非常人之乐。一般人之乐以德性仁心作为出发点，即孟子所说的"求则得之，舍则失之，是求有益于得也，求在我者也"，当且仅当人能自我抉择、由自己做主的便是道德，后来韩愈也说"足乎己无待于外之谓德"，因此一般人的德性之乐，是经由自己的修炼可以获取。中国五伦文化的基本要义，是尽了人之伦便觉坦然，便觉得无愧于良心，即理（性）即情便觉得乐，此即哲学，也即文化，即审美。其扩大开去，那便也是一种有了"礼"的"乐"。非常人之乐也以人的努力作为根据，但此人已超凡入圣成为圣人，那是一般人德性修养的最高目标，其德性修为足以垂范天下，如尧、舜、禹、文、武、周公、伯夷、柳下惠、孔子等即是。孟子说"人皆可为尧舜"，却也道出了圣人仍是人，只不过是"立人极"的事实，即人可与圣合，神（圣而不可知之之谓神）人以和是其极端化的表达。这个世界的创造者不是虚无缥渺的上帝，而是"立人极"的圣人，如驯兽的伏羲、尝百草的神农、造字的仓颉、开天辟地的盘古、炼五色石补苍天的女娲等即是。圣人之乐是一种生生不息的创造之乐，故而"圣人论"是儒家"心性乐学之最高创造形态"。① 道家的心性乐学形态与此不同。

与儒家的入世一味向前、"天行健"不同，道家则是出世执意返回，是"归根曰静"。自然与天以虚静吐纳万物。道家不主张与人和，而提倡与天和。和即能乐。"与人和者，谓之人乐；与天和者，谓之天乐。"儒家主"人乐"，道家持"天乐"。"天乐"就是"（粹毁）万物而不为义，泽及万世而不为仁，长于上古而不为寿，覆载天地刻雕众形而不为巧"。只有天与自然能够如此["（粹毁）万物而不为义"等]，能够如此方可为天乐，那是一种恒久之乐。要知这种恒久的"天乐"，"其生也天行，其死也物化。静而与阴同德，动而与阳同波"；还需"无天怨，无人非，无物累，无鬼责"，即能做到顺自然与天而行，"与天地同体，同变，同化"，去掉有形人事的影响，内心归于平静，

---

① 劳承万：《中国古代美学（乐学）形态论》，中国社会科学出版社2010年版，第212—229页。

就可做到知天乐和天乐。天乐与知天乐是一种境界,是靠人不断"去掉实有"而实现,因而"境界论"是道家"心性乐学之最高形上形态"。① 可以这样说,儒道两家,一入世一出世,一前进一后退,儒道互补之乐,建构了中国人最完满的人格。

互补的儒道哲学,文化根系相同。劳承万指出,儒道两家哲学不存在先后之分,更不存在主辅之别,它们只是同一根系上长出的不同枝叶而已。儒道思想生成与发展共有的根系,是夏、商、周上古三代中国人的求生活动。古人在此漫长岁月中的求生活动及其内在状貌的考古挖掘与哲学反思,将是问题审视与解决的关键性步骤。根据考古发现,周以前的生活因素,重要的除了书体之外,还有骨卜、养蚕业、装饰艺术三者。骨卜是断吉凶、顺行为,是他们的宗教生活,他们随此遭遇天地神明,天人一体的混沌意识得到了冶炼。养蚕业则是他们的经济生活,丝织品具有物质—实用(有限)与精神—艺术(无限)的两重性。装饰艺术是他们的艺术生活。装饰艺术见于陶器、青铜器、瓷器等器物上,器物及其上面的装饰艺术都很值得关注。器物是中空而内虚,因为内中虚空(无),所以才能盛酒等,发挥它的效用(有)。而器物上的花纹,特别是动物花纹,是"通天的工具",或者说是通神/祖的工具,通过巫师的占卜活动,使得神/祖—巫—人的性灵贯通,求得人的安身立命。加之中国文字以线条来设定"形—意"图式,促成了一种由线条达成的空灵智慧。中国走上心性文化的道路,与上古三代生活的长期锤炼密切相关,儒家后来强化了天命—心性贯通之人乐,而道家则凸显了空灵、虚静的天乐,这是劳承万对乐的极高洞见与深刻虚说。由此不难看出的是,中国有的只是心性形而上的乐学,它确实不同于西方的美学。形态、体系不同于西方的,除了乐学还有诗学。

劳承万《中国诗学道器论》一书的写作、出版,至少在开始是为了了却两桩不同的心事。他在写完《审美中介论》之后,有个问题一直困扰着他,该问题就是在现代意识论中,"生理能"到底是如何转化为"心理能"的,其间的秘密到底何在。他在研究中逐渐感觉到,诗行中的节奏是探究该问题的绝佳突破口,而他相对喜欢进驻的诗行,是他从小到大一直耳濡目染的古

---

① 劳承万:《中国古代美学(乐学)形态论》,中国社会科学出版社2010年版,第230—271页。

诗。有了如此的发现，他于是便从漂泊的异乡，慢慢回归中国文化与诗歌当中来。他通过剖析中国诗歌中的节奏现象，发现了"生理能"转化为"心理能"的深层机制，算是对现代意识论问题的解答。我们可以看到，该书虽是三截论，即按照"导论—道论—器论"秩序展开，但写作顺序却刚好颠倒了过来，原因正在于他首先剖析诗行，而诗行则属于形而下的"器论"。随着劳承万对中国美学—乐学学科形态思虑在向纵深方向推进，中国诗学的学科形态究竟如何，便成为另一个需要得到解答的问题。现在看来，在劳承万的学术反思中，中国诗学的学科形态厘定，成为一个重要的问题，慢慢占据了主导性的地位。他在思考与写作的过程中，两桩心事也就渐渐合流，演变为同一个庄严的任务，即需回答中国的诗学形态究竟是什么。

　　西方的"诗"不单独指"诗歌"，而是涵盖了整个的文学，因而西方文化中的"诗学"并不单指"诗歌之学"，而是与"文学理论""文学批评"相当。按照西方的标准，"中国诗学"的称谓就显得不甚妥当。一方面是由于中国没有诗学，有的只是诗话。假如要学西方"替诗的事实寻出理由"[①]，那么就需改弦更辙，指称上不一定再沿袭西方，要将诗学改为"诗教"。另一方面是中国所说的诗通常特指"诗歌"，而不泛指文学，"诗学"虽实至名归，但在中国与其叫"诗学"，不如说"诗教"。故而对"中国诗学道器论"较为稳妥的叫法是"中国诗教道器论"。"诗之为教"在价值方面要高于"诗之为学"，原因是学只需知就可以，它只需停留在单纯知识的掌握上，而教则除了知还需要行，而且若想教能化之，促成知行合一，教者自必能正，他自身及其所教的内容需符合内在的道德要求，而且道德境界是可以不断得到提升的。"诗教"提升人格的最理想手段是把"诗"提高到"经"的地位，这样诗之为教，就更容易发挥它的实践效能，进而影响到社会生活以及文化活动的各个方面。如此一来，中国如果也想拥有一门具有"科学精神和方法"的诗学，就只能是诗教的形态，或者说是实践型的经学形态，除此之外有的多是"西方诗学在中国"而已。在中西文化的大搏杀中，敢于提出中国诗学独立形态的庄严要求，而且能付诸以厚重的理论著作书写，达到如此高度自觉的当代学人，应该更多一些。

[①] 朱光潜：《诗论》，载《朱光潜全集》第3卷，安徽教育出版社1996年版，"抗战版序"第1页。

劳承万理论书写的出发点是一个简单的事实，那就是在中国一句诗或一首诗当中到底都包含些什么东西，究竟具备了怎样的条件，才使其配享着诗的美誉。好的诗句与诗歌大多是"言有尽而意无穷"，即是说伟大的诗人往往能将无穷的意蕴融入美的有限诗行当中，而且诗行中的语言韵律节奏等形式因素的创造性安排，本身也能给人以不尽的韵味。无穷的韵味便是形而上之道，而美的有限诗行就是形而下之器，古人眼中的道从不离器，器也从不离道，形而上与形而下贯通一气。为了使分析有序推进，劳承万著作的上篇触及诗的"道论"，任务是追寻传统文化的"诗性"品格，包括文化中的诗性源头与诗性本体；而其下篇则谈及诗的"器论"，内容是具体诗行中的节奏韵律等，侧重于实际的操作层面的理论归纳与反思，其论著形而上与形而下前后相互照应，构成一个带有逻辑自洽性的严密体系。其问题论证最要紧的地方，是形而上之道与形而下之器之间的呼应渗透，《尚书·尧典》就主张以"诗言志"通达"神人以和"来"教胄子"，《礼记》也认为"六经皆教"，"诗教"就是促成上下连通、道器浑然的关键所在。"诗教"成功的要害是心性的变动。

上古三代中国人漫长的求生活动，使得奠基于其上的中国文化走上了一条异于西方的心性路向。儒、道、禅三家思想旨趣不同，心性指向也不相同，儒家是求得仁心，道家向往静心，而禅家则渴慕空心，但其心性根系却是惊人的相同。文化根系相同，心性表现各异，儒、道、禅三家各有其道，亦各妙其道。禅家是"挑水砍柴，无非妙道"，儒家则是"事父事君无非妙道"，道家是"心斋坐忘，无非妙道"①，三家都是从"挑水砍柴""事父事君""心斋坐忘"等具体有限有形的事项出发，去体验领悟那抽象无限无形的"道"（体），他们都是形上诗性智慧的现实运用。哲学与诗歌不分。哲学的形而上之道可以浸润在诗歌里。诗歌有限的语言与演变，以及语言变化的节奏韵律，属于诗歌里的形而下操作层面。大诗人的过人之处，便是通过有限的语言，以及语言的节奏韵律之微妙变化，表达形而上的心性之道，表达仁心、静心、空心等不同的心性内容，诗句也就变得韵味无穷了。诗句与中国文化的特点，就处于统一的状态之中。

---

① 劳承万：《中国诗学道器论》，安徽教育出版社2010年版，第30页。

成双成对才是最完满的结构，因而中国人对诗句的对偶性与对子情有独钟。刘勰就说"偶句易安，奇字难适"。中国成语是四字句。中国诗行的母型结构，便是四言句式。"中国诗行结构的发端确是四言结构，并具有深层的原型作用。这是偶性组合原则的一种优势。"① 中国诗行美的形态有三，一是整齐美，二是抑扬美，三是回环美。整齐美是指诗行之间的对偶对仗，以及诗句中汉字构造的特定结构，如七律八行，56个字，七绝减半；五律八行，40个字，五绝也减半等等诸如此类的情形。诗句内部的平仄相间，诗行之间的平仄相对、上下相粘，体现出声音变化起伏的抑扬美。回环美是指诗行之间的押韵现象，一般习惯是逢双必韵。形式如此，内容亦然。诗句中还存在着时空对偶性的描写现象，如李白诗句"朝（时）辞白帝彩云间（空），千里（空）江陵一日（时）还"，杜甫诗句"乾坤万里眼（空），时序百年心（时）"、"门泊东吴万里船（空），窗含西岭千秋雪（时）"，如此等等。山水田园诗有山与水并置。诗行中的偶性与对子意识，有着深远的哲学文化伏根。中国的哲学文化观念独钟情于二元非对立的互补性结构。儒家说"立天之道曰阴与阳，立地之道曰柔与刚，立人之道曰仁与义"，道家也有黑与白、有与无、雌与雄、天与地、日与月、善与恶、美与丑等对偶性的说辞。儒家与道家相互之间也是对立互补的，它们一入世一出世、一进一退、一往一返、一日出一日落、一白天一黑夜、一春夏一秋冬、一肯定一否定、一积极一消极、一现实一理想、一社会一自然、一热一冷、一阳一阴、一刚一柔，凡此种种，不一而足。儒道对立与互补，不分主次，不分先后。这里需顺便指出的是，前贤如熊十力、牟宗三、徐复观、李泽厚等，他们都坚持儒家主线论，劳承万对此不敢苟同。而他认为如此的对立互补观念渗透进诗行里，便出现了中国诗行中偶性与对子的遍地开花。诗不只是文学，而是中国人的生活。道不离器，体用一如，显微无间，形上与形下未分，有限与无限浑然，哲学与诗统一。中国心性诗教学科形态的独特性，便体现于此，它本身是中国心性乐学学科形态的合理延伸。在独立的美学体系之上，提出中国诗学的独特形态，学界能达到如此高度的自觉，也并不多见。

劳承万的审美中介论，完成于早年，进入晚年后，他更专注于审美形态

---

① 劳承万：《中国诗学道器论》，安徽教育出版社2010年版，第321页。

论的创建，从中介论到形态论，他三论美学的创新格局由此便显露出来。劳承万对三论美学体系的创建，康德的作用不容低估。我们审视康德观念在劳承万美学格局中所发挥的作用，是对其美学创新性的展示与强化，而不是相反。

二 内化康德面貌：审美四契机及其他

创新美学需要特定的方法论做支撑，劳承万坚持发生学与"钥匙"说的交替使用。他的审美中介论和乐学形态论侧重于发生学，辅之以"钥匙"说方法。他的诗教形态论，偏重于"钥匙"说，辅之以发生学方法。马克思在政治经济学的研究中运用了"钥匙"方法论，它的基本意思是："人体解剖对于猴体解剖是一把钥匙。反过来说，低等动物身上表露的高等动物征兆，只有在高等动物本身已被认识之后才能理解。因此，资产阶级经济为古代经济等等提供了钥匙。"① 劳承万选择以康德作为西学的制高点，得益于马克思"钥匙"方法论的深刻启示。有关康德美学的地位，黑格尔就已高屋建瓴地指出，"对于了解艺术美的真实概念，康德的学说确实是一个出发点"。黑格尔想表达的是，康德美学是审美研究的出发点、制高点。劳承万对此表示了高度的认同。他强烈地意识到，美学学科想有所推进，体系创建欲有所突破，康德这一制高点、出发点必是不能被轻易绕过，只有了解并超越他，我们在美学上才能更好地前行，才能有更大的收获。劳承万对此常转引康德专家郑昕的话说，掠过康德，我们只能有坏的美学，超越康德，我们才能有新的美学。他的三论美学体系，便是超越了康德之后所出现的"新的美学"。

由于意识到康德的极端重要性，劳承万对康德的攻研可以说是"咬定青山不放松"。他对康德的融摄、内化集中体现在两个方面，其一是对康德精神实质的准确领会，其二则是在领会之后的创造运用。领会的准确深入是灵活运用的前提，而运用则为领会注入动力，提升领会的层次，彼此相得益彰，相互促进。他不再沿用国内学界的习惯性做法，要么是跟着康德说康德，或者是为了康德而康德，要么是强扭康德意思、强迫康德为自己的言说服务，而是将"我注六经"式的客观了解与"六经注我"式的主观言说很好地结合

---

① ［德］马克思：《政治经济学批判导言》，载《马克思恩格斯选集》第 2 卷，中央编译局编译，人民出版社 2021 年版，第 705 页。

起来，并且有所创新。道理其实很简单，唯有领会准确了，方可运用得当，而创新性的运用，则能摆脱学究气的纠缠。他在这方面的成功探索，足可示后来者以轨则，更足可为中国的康德学树立标杆。

劳承万对康德思想领会的状况，直接见于《康德美学论》一书以及刊发的系列论文上。《康德美学论》虽是多人合著，但其中理解康德的观念与框架，仍是由劳承万提供，而且该书的统稿、超过三分之一的篇幅乃出自他之手，故而此书可以视为他理解康德的重要表现；该书的另一种意图功能，是对康德后续研究人才的培养。劳承万开始研读康德著作，是在20世纪50年代的大学时期，但他发表有关康德学的论文则始于20世纪80年代，他以康德命名的论文有较多的数量，时间跨度也相当的漫长，表明他一直没有中止对康德相关美学问题的钻研。从他所发表的论文与著作来看，他对康德问题的追踪总体上采用了一体化的视角，即把康德思想当成一个有机整体，他指出，没有独立的康德美学，有的只是批判哲学体系建构中的康德美学，哲学与美学在康德那里并没有分开。一体化视角的拥有，是他在治学求得对问题彻底了解的重要表现。他对康德的真切领会与把握涉及方方面面的问题，归纳起来有四个聚焦点：一是判断力，二则是目的论，三是先验论，四是四契机。四者当中他思虑最为深远的，是康德审美四契机理论，他近期强调得最多的，则是康德哲学美学的先验论。

判断力问题很重要。在"第一批判"当中，康德已批判了判断力。在那里康德指出，知识的形成需要恰当的判断力，它能在一般与个别之间建立联系，是灵活性的表现，学校教育对此无能为力。知识形成中的判断力运用虽然极其灵活，但是它有特定的方向规定，因此可以叫作规定判断力。到了"第三批判"，康德再次把目光集中于判断力。"第三批判"中的判断力，不再运用于知识，而只运用于反思活动，就是说当我们面对自然的丰富性，如单一自然物的独一无二的展现，以及自然界整体运行的井然有序，并考虑它们各自原因的时候，我们就会运用到反思判断力。反思判断力是独断的机能，但它确实是康德被逼之中的无奈创造。该机能尽管独断，但它在审美与审目的论的活动中却不可或缺。如此的反思判断机能，绝不是单一的机能，而是一种复合型的机能，它能促进诸机能的协调。在审美判断活动中，启用的主要是情感机能；而在审目的论活动中，则是知性与理性在发挥作用。审美判断具有二向性，面向外在自然及其形式是情感与知性融合，属于外同型；面向内在自由及无形式则是情感与理性融合，是为内同型。判断力内外同型同构，它在微观上融合了各种机能，因而能在宏观上才能促成"第一批判"（自然）向"第二批判"（自由）的过渡，批判哲学体系的建构随之才宣告完成。还由于判断力协调了个别与一般，统一了具体与抽象，使得各机能和谐一致，因而它同样是一种诗性智慧，康德才会说它是一切哲学的入门。

康德的这两类判断力都需面对自然界的丰富与多样，而且它们都得为了自身合理运用的缘故，临时寻找普遍性的法则，显现出了高度的自律。劳承万指出，判断力虽同是自律，但其中稍有不同，规定判断力是为他者而自律；而反省判断力只是为自己而自律，它只是为自己更好地面对自然而自律，就是说为方便起见，临时启用了一个原理，这一原理就是合目的性原理。合目的性原理分为主观与客观两种类型，主观的适用于审美判断，它的目的只是使判断者获得情感的满足；客观的则适用于目的论判断，它的功用是便于我们反思整个的自然界，就是说整个自然允许我们带有目的论地去设想，至于它是否真的如此已无暇顾及。大千世界中只有人才能生起目的，而且这个世界创造的最后目的是人，康德最后走向了道德神学。目的论是康德体系完善最后的统摄力量，康德在哲学上提高人的地位，在这里体现得最为充分彻底。亚里士多德之四因说与马克思的"生产—消费"之目的论作为动力，都深入剖析了目的论问题，故而目的论问题设置使康德与西方哲学的主脉大气贯通起来。康德美学的先验品格与第三契机的重要地位，由此也得到了初步确认。

康德哲学美学中的先验，与普遍性必然性，几乎是同一个意思。康德在"第一批判"当中，并不赞成鲍姆嘉通的美学设计，原因正是在他看来，鲍氏多停留于经验的描述，没有进入先验的层次，因此不能保证学科的普遍适用性。在此后相当长的时间里，康德苦恼于未能找到鉴赏判断的先验原理，因而迟迟未能展开审美批判，直到他发现了合目的性这一先验原理，他才着手进行反思判断力批判。鉴赏判断中合目的原理的运用，保证了康德美学的先验品格，原因是判断活动中从个别上升一般的有效反思，其中情感的愉快或不愉快普遍必然的传达，只有拒绝了与经验的掺杂之后才能做到。康德明确地指出，鉴赏判断中，是判断逻辑上在先，愉快情感在后，唯有如此，方能保证鉴赏的普遍性必然性，这也是对先验立场的坚定维护。劳承万一再声言，康德视野中的知识，虽来源于经验，却又独立于经验。来源于经验说的是，知识的生成得受感性对象的刺激，否则知识将变得空洞；独立于经验则是说，知识的范畴有自动运演的性质，否则知识将陷入黑暗。不独理论理性如此，实践理性也只有拒绝了感性的诱惑，才能使人的行动显露出道德的光芒。劳承万强调先验论，是符合康德的实际，也有其自身的诸多考量。

康德发现判断力与知性相牵连，于是他从事"美的分析"就是按照逻辑学的质、量、关系、模态四个方面去进行，此即通称审美的四个契机。根据康德的基本意思，第一个质的契机，是无厉害而生愉快；第二个量的契机，是无概念而普遍愉快；第三个关系的契机，则是主观形式的合目的性；第四个模态契机，是无概念而必然愉快。劳承万不止一次地指出，如果能把康德审美四契机理论弄通弄透，审美的奥秘也终将得到揭示，足见四契机理论在他心中地位之无比重要。劳承万主要留意其中的四大问题。

首先是一、三契机的地位比较。如果从影响的角度来看，第一契机地位显然最高。中西方学人谈论美学，几乎都把审美与无功利紧密地联系起来，同时也都一致认定，康德是审美无功利原则的制定者；而且康德颠倒了逻辑学量先质后的顺序，表明在他看来，质是审美与非审美第一个分界线。在此意义上，第一契机的地位最高。但从康德与传统文化来看，还是第三契机的地位最高。第三契机涉及合目的性的先验原理，它是康德着手鉴赏判断分析的引发点，而且目的论是其批判哲学体系最后的归结点，带有体系摄牵一发而动全身的效能。亚里士多德的四因说，是最高造物塑型的理论，其中最重要的就有目的因，目的因是造物塑型当中的最高环节。马克思眼中的劳动，是人兽之别的关节点，而人最一般的劳动高于最高明动物的地方，就是人在劳动之前就已经把劳动的全部过程想好，即是说人的大脑存在着一个目的—表象系统。康德第三契机涉及的目的概念，是康德传承西方文化传统的重要表现。此外第三契机同时兼顾了审美的主体与对象，康德在此还区分了纯粹美与依存美，最后把美的理想推给了依存美。综合以上各个方面来看，第三契机的地位最高。在劳承万的论述中，两种情况都曾出现过，他立足于自家的体系建构，最后认定其中的第三契机地位最高。

其次是二、四契机关系的反思。第二契机的普遍性是现象的描述，而第四契机的必然性则是原因追问，康德因而区分了普遍性与必然性，但黑格尔与后来者却将二者合并,中西方都无不如此。合并还是不合并,这是一个问题。劳承万最后是倾向于合并,大概是接受了黑格尔的观点,并与自己的体系构建联系起来。

再次是四个契机中的二律背反现象。为了更好地吸收各方的合理观点,康德喜好将问题的反思上升到二律背反的境地。康德在"第三批判"的上卷结束前,涉及二律背反问题的辩证审视。众所周知的是,在审美四契机中,康德没有直接讨论二律背反问题,但是在劳承万看来,康德在间接上还是潜在地反思了鉴赏判断活动中四种二律背反现象。第一契机的正题是有功利而愉快,反题则是无功利而愉快;第二契机的正题是有概念而普遍愉快,反题则是无概念而普遍愉快;第三契机的正题是客观形式的合目的性,反题则是主观形式的合目的性;第四契机的正题是有概念而必然愉快,反题则是无概念而必然愉快。正题是审美的历史、现实形态,反题则是审美的未来、理想形态,康德的鉴赏判断指向了未来,他以审美的理想超越现实的意图还是非常的明显。康德的价值指针最后尽管指向了后者,但他在最大限度上容忍了历史、现实的存在,康德并没有在一条道上走到黑,但他的若干追随者却不幸走偏斜了。鉴赏判断中"谜样的东西"正体现于此。劳承万从二律背反的眼光来审视康德的审美四契机理论,这是从康德的角度来看康德,是与康德思想的实际相符合,不得不说这是他的重要发现。

最后是四个契机的归摄地位。四个契机大致可以涵盖前面的问题。审美判断的二向性,向外同型是情感—知性协调,向内同型是情感—理性一致,纯粹美对应前者,与后者对应的是依存美。主观形式合目的性,是鉴赏判断的先验原理,毫无疑问体现了康德审美的先验性。面对康德的审美四契机理论,劳承万用力之勤,用思之深,甚为罕见。他之所以能够如此,与他力争在准确、深入地领会之后的美学体系创建不无关联。

劳承万对康德美学的客观、准确的领会,是以审美四契机理论作为转动的轴心,同时旁及判断力、目的论以及先验论。他对康德美学观念的领会,只是他内化康德的一个方面,他的落脚点还是在创新、运用。他能将客观理解与主观建构很好地结合在一起,这是他区别于一些"康德专家"、主观建构者的明显标记。一些"康德专家"只是"为了康德而康德",跟着康德说康德,永远也说不过康德,容易变得沾沾自喜;而一些主观建构者,则对康德进行强制阐释，即迫使康德服从于自己的言说，如此伟大的误解中西方都出现过，有时也能创建美学体系，开辟出新的美学道路，但都是一些"坏的美学"。在准确地理解了康德之后有体系性创造，劳承万在这方面为后人树立了典范。他在深入领会了康德审美实质以后的创新性运用，总体上体现在两个方面：其一是他在审美中介论建构中，中介观念的冶炼与提取，与他对康德判断力的功能性把握有关；其二则是他学科形态论的颖思与创建，与他对康德审美类型划分的领悟不无联系。一言以蔽之，他的三论美学格局的形成，是他对康德同情了解之后的创造。

中介是连接两端的功能，反之能将两端连接起来的功能便是中介。理论与现实可以无缝对接，在中介这里体现得也相当显著。审美活动需在审美主体与审美对象之间建立有效联系，即要考虑从审美对象到审美主体如何生成，联系的有效以及生成的机理无疑都将涉及中介环节。中介既联系到审美对象，又涉及了审美主体，如果能够将中介的秘密揭开，审美活动的秘密也终将揭开。显而易见的是，中介在此是一个极其重要而特殊的环节。劳承万指出，康德同样发现了这一特殊环节。西方近代哲学，是大陆唯理论与英国经验论的论争战场，前者执着于知识的理性、一般性、普遍性不放，因为在他们看来，知识唯有如此才变得可靠；后者则认为知识生成的感性、个别性、具体性更为重要，原因是缺乏这些因素，知识压根就没法形成，而如果形成了，同样也不确实，双方争执不下。康德的目的是平息双方的争论，而超越论争的关键，正是他提供新的中介平台。对此劳承万这样写道："康德清楚地看出了两派的根本对立，也看出了从个别到普遍的根本对立，他用先天的认识能力（'先天综合判断'），也即先验的心理结构，去填充对立两项的鸿沟。"①该新的中介平台便是"先天综合判断"，它是在一般与个别并且是从一般到个别连接的功能。

同是中介平台，先天的反思判断却与此不同。它同样是在一般与个别之间建立起中介联系，但路向已不是从一般到个别，而是相反，从个别到一般。若从个别上升到一般，为了自身的方便，人必需设想这种独断机能的存在，否则自己的情绪将难以得到满足与平复。它之所以能往返于个别与一般之间，

---

① 劳承万：《审美中介论》，上海文艺出版社1986年版，第78页。

乃是因为面向个别是情感与知性融合，这是内同型，而面向一般则是情感与理性融合，这则是外同型。劳承万强调判断力是复合机能而非单一机能，原因刚好是判断力促成了诸多机能的协调。判断力中介性功能的微观解剖，与它的宏观作用存在着惊人的吻合。宏观的作用体现在批判哲学体系的完善。康德的"第一批判"解决的是知识论问题。知识生成的区域，是自然现象界，越过此边界，知识的稳固地基将被捣毁。自然现象界，处处按照规律行事。康德的"第二批判"面对的是道德学问题。道德形成的领域，是自由本体界，超过此边界，道德的牢固根基也将被摧毁。自由本体界，要求着绝对的自由。一边是自然对象，另一边是人的自由，二者能否统一，事关体系完善的大事。反思判断面对自然对象是情感与知性的融合，当面对人的自由世界时，则是情感与理性的融合，它既可以通往自然对象，又可与人的自由联系起来，它左右开弓，来往于自然与自由之间，也来往于"第一批判"与"第二批判"之间，体系的完善靠它才得以完成。劳承万一再指出，德国古典哲学美学解决的总问题是人（自由）与自然的关系，而其美学思考的总体框架也正在此；而康德思考大自然向人生成，则是其问题的导源地。毫无疑问的是，康德只是在审美判断的意义上解决了问题，用黑格尔的话来说，就是只停留在主观的层面。情况不管怎样，先天的反思判断的中介功能已是非常的强大。

反思判断力是联系个别与一般的特殊环节，康德从知识学到审美学等无不赋予判断力以强大的中介功能，这是劳承万创建审美中介论不可忽视的支撑性观念之一。如果说在写作《审美中介论》上卷时，劳承万的如此意识还深藏于内的话，那么到中下卷时已由隐藏变得显在了。情形不管怎样，康德判断力的中介观念是不能从审美中介论中被剥离掉的。那种离开了前人思想铺垫的美学创新是极端不可靠的，充其量只是自欺欺人罢了。

梁启超面对西学的涌入断言，中华固有的学科只有史学，其他学科皆是舶来品。根据梁启超的判断，史学之外的美学与诗学等学科都不是中国历来所固有的学问。中国本有的只是诗话，而无诗学；中国虽也一直从事审美活动，但美学则无。我们在近现代以来在谈的美学、诗学，说得严重一点，便是西方美学、诗学在中国，原因是其立论的观念、体系的构建多移植自西方，我们拥有的只能是西方意义上的美学、诗学。中国有没有属于自己的美学、诗学？如果有的话，它的立论观念、体系建构应是不同于西方的，即是说其学科形态会与西方严格区别开来。劳承万长期思考的结果是，中国传统美学是乐学形态，中西方美学是在一乐字、一美字上分道扬镳；中国传统诗学是诗教形态，中西方诗学是在一教字、一学字上相区分开来，西方只停留于知识性的学，而中国则继续推进到"教"，追求学（知）教（行）合一，价值档位上远高于西方。劳承万如此创新性的学科形态洞见，心术规模之宏大非一般人所能企及。他之所以能够如此，一是为了弥补新儒家的某些不足；二是受康德智慧的启迪，这两个方面经由牟宗三可以统一起来。

面对西学的强势入侵，中国知识精英在 20 世纪二三十年代介入了一场声势浩大的学术论争，各方论争的焦点是中国到底有没有哲学，中国如果有哲学，它的学科形态究竟怎样。新儒家以挖掘、捍卫传统文化价值为神圣的使命，他们以旷古卓绝的努力、辉煌灿烂的成绩证明了，中国不但有自己的哲学，而且其形态不同于西方，它是心性道德形而上形态。哲学是文化反思的最高视点。遗憾的是，新儒家并没有在哲学的基础上继续反思中国美学、诗学的学科形态，至少在牟宗三等人看来，美学、诗学并不是"立人极"的事项，不是他们最迫切要解决的问题。在新儒家止步的地方，需要开启新的思想航程，新儒家留下的遗憾，需要得到及时的补足。新儒家的代表性人物牟宗三，其一生重大的成就之一，便是仅凭一人之力通译康德"三大批判"，而且分别以专著的形式穷力达到对"三大批判"的消融、超越。不过他对康德的第三批判，只留下讲演记录，以及批判长文，并没有像对前两大批判那样，有专门的融通著作。然而劳承万通过他的讲演与长文，窥见到了他的意绪。劳承万发现，牟宗三对康德美学的理解有其值得借鉴的地方。康德是在真、善、美分别的意义上来谈论美学，而如此层面上的真、善、美，都无法去掉各自的有形性，即真有真相、善有善相、美有美相。在牟宗三看来，在分别的意义上，美无法完成对真与善的沟通，应以贯通取代沟通，或者说应以中国的文化智慧取代康德置身的西方文化方向，即是说应以无相原则替代合目的性原则，这样真就无真相、善无善相、美无美相，一切都平平如也，真、善、美也就贯通无碍，此可称为合一说。要而言之，牟宗三是以中国的合一说取代了康德的分别说。牟宗三的如此说明，无疑是一种重要的提示，他想提示的恰是，中国的美学形态不同于西方。而合一说的具体面貌如何，中国美学形态的独特性又在哪里，需要进一步的理析。由于时间与精力的限制，牟宗三并没有在此问题上继续探索，继续探索的艰巨任务便落在了"边缘人"劳承万的肩上。

相比于牟宗三，劳承万对美学以及康德美学有着长期的思虑。劳承万在研究中指出，康德建构了两种美学形态，一种是知识论的美学，另一种是道德论美学；前者是康德对西方传统的继承，后者是康德对西方传统的突破；突破了西方传统的道德论美学，是康德的独创，这在西方难以找到知音，但为中国创建自身的美学形态提供了强有力的暗示。劳承万对此有多次的交代："西方认识论美学，发展至康德之先验哲学，则发生了逆转。康德把美分成两类，一是自在美（认识论之形式美），一是依存美（美是道德的象征）。后者则从西方认识论美学中独立出来了。它归属于宇宙大系统中之'人是目的'的'人律'指向（'头上灿烂的星空'，是康德探索的'自然律'；'道德律在我心中'，是康德追求的'人律'。康德先验哲学体系，是由此两大律构成）。康德第三批判，最后归结于如下环节与系列：大自然无所谓'目的'——只有'人'才有目的（人是这个世界的最后目的）——道德目的论（人之所以为人，以及人之所以为'应该'的人，全在道德人格上）——道德神学（神学，非基督教之上帝，而是指'全知、全能、通在'之道德理性，它普遍地立法，绝对地立法，成为一种'绝对律令'，没有什么'道理'可说），故首先神学亦可以成为人之审美立法，康德依'道德目的论'，判定此命题为：'美是道德的象征'，把人类之审美活动纳入人类'道德人格'之建构活动中。"① 康德反思审美四契机理论中的第三契机，涉及到了审美类型的划分，他将美分为自在美与依存美两种类型，前者是涉及形式的认识论美学，其向外是情感与知性的融合，它属于西方的传统美学；后者则是牵连了无形式的道德论美学，即康德所说的美是道德的象征，其向内是情感与理性的融合，它独立于西方传统，显然是康德的创造。劳承万突出了后者的深刻意蕴。依存美意蕴的深刻性，除了体现在康德美学自身，还可以体现在美学学科创建的重要提示上，因此劳承万"坚信康德'美是道德的象征'，并不是一句偶然而说的一般道德箴言，而是美学学科新形态的呈现。其对中国古代心性美学形态（融合于中国古代道德形而上哲学体系中）的厘析与重构，具有'同

---

① 劳承万：《中国古代美学（乐学）形态论》，中国社会科学出版社2010年版，第17页。

构'性的参考意义。"① 可见"厘析与重构""中国古代心性美学形态",康德"美是道德的象征"作为"美学学科新形态的呈现","具有'同构'性的参考意义",其重要性乃毋庸置疑。"厘析与重构""中国古代心性美学形态",是劳承万超越康德美学的重要实绩与表现。

就劳承万的主观意图而言,中国传统诗学形态建构只是他反思中国心性美学形态的"副产品"而已。然而,由于中国文化与社会生活是以诗性标识着自身的独特性,诗有着极端的重要性,因此与其相应的学科形态构建,重要性与必要性自不待言。遗憾的是,中国向来只有诗话,而没有西方式的诗学,要想使诗话变诗学,其观念与体系的转换势在必行。中国"诗学"的总纲领是《尚书·尧典》"诗言志"说。它说得很清楚,落脚点是"教胄子",而不是"诗之为学"。过去人们受朱自清等人的影响,多只停留在"诗"本身,而没有注意到"教"的目的。"诗之为教"的目标,是培养中和人格,通达"神人以和"境地。如此一来,"诗之为教"便与中国心性哲学联系了起来,康德学说与此可以贯通一体。劳承万指出,康德创建了先验哲学,而"先验哲学的根本特征是康德自己所归结的:既来源于经验(感性世界),但又独立于经验(先验世界)";康德的先验哲学还可体现在道德学上,其体系中"实践理性"的地位远在"纯粹理性"之上,"实践理性"想成就道德事实,需斩断与经验的一切纠缠;"康德哲学体系,在第三批判中,以道德目的论—道德神学(全知、全能、遍在),作了完满之结束——'一览众山小',把人类的本能(感性)—知性—理性—道德·自由意志……全都被统辖起来了",其先验品格同样明显。② 先验在此与心灵的独立、自发几乎是同一个意思。康德的先验哲学与中国的心性哲学具有一致的价值意味,如此的贯通一气,为劳承万创建中国诗学形态提供了强有力的支撑与保障。从中我们看到一个事实,那就是从中介论到形态论,康德学说的功能在逐渐弱化。

三 康德学说功能:从坐标图到参照系

康德学说有着巨大的魅力,一旦染指知味终将不离不弃。劳承万从大学

---

① 劳承万:《中国古代美学(乐学)形态论》,中国社会科学出版社2010年版,第18页。
② 劳承万:《中国诗学道器论》,安徽教育出版社2010年版,第6—7页。

时代起便一头钻进康德的世界，试图以康德的思想来安慰自己受伤的灵魂。他几十年如一日的严格作息时间也形同康德，他内化着康德的言与行，致使周围的人都尊称他为"劳康德"。劳承万对康德思想的内化，突出地表现在他追求理解与运用的统一上，就是他对康德深入、准确的理解是服务于他合理、灵活的运用，而他有时为了运用的有效、便捷，愿意将康德学说的某些方面进一步凸显出来。劳承万不只内化康德于心，还将其外化于学，即在实际的学术研究中，他让康德参与到自家的美学建构中来。从整体上来看，康德在劳承万学说中所发挥的作用，经历了从坐标图到参照系的转变，康德的功能也从有形转向无形，具体说来是早期的审美中介论实以康德美学作为坐标图；而到美学、诗学形态论，则只是以康德作为参照系，这也是他领悟康德、创建美学最后要到达的逻辑环节。

黑格尔是德国古典美学的集大成者，他深刻领会了康德的精神实质以后说道："对于了解艺术美的真实概念，康德的学说是一个出发点。"劳承万对此如前述表示出高度的认同，他在《审美中介论》的开篇便明确指出，康德美学是审美研究的"出发点""最高成就"，"后来任何有价值的美学体系的建立，都离不开这个'最高成就'"。[①] 他想表达的大致意思是，首先黑格尔的美学体系就离不开这个"出发点""最高成就"，而他自己建构的"审美中介论"体系，同样也不能例外。劳承万至少在创建"审美中介论"体系时，是以康德美学作为"出发点"，这也是他长期钻研康德的创新性收获。

在劳承万看来，"康德审美理论的关键处"是"从表象看出什么来"。"康德用'审美表象'作为核心，既联系于主体，又联系于客体。因此，从康德的审美判断中，可以看出一般审美过程及其基本环节，即包括这样的三项：〈1〉表象联系于客体方面——但不是对一个对象的'认识'，而是'感知'对象的'合目的性的形式'（第三契机）；〈2〉表象联系于主体方面——但不是获得概念的普遍性、绝对理念等，而是'情感'方面的'主观普遍性'（第二契机），和知性与想象力的协调运动，或人类的'共通感'等等（第四契机）；〈3〉表象本身（第一契机）——'不是系于这事物的存在……人必须完全不对这事物的存在存有偏爱'，'它（表象）对一个对象的存在是淡漠

---

① 劳承万：《审美中介论》，上海文艺出版社1986年版，第3页。

的，只把它的性质和快感及不快感结合起来'，它是一种'无利害观念'。"劳承万对于这三项，进一步归纳后指出，表象联系于客体方面的第一项，可以叫作"审美感知"；表象联系于主体方面的第二项，可叫作审美主体论，或美感系统论；而表象自身的第三项，则可叫作审美表象论。"如果按照审美活动的过程来排列顺序，那么第二、三两项要互换位置，'审美表象'论在先，'审美主体'论（'美感系统'论）在后。"于是"审美顺序"可按"审美感知——审美表象——审美主体（美感系统）"排列。① 这些都是审美活动中必不可少的中介环节。

康德将表象分为两种类型：一种是逻辑的，另一种是审美的。逻辑的表象面向客体对象，目的是把握对象的规律性，当中不允许存在主观性。审美的表象则与此不同，它的目的是求得主体的情感满足，因此允许主观性的存在。审美表象最明显的特点便是鼓励审美主体从"表象中看出什么来"，而该表象首先是对象的表象，它同样与客体相牵连。从中不难看出的是，审美表象虽往复于主体与客体之间，但最后却走向了主体性。审美表象最后表征的主体性是"康德审美理论的关键处"。康德美学中，审美表象在开始便不同于逻辑表象，它是审美区别于知识的要害，于是处于核心的地位。最后的主体性是审美表象的存在特点，而核心性则是它承担的功能。看到了审美表象往复于主体与客体之间，最终走向了主体性，而且还处于核心性的地位，劳承万对审美活动过程的分析是有意围绕着审美表象展开的。

当中还容易看出的是，劳承万围绕审美表象所进行的分析是以康德审美四契机理论作为转动的轴心。"一般审美过程及其基本环节"，所包括的"三项"都与康德审美四个契机相关。第一项是表象联系于客体。在康德审美四个契机当中，既与主体相连，同时又面向客体者，是第三契机——主观形式的合目的性。面对客体合目的性的形式，鉴赏者要做的就是主观的"感知"。而对客体形式而不是内容进行感知，是审美活动当中的首要环节，道理其实很简单，如果没有对形式的感知，感知就不会是审美的，而审美主体获得的情感满足，也将无从谈起。第二项是表象联系于主体。联系于主体的表象，将使审美者获得极大的情感满足。该情感虽是主体的个别的，却要求着普遍

---

① 劳承万：《审美中介论》，上海文艺出版社1986年版，第5—6页。

的传达，即该情感具有了"主观普遍性"。无概念而普遍愉快是康德审美第二契机的内容。情感为何能够如此，深层的原因是审美者拥有共同的审美心理结构，即康德所说的"共通感"。正因如此，我判定一个对象为美，获得了愉悦感，你也必然如此，就是说我有权提出你也赞同的要求，而且这种要求不算过分。康德审美第四契机的内容，便是无概念而必然愉快。康德的第二、第四契机所涉及的内容是美感系统论或结构论。第三项是审美表象本身。它虽介于客体于主体之间，却只对客体的形式而不是内容（存在）感兴趣，它所要求的只是获得快感或不快感，而不是求得客观性的知识。说得简单一点就是，在审美表象中获得的愉快不涉及对象的实际内容，因此将与功利不发生联系。康德审美第一契机，其内容便是无功利而生愉快。由于审美表象是介于客体与主体之间，而美感系统的生成是审美活动的最后环节，因此第二、第三项的位置应该互换，即审美表象先于美感系统生成。大致的顺序应该是，首先是审美主体面对客体获得了具体的审美感知，这从第三契机可以看出；接着是审美活动中的审美感知，形成了生动的与功利无关的审美表象，可以无功利而生愉快，这是第一契机的内容；而表象与感知的融合则使得主体获得了美感定型，美感虽是个别、具体的，却能够普遍、必然地传达，而这是第二、第四契机的内容。如此看来，一般审美活动过程所包括的三项，其实已经潜藏在康德审美的四个契机当中；反过来也可以说，康德审美四个契机的创造性展开，就是审美活动中的三项，或说是三个基本的中介环节。康德审美四契机理论的潜藏与展开，构成了良性循环的动态系统。

简言之，在康德审美的四个契机当中，内敛着审美过程的各个环节，它们首先是审美感知，接着是审美表象，最后是美感定型。如此的认识与厘定，给劳承万的审美中介反思奠定了牢固的思想基础。劳承万的"审美中介概论"的论述基本顺序、框架便是按照这三项来推进，他先是说"审美感知论"，他书中所说的"一审美态度""二审美感知觉""三审美感觉论"三个部分，可统一归入"审美感知论"部分；再是谈"审美表象论"；最后是论"美感系统论"。理论的反思归纳与实际的审美过程在此是相吻合的，这是对康德观念创新性运用的结果。在"审美中介概论"一章，所占《审美中介论》一书的篇幅已超过了一半，足见它的分量，也足见康德的分量,由此才能更好地理解,为什么康德美学是审美研究的出发点,同样也是审美中介论的出发点。

在"审美中介概论"部分,论述的顺序、框架只是属于形式。康德对它的深刻影响,除了体现在形式处,还可以从内容上见出。审美中介论以及其中的概论表现出来的亮丽特点便是出现了生理学、心理学、哲学等多学科齐头并进的论证态势。劳承万在论证过程中,紧紧围绕着审美中介,吸纳了多学科的最新成果,美学综合性的学科特点在他这里表现得很是充分。他对各学科新成果有目的性地创新性融摄,是以康德为中心辐射开去,原因是这些新成果的生成多少与各家对康德思想的吸收发生着非常密切的联系。

劳承万在哲学方法论上,是以马克思为最高视点。马克思给审美活动的主体性注入了实践、唯物的动态性因素,这是对康德美学强有力的补充、完善。马克思是德国古典美学的合法继承人。马克思在"巴黎手稿"中,对异化劳动、人性分裂进行了严厉批判,指出对一般劳动、完满人性的热烈渴望,该思想的出发点在很大程度上也是康德。马克思将康德哲学的最高视点——自由贯彻在现实的劳动当中,并认为理想的劳动应该是自由自在的,而资本主义社会当中的异化劳动则是对自由的残酷剥夺,与理想的劳动背道而驰。异化使人性分裂,人性的分裂需要得到弥合。在康德那里,审美是认识机能的和谐,人性的完满与圆融在审美中成了现实。受康德观念影响,席勒同样认为,游戏与审美一样弥合了分裂的人性,在游戏与审美当中,感性冲动与理性冲动得到了有效的平复。马克思则不无深刻地指出,在未来的共产主义社会中,"历史之谜"终将得到解答,最终将促成整体人格的出现,只有在那里,人性将不再出现分裂。马克思还以"在生产中,人客体化,在人中,物主体化"的主体客体在生产劳动中的互逆结构等,扬弃了康德大自然在反思判断中向人生成的巨系统。扬弃的事实告诉我们,是康德首先提出了人与自然关系的重大问题,马克思虽只是提供了现实的解决方案,但影响同样巨大。相传马克思为《新亚美利加百科全书目录》写了"美学"条目。马克思是在大脑三分结构的意义上来给美学下定义的:"最可靠的心理学家们都承认,人类的天性可以分作认识、行为和感情,或是理智、意志和感受三种功能,与这三种功能相对应的是真、善、美的观念。美这门学科和感受的关系正如逻辑和理智,伦理学和意志的关系一样。逻辑学(在它通常的意义下)确定思想的法则，伦理学确定意志的法则，美学则确定感受的法则。"① 大脑知、情、意三分结构，虽首先不是由康德提出，但康德通过"三大批判"，对其进行了那样深的勘探，乃是前无古人，倒是确切无疑的。以马克思哲学作为最高视点，使劳承万取得了以"人体"解剖审视"猴体"的便捷，如此较为妥当的选择，为他以康德为中心，吸收其他学科思想，进行审美理论创新，提供了非常有利的条件。

劳承万清楚地知道，西方从19世纪中后期以来，美学形而上的哲学反思，已经让位给心理、生理的实证剖析，与此相应，本质论已让位给了美感论。随着心理学研究不断的开疆拓土、一路凯歌，破解美感之谜成为美学研究当中迫切需要得到解决的问题。美感在总体上看，是一个具有动态性、复杂性的系统。审美中介的形成使得美感首先表现为一个系统。从刺激（S）到反应（R），有无中介（O），中介的复杂与否（AT、符号），是人兽分别的边界，以及人文明化程度的标志。A是个体同化，T是同化图式；同化（A）依据图式（T）来进行，同化（A）的结果，积淀在图式（T）上；AT彼此相互促进，构成一个动态的开放系统。发现AT结构，是皮亚杰"建构学说"的重要成就所在。皮亚杰是康德主义者，他的先验图式观念本源于康德先验论，而发现符号的第三环节，是新康德主义者卡西尔的突出贡献。新康德主义的特点是停留在康德认识论的"形式"，将"形式"转换为"符号"，这也深刻地影响了卡西尔的美国女弟子苏珊·朗格。美的情感虽属个体，但艺术却传达出了集体的情感；美的基本幻象（幻觉）使人获得了自主性，朗格诸如此类的观点，导源地都在康德那里。鲍桑葵的审美表象论，除了直接来源于克罗齐，还来源于康德的审美表象理论。劳承万指出，康德的审美表象自身，联系于主体方面，表现为与共通感的关系；联系于客体方面，表现为与形式的关系，前者是"内同型"，后者是"外同型"，内与外的同型同构，在微观上完成了"第一批判"到"第二批判"的过渡。发现同型同构、异质同构关系是格式塔心理学的卓越贡献。从某种意义上说，格式塔心理学是对康德美学的实证研究。美感作为系统，还可以从美感结构上看出。审美心理结构由感觉、想象、情感、理解四种能力构成，它由朱光潜最先总结，后来由

---

① 转引自劳承万《审美中介论》，上海文艺出版社1986年版，第138页。

李泽厚综合，演变为流传甚广的美感四因素说。康德"美是认识机能和谐"的命题，成为美感四因素说生成的重要思想资源。美感的复杂系统是心理的特例，除了心理证明，美感还可以由生理实证，它实际上是由生理能转化心理能。根据麦克莱恩的看法，人脑是三位一体结构。人脑结构一分为三：爬虫复合体、边缘系统、新皮质，三个部分合而为一、协调运转。爬虫复合体是规范人的行为（意）；边缘系统，与人的情感情绪相关（情）；大脑皮质"是人类理智的伟大象征"（知）。① 可见，康德的"三大批判"所极力反思的知、情、意机能，同样有着生理学上的久远伏根，批判哲学的抽象思辨是奠基在人的生物机体之上，并非空穴来风。可以这样说，劳承万对审美中介的心理、生理证明，所征引的各种新理论、新观点，曲曲折折地都与康德思想发生联系。

在形式上，劳承万通过对康德审美四契机理论的创新性反思，有序地确证了审美过程审美感知、审美表象、审美主体（美感系统）三个基本的中介环节，而它牢固的思想根基便是康德的审美四契机理论，思想根基与理论展开二者，处于相互激荡、参证、强化的奇特位置上。在内容上，劳承万为完成"审美中介概论"主脑问题的阐释而广泛吸收、征引诸多的前沿理论、观点，从最高哲学视点的有意选择，到心理学、生理学的手到擒来，或深或浅地都与康德的思想观念发生着这样那样的联系。从形式安排到内容铺陈，劳承万的审美中介论都是以康德作为"出发点"。审美中介论是以康德为根，开出的繁花似锦。劳承万援引郑昕的话不止一次地说过，掠过康德，我们只能有坏的美学，超越康德，我们才能有新的美学。如果说劳承万的审美中介论是以康德为坐标图的创造的话，那么他的美学、诗学形态论则是以康德为参照系，并竭力超越康德，努力建构出中国自己的美学、诗学体系。无论是中介论的异军突起，还是形态论的披荆斩棘，都留下了拓荒者的不俗身影。在形态论建构中，康德功能的弱化换来了传统理论体系的凤凰涅槃。

劳承万创建学科形态以康德作为参照系，集中体现在整体、局部两个方面。整体上说的是，康德对西方美学的突破在西方难以找到知音，而只有放置在中国传统文化语境，才能看得更清楚透彻；我们可以在康德天才的颖悟、

---

① 劳承万：《审美中介论》，上海文艺出版社1986年版，第229—230页。

西方人没法理解的地方，百尺竿头、更进一步，建构出既超越康德又超越西方的美学、诗学形态；这样已经没有跟着康德说康德，而是站在康德之外、之上说康德，康德在学科建构中的作用，只是充当参照物而已。局部上说的则是，劳承万在转换美学、诗学体系的具体论述当中，在个别问题的反思上，强烈感觉到传统与康德在"思"上的贯通；以康德对某些问题的思虑，来看待相应的传统美学、诗学问题，将会变得更加清晰、明了，康德所苦心思虑的某些问题，随之也会显得更为清楚、明白；这样康德在他美学、诗学体系创建中的作用，就由一般转变为个别，康德的参照作用也只能体现在局部上了。整体与局部的作用虽都存在，但劳承万以体系性论证消融康德的目的与实绩均已显露出来。

西方美学的传统，是认识论美学。康德同样受此传统影响。康德在"美的分析"中为找到情感的逻辑，将混乱无序的情感引上了清晰的逻辑通道，便是强有力的明证。康德敢于突破传统。他在西方认识论美学传统之外，还开创了另外一番美学天地，他将审美与道德紧密地联系起来，天才地开拓出异于传统的道德形而上美学领地。康德区分了纯粹美与依存美，前者与形式—知性相关，后者关乎无形式—德性，两者都存在着合法性，但康德还是把美的理想推给了依存美，指出浸润了德性的人体是美的理想所在。在康德那里，与德性修养相关的崇高，其价值就在优美之上。康德的"反思判断力批判"包括了美学与目的论两大部分，康德以先验的道德理性为一切立法，也为审美立法，审美与道德也就必然发生了密切的联系，康德于是说美是道德的象征。美是道德的象征，不是随便的道德箴言，而是一种新的美学形态。"在康德那里，是'自由意志－道德律令'之道德，其背后还依托着先验理性的三大设准"，因而康德所理解的道德，是先验理性的道德。[①] 西方人没法理解这种道德，也就无法理解德性形态的美学，而如果回到中国传统文化语境，理解起来却并不困难。

诚然，中国心性哲学中所理解的道德至少包含两层意思。其一是血缘意义上的道德。它与情感相关，追求天命与心性相贯通。其二是理性意义上的道德。它与感性无涉，向往人格的绝对独立，扩大开去，便是文化的独立。

---

① 劳承万：《中国古代美学（乐学）形态论》，中国社会科学出版社2010年版，第276页。

显然，对于第一层含义，康德的视域中没有；而第二层含义与康德所理解的道德相近。问题复杂的地方首先是，对于血缘意义上的道德，康德固然不能接受，但象征了道德之美，却能引起人的情感反应，浸润了德性的身体，同样与肉身紧密相连，倒也是确切无疑的；而且，天命与心性相贯通，同样能通达形而上的境界。问题复杂的地方其次是，理性意义上的道德虽与感性不相关，但康德眼中的纯粹美却无疑能使人变得独立，而他眼中的崇高，同样开启着人们对自由的展望；而且，人格独立是成就道德的前提。因而，我们可以这样说，中国的心性哲学带有康德美学的明显特点，而康德所说的"美是道德的象征"可以通往中国的心性哲学，劳承万就不止一次地指出，中国的美学、诗学就是心性哲学，它的阈限比传统西方要深远广阔得多。劳承万对两种道德含义的取舍自是不同。他在行动上、文化追求上向第二层含义逼近，而在美学、诗学形态论证上则向第一层含义靠近。就美学、诗学形态而言，需要进一步指出的是，劳承万对中国心性文化的有序进驻，带有全息性，不只限于儒家，而且他对通行的传统文化儒家或道家主线论并没有人云亦云。他指出，中国如果有自己的美学、诗学，其形态必与其心性哲学文化相适应，是一种心性形态的美学、诗学。回到中国传统，一般不说外形之美，而是说心性之乐，儒家是五伦文化中的人乐，道家则是逍遥游中的天乐。中国向来不只是以诗为学，而是以诗为教，用诗教化出理想的人格，在儒家是成圣人，在道家是成真人，在佛家则是成佛陀。在劳承万看来，心性乐学与诗教都能自成一体系，它们是中国文化根系上生长出来的繁茂枝叶，是置身异域中的康德所不曾梦想得到的。劳承万在整体上初以康德作为参照，于终却已经消融了康德，美学、诗学体系建构变得更加自由、开放。

他局部上参照康德，集中体现在他对个别问题的论述，喜欢与康德做比对。劳承万指出："如果要真正参考西方美学来梳理、厘定出中国的美学形态，除了那个'美是道德的象征'的学科形态之外，就只有这四个契机最具有参考价值了。""学科形态"是整体着眼，"四个契机"即康德审美四个契机，则是局部切入，二者虽有整体与局部之别，但使康德归于"参考"之列却又是相通的。根据劳承万，康德审美的第一契机说无功利，而"中国心性哲学中的道德形上世界，即是如此"，它同样也斩断了与功利的纠缠。第二、第四契机说的是审美"无概念而又普遍、必然地愉快","若以中国文化观念之解释很简单,那就是'人同此心,心同此理。'钱穆先生说,'中国的学问,就是追求人与人相处,心与心相通。'所谓'礼辨异,乐统同','同'一旦'乐'化,即是此类'普遍性/必然性'。"彼此的对应性同样存在。第三契机则说审美是主观形式的合目的性,"这种'对象形式'与主体'人是目的－道德目的'的至高至善系统之选择性、融摄性大有关系",故而也需转向道德。① 中国心性美学、诗学不但与康德四个契机有其对应性,而且还可以消融它。劳承万对此这样写道:"中国心性论乐学,所建构之要点是(1)礼乐文化'圣心'论,(2)礼乐心性宇宙论,(3)礼乐心性'德－理'论,(4)礼乐精神生命论(心血/心性一体化)。由此看来,康德之第二、四契机已完全消融于第一、第二点;其第一契机,则在心性论'乐学'中之'乐'字已全部消解;其第三契机,则在礼乐生命之'气血－心性义理'论,亦足以包摄('目的'就在人之生命自身,或心性血缘链条中)。"② 简单来说就是,中国心性乐学中的"乐"可以消解康德的第一契机;康德的第二、第四契机所谈的普遍性、必然性,可以消融于乐学体系中的"圣心"论、宇宙论;"礼乐生命之'气血－心性之义理'论",可以涵盖康德第三契机的"目的"观念。

不独心性论乐学如此,行为指向的教化型诗学创建,劳承万也不乏对康德观念的对比、消融阐释,不过相对于前者,后者则相对显得稀少。区分了现象界与本体界,这是康德哲学反思达到彻底性的标志,叔本华就说过,这也是康德哲学的伟大贡献。在康德那里,由于人没有智的直觉,而上帝才有,因而现象界可知,本体界只可思,而不可知。回到中国的心性文化(乐的文化、审美文化),康德的问题比较容易得到理解。老庄哲学关于"知之"与"不知"的划分,与康德哲学现象界与本体界的区分大致相当。两相比较而言,老庄对"不知之知"有着更深刻的领悟,对此也更加地推崇备至:"不知深矣,知之浅矣","熟知不知之知"。而要进入并体会到"不知之知"的"深矣",主体则需要心斋、坐忘等"归根曰静"的工夫、体验。③ 其实中国

---

① 劳承万:《中国古代美学(乐学)形态论》,中国社会科学出版社2010年版,第48页。
② 劳承万:《中国古代美学(乐学)形态论》,中国社会科学出版社2010年版,第182页。
③ 劳承万:《中国诗学道器论》,安徽教育出版社2010年版,第146页。

儒、道、释三种心性哲学观念都相信智的直觉，即相信人通过努力可以具备这种统一有限与无限的能力，而且理想诗行中所展现的便是有限与无限的贯通。"中国心性文化体系中之心性哲学观念，极易把有限推向无限，又极易把无限凝缩为有限，中国人的这种'有限－无限'互逆往返意识功能，是西方哲人，哪怕是康德（西方哲学之最高圣者），所不敢想像的。"①"'有限－无限'互逆往返"，即中国教化型诗学道器圆融一体的面相展现。形而上与形而下未分的中国教化型、经学型诗学，于局部同样也可以消融康德现象界与本体界的二分观念。

正如劳承万援引黑格尔的话所说的那样，康德美学是审美研究的出发点，但后来者不能只在出发点上止步不前，毕竟康德至少还存在着"主观性"的缺陷，唯有克服掉康德美学主观性的不足，美学才能取得真正的发展。劳承万的审美中介论，虽从形式到内容，以康德作为出发点，即是说以康德为坐标图，但他在长期的凝神沉思中，以马克思作为方法论上的制高点，同时融入了诸多发展了康德学说的新观念、新知识，取得的创新性突破倒也是不容抹杀的事实。他创建审美中介论以康德为出发点、坐标图，只是显示出他投石问路的谨慎、冷静，其背后深埋着咀嚼不尽的意蕴、岩浆奔涌的激情，是不太容易为人所能察觉得到。劳承万的审美形态论，虽从整体到局部以康德作为参照系，但在他长期的孤心颖思中，以中国美学、诗学体系建构作为转动轴心所开辟出来的学术新领域、所标画出来的学术新方向，是应该得到充分肯定的。他创建审美形态论，论证过程浸润着滚烫的慈母心，其中不乏四射的激情火光，其背后深藏着的冷静思索、高远目光，同样也不太容易为人所体会得到。中介论的表冷内热，形态论的外热内冷，是语境的变迁导致了差异，其救赎的志向实是相似，在这里我们能观察到康德美学所能发挥的当代效应。

四　康德美学效应：个人与文化双救赎

劳承万的三论美学，之所以带有创新品格，多少与他对体制的疏离有关。他在高龄退休以后，常挂在嘴边的话便是，退休才是学问的开始。原因是退

---

① 劳承万：《中国诗学道器论》，安徽教育出版社2010年版，第35页。

休以后有好的身体条件，有充足的时间保障，更容易摆脱来自体制的人事纠缠，学人相对变得独立自由，学术反思才能无拘无束，如此是学问的最佳状态，最有利于著书立说，而对于有不屈的创新性冲动的大脑来说，更是如此。他创建乐学、诗教形态论，便是在他退休、摆脱体制束缚以后完成的。在退休以前，相对比较长的时间里，他只管著书，很少立说。从表面上来看，他的审美中介论是在青壮年时期完成，是在退休之前，但值得注意的是，他酝酿、书写审美中介论是利用业余的时间，是他置身边缘、逆向求生的收获，几乎不受体制的干扰与束缚。康德生活的哥尼斯堡，就不是德国、欧洲的中心。真正有生命力的创新学术是一种边缘的学术、在野的学术。劳承万以康德为出发点，创建的三论美学，前后跨越几十年的时间，产生了由近及远、个体与文化兼及的辐射效应，已显"在野之学"区别于"朝市之学"的性质。

劳承万在20世纪90年代，曾担任湛江师院中文系主任，他的学术光芒形成了强力的学术辐射、聚敛作用。一班青年才俊，不远千里，汇聚湛江。康德素有鬼门关之称，但在劳承万的远见卓识、影响带动下，他身边的一些年轻人不畏艰辛，抱着冶炼纯粹学术心态、锻炼严谨学术思维的目的，毅然向康德这座鬼门关挺进。他们当中的一些人，自觉逼近康德领地，并以其作为学问根基，融通中西，加上自己的天分与勤奋，已经生产出颇丰的成果，产生了重大的学术影响，刘士林教授便是杰出代表；他们当中还有一些人专门以康德及其中国化作为反思的对象，积蓄了从事学术研究的动能。劳承万晚年着力于中西文化、中西美学、诗学体系的划界，在他的悉心指引下，他们当中有一些人潜心剖析中国文论体系，指认中国文论不是西方的逻辑体系，而是纲目体系，在中西文论边界的划定上一路向前，林衡勋教授在这方面的成果最具代表性；他们当中还有一些人，单独以新儒家的领军人物、康德研究大家牟宗三等作为钻研对象，决心以此作为出发点，踏上了领悟中国传统文化精神的征途。前些年熊家良教授构思、书写《现代中国的小城文化与小城文学》的博士论文，他说他理论的基点便是劳承万的"中介论"，他认定"小城"介于城市与乡村之间潜藏着有待深究的独特的文化文学意蕴。当年聚集在劳承万身边的一大批年轻人，如今已经或逐渐成为各自学术领域的中坚力量。刘海涛教授一直领跑着中国小小说的理论研究，影响不容低估。单纯教授已跻身传统文化研究的国家队行列。刘晓春教授、宋俊华教授等在民俗学、非物质文化遗产研究方面正在崛起。张黔教授的设计艺术学之美育操练研究，在往纵深方向推进。李珺平教授（1952—2021，北京师范大学本科、硕士，系童庆炳弟子）、黄念然教授、赵志军教授等在中国古代文论的研究领域已有不俗的表现。当年慕名欲来、前来的年轻学人就不计其数，其中不乏朱良志、曹顺庆、程金城、朱志荣等青年才俊，甚至肖兵、叶舒宪、臧克和、宋永培等知名学者，雄心勃勃，想在劳承万这里成立一个不同凡响、囊括东南亚的"国学研究所"。尽管由于各种原因没有实现，但是其学术影响却显现了一种大胆的开拓迹象，令人难忘。雷州半岛虽然山高海远，但在劳承万的精神感召下，这里与学术的距离也很近，本身就是亮丽的学术高地。康德当年置身之地并不是政治文化中心柏林，而是相对边缘的哥尼斯堡，但哥尼斯堡却因为有了康德而成了德国哲学与学术的中心。劳承万的学术影响及其具有的聚敛功能，是很值得关注的学术、教育、文化现象。

劳承万墙内开花，墙外也香。《审美中介论》一书，开始是与刘再复的《性格组合论》、赵园的《艰难的选择》、余秋雨的《艺术创造工程》一起，作为"文艺探索书系"第一辑书目推出。该书初版是薄薄的一本小册子，字数不足20万字，刚一出版，大有洛阳纸贵之势，后来不断重印，多达十几万册，引起了巨大反响。"异军突起"一语，是蒋孔阳以之来赞誉"审美中介论"；蒋孔阳在该书出版后一年，邀请他到复旦大学讲学，请他在美学教师进修班讲讲他的"新观点"；蒋孔阳写过《德国古典美学》一书，书中的康德部分占据了重要篇幅，他当时已在培养中国康德研究方面的后备力量，曹俊峰即是。王元化也邀请他到上海见面，可能是看到该书中康德力量的深厚与强大，便询问起他康德的师承，他便如实回答说是康德专家韦卓民；韦卓民早年口授指画地教王元化读四书五经，后来在艰难的岁月中，也指导过王元化的德国古典哲学美学，特别是黑格尔哲学的研究。那时的尘埃终将落定，当年的繁华也终将落幕。历经岁月的无情冲刷，但审美中介论的思想颗粒，有些注定是忘不掉的尘埃，显示出创新理论的魅力。审美中介论指出：在审美对象到美感定型之间，存在着若干的复杂中介，"艺术生产"与物质生产之间也一样，主体与客体也发生着相互的复杂联系。至此，我们再来讨论经济基础与上层建筑的关系时，已很少有人再认为其是一种直接的决定关系了，我们在这一点上，终于很幸运地跟上了马克思的思路。审美中介论成书、出版于 1986 年，时隔多年以后的 2010 年，劳承万再推出乐学形态论、诗学道器论。由于时代的原因，审美形态论已不再容易取得轰动效应。但有一点值得注意，那就是自从劳承万推出审美形态论以来，包括美学在内的学术界以形态、中西划界等作为话题的议论，在逐渐变得热闹起来。

劳承万创新美学所开出的野花，无论墙内墙外都一样的香。散发香味的野花有千万种，他却对审美中介论、乐学形态论、诗学道器论情有独钟，而且都是在他长期沉寂以后的大爆发、大绽放。要追问其中的原因，如果仅停留在热闹的学思表层，那就远远不够了。他在高龄退休以后，再次推出审美形态论，尽管由于时代的诸多缘由，已然不能取得与中介论那样的热烈反响，但其用心之深远宏大绝对不减于当年。那年在上海，蒋孔阳鼓励他说，做学问贵在得意与不得意之间，太得意了做不出学问，太失意了也做不成学问，其着眼点是在"中介"的意蕴。"巴东三峡巫峡长，猿鸣三声泪沾裳。"无论是他早年的审美中介论，还是晚年的审美形态论，都是一代学人鲜血淋漓的大搏杀、大厮杀，背后深埋着、赓续着中国传统士人忧生、忧世的不灭情怀。劳承万喜好、推崇王国维的诗句："人生过处惟存悔，知识增时只益疑"，决非偶然。

劳承万引用陈白沙大弟子林缉熙的话说："读尽天下书，说尽天下理，无自得入头处，终是闲着。""读尽天下书，说尽天下理。"已经是满腹经纶，知识也甚为广博，但"终是闲着"，只是游手好闲而已。要避开游手好闲的指责，读书人需做的事有二，一是有"自得"，二是有"入头处"。"自得"是"道"是"德"，损之又损，方可得"道"；而"德"是"求则得之"，那需经历死去活来的考验。想有"自得"，谈何容易。"入头处"即"下手处""突破口"，那是通向真学问、真知识，进而拥有真本事、成就大事业的门径。有"自得"与有"入头处"，在劳承万这里构成了某种因果联系。劳承万以康德为坐标、为参照而创建的三论美学体系，找到了进入美学的"入头处"，是以他有"自得"作为基础，就是说有他血泪的生命、灵魂、人格作为根基，因此不是他闹着玩的轻松事，玩学术确实与他无缘。从整体上说，他早年的审美中介论表层上是以个人的救赎为主，但深层里则体现着他极强的社会关怀；而他晚年的审美形态论，表面上是在探求文化的出路，但其背后则体现着他对个体安身立命的深情关切。

劳承万的一生充满了苦难，非人的体验刻骨铭心。他幼年丧父，青年划右，老年丧妻，终生边缘。他出生后10个月，尚在襁褓之中，就永失生父。寡母带他长大，穷苦人家，历尽了辛酸。他常对别人说："我是没有父亲的人"，"我不该降生在人世上"，说时内心不无悲痛。无父（天、大）的规训，使他自小便显得粗而直，敢说敢做。如此性格，给他制造了麻烦。大学毕业前夕，他由于敢于直言，被划为右派，遭受了厄运。他被分配到偏远的鄂西山区工作，开启了"非人"的生活，那一年他21岁，他走进了人生的最低谷，原应放飞的梦想翅膀被剪断了。从1957年大学毕业到1976年，他19年的青春都挥洒在了鄂西山区。其间，妻子在广东老家独自将三个孩子拉扯长大；后来他虽然改正了，但右派阴影的笼罩对夫妻关系有着负面的影响，这也埋下了患恶疾的伏根。与病魔搏斗多年以后，发妻在他75岁时，远他而去。他一面照顾病妻，一面读书写作，病榻之侧岂容他人安睡，最后留下了满屋的凄凉。他终生边缘，边缘就是不幸，借用伊格尔顿的话来说就是，置身边缘有难以言说的痛苦。

划右是他长大以后苦难的酵母，印痕最为深痛。劳承万家中有需要赡养的老母，他只能选择拖延至死，选择在苦中求生，用编织的梦想战胜现实的苦难与不幸，他坚信他的世界不在当前，而在将来。在非人的世界里，他最先想找回的就是做人的尊严。审美带有极大的梦幻性，有人因此说美学是未来的伦理学，也有人说审美带有令人解放的性质。审美是人自己创造的独立王国，在美的世界中，人能找回现实中失落了的尊严。劳承万的审美中介论首先书写的是大写的"人"，与他在理论上竭力找回人性尊严有关。

在一般情况下，人获取尊严的路径有消极与积极的两种。消极的路径指的是，虽有外力强迫但人依然独立地言说与行动，人只走一条属于自己的路，最后容易为强力、强权简单决定、处置，献出宝贵的生命。积极的路径是指，人是一种复杂、能动的存在，不受外力的影响束缚，能独立地主宰自己的言行，甚至是自己的命运。前者表现为现实的状况，一般人对尊严的获取需要付出惨痛的死亡代价，劳承万并没有做如此的选择，而是选择了对此的理论反思。后者则是理想的所在，人通过审美艺术创造，即可获得尊严，它是人对抗现实的不幸时经常性的自觉选择，为此劳承万引用马克思的话说，审美艺术同样是人掌握世界的方式，神圣得不容侵犯。随此，劳承万的审美中介论也就面临着一破一立的两大任务。他要破的是直观反映论，要立的是审美中介论，以后者冲击摧毁前者，为人的独立性开辟空间。他指出："直观反映论的审美观，只看见一般的客体，看不见审美的客体——对象的形式结构方面；只能推导出客体决定主体（存在决定意识），忽视了主体决定客体的能动方面。"① 人作为主体只能处于被决定的尴尬位置上，毫无主体性可言，毫无独立性可言。如此观念只停留于理论，固然没有什么大碍，不幸的是它已转变为现实，人置身于如此的现实已经没有什么尊严可言了。劳承万认为，马克思已经注意到了存在与意识之间的复杂关系。马克思指出，在文学艺术的发展与经济基础之间，存在着不平衡的发展关系，至少古希腊文学艺术具有的永恒魅力，可以说明艺术不一定得受经济的直接决定。恩格斯在逝世前一年，还对此做出了进一步的强调。客体、存在与主体、意识之间的关系越是复杂，关系链条越是不断延伸，前者就越不容易决定后者，后者就越容易变得能动，越是容易拥有独立性。就此而言，人想变得独立不依，想拥有人性尊严，离开了中介思维就是不可能的。劳承万下大力气，挖掘客体到主体的复杂中介，厘定审美对象感知到美感定型之间延伸的诸多环节，他的深层用意是把人从直接被决定的悲惨命运中唤醒，是对人独立性、能动性的血泪召唤，他认定人绝不能如蝼蚁一般活着，为强力强权所肆意践踏。"反应中介正是人类主体能动性的结构系统"："审美需要就是人的自由意识的伸展"；"列昂节夫在这里谈的虽是知觉过程的新观点，即知觉能动性，实质上就人类主体能动性的重要方面"；"人在感知世界之后的表象中，则是主体自身系统在发生新旧信息渗透、交流的作用，表现出纯粹的单边规定性……表象世界是人类的真正'独立王国'，是人类意识的'自由世界'"；"表象世界的丰富性，是人化程度的标尺，亦是人类远离野蛮状态的标志"；美感定型同样也体现了人的无限丰富、复杂、能动。"莎士比亚通过汉姆莱特对'人'唱的颂词，多么动人肺腑！"② 人以及人的能动性、主体性、独立性，在劳承万的行文中俯拾即是，这是他在凄风冷雨中对人性尊严一次次惨绝的呼号！在人性尊严的痛苦找寻中，他同样遭遇了康德。

现代以来的部分心理学家走着实证康德主体性的道路。皮亚杰发现从刺

---

① 劳承万：《审美中介论》，上海文艺出版社1986年版，第15页。
② 上述引文分别见劳承万《审美中介论》，上海文艺出版社1986年版，第109、120、109、101、176、114页。

激到反应之间，存在着个体同化与同化结构的中介环节，是对"主体能动性"的进一步凸显。格式塔心理学所说的"同型同构关系比存在决定意识的反映更为生动、深刻，而且富有动态性质"，证明了"主体是自由的主体"。① 现代美学也呼应康德的主体性观念。苏珊·朗格作为康德主义者卡西尔的学生，指出"每一门艺术都有自己的基本幻象，这种幻象不是艺术家从现实中找到的，也不是人们在日常生活中使用的，而是被艺术家创造出来的"②，创造幻象能充分展现艺术家的自由与独立。这些被延续激活下来的康德观念，一并为劳承万所吸收。在劳承万看来，"康德'审美表象论'，是康德美学主体能动性的核心"，因为审美的关键是"从这个表象看出什么来"。③ 不只是审美表象，整个的康德哲学美学，都体现了人的主体能动性。康德在哲学的意义上，将人的地位抬到了空前的高度。科学知识的生成是人给自然立法，人在这里不是自然的奴隶。人的行为不同于其他生灵，是因为他能给自己颁布道德律令；人是目的，而不是手段，他是这个世界创造的最后目的；信仰上帝是人道德的需要，而不是相反。"头上灿烂的星空，道德律在我心中"，是康德献给这个世界最美丽的诗，也是令劳承万动容的诗。康德说审美只对人有效，审美的自由最能显示人性的尊严。康德不止一次地说过，他哲学的归结点就是人，就是人的尊严问题。唯有独立了、自由了、能动了，人才能拥有尊严，相比之下，审美的反思判断给人带来了更大的独立、自由、能动，因而能使人获得更多的尊严。

诚如康德所言，一个人的伟大，源于他自己，一个人的不幸，往往源于他生活着的社会。劳承万很清楚，个人尊严的丧失，带给人的不幸，不只是他一人，而是涉及千千万万个像他一样的人，因此是一种亟须反思的社会现象。他反思的结果是，社会上沿袭着一种非此即彼的思维方式，观念决定行动，如此二元对立的观念渗透到社会当中，容易把人简单化，进而把人引上敌与我、反动与进步对抗的狭窄通道，个人在制度化的风暴中难免不被吹折、吹断。君不见，"当年主流意识形态所铸定的"便是"二元对立的铁律"，即

---

① 劳承万：《审美中介论》，上海文艺出版社1986年版，第195页。
② 参见劳承万：《审美中介论》，上海文艺出版社1986年版，第204页。
③ 劳承万：《审美中介论》，上海文艺出版社1986年版，第4页。

客观与主观、唯物与唯心、红色与白色、人与兽等势如水火、不能相融，后果不是你死我活的相互搏斗，而是前项对后项的绝对横扫，后者非死即伤，难免不是悲剧的下场。个体不幸如此，由个体组成的社会也将止步不前，容易陷入黑暗之中。不幸产生的根源便是只认非此即彼两个极端，而在两个极端之间，看不到可供选择的缓冲、过渡区间。问题的症结既然如此，那么当务之急是，如此的思维习惯不可再继续沿袭下去，恰当的选择是以亦此亦彼的思维，取而代之。亦此亦彼就是中介的思维，这种思维承认在两个极端之间，存在着相互过渡的区域。劳承万在长期的阅读、思考中发现，相互过渡的现象事实上较为普遍。自然进化的诸物种之间，人类社会之间的频繁交往都存在着相互的过渡，否则自然将变得难以理解，社会也将难以维持下去。而且他更是发现了，在审美活动的过程中，从审美客体到审美主体的美感定型系统之间，存在着相互过渡的复杂环节，他的审美中介论的主要任务，便是多维度、立体性地观察、厘定这些复杂的过渡环节。他以无可辩驳的力量告诉世人，审美活动中的主体与客体，不是截然对立着的两个极端，而是彼此之间存在着可供把握的复杂而密切的联系；而从审美感知到美感定型之间，也同样如此。审美活动中不存在对抗与分裂。劳承万为此征引着的诸多理论中，康德始终是他的出发点。在康德的批判哲学体系中，自然的规律性与人的自由性之间存在着尖锐的对抗。康德为完善哲学体系建构，在苦苦寻找过渡的环节，他最后发现，该过渡环节便是反思判断力。反思判断力是复合型机能，它在鉴赏活动中的运用促成了多种机能的协调转动。在康德那里，审美就是认识机能的和谐。无论是现实还是理论，都表明中介过渡现象是普遍存在的，它强有力地冲击着断裂性的非此即彼思维，如此一来，个人与社会将免遭灾难，这是劳承万的审美中介论向时代发出的强音，也是他较为震撼人心的理论诉求、现实诉求！

　　劳承万在妻子与病魔的斗争、呻吟中，他在照顾病妻、繁杂事务的缠绕中，开始酝酿、思虑审美形态论。非常之人，才能行非常之事，当中所需要的是极其顽强的意志力。他在沉寂多年以后，在晚年高龄退休后，带着一颗滚烫的慈母心，再次推出审美形态论。在他看来，个体如何的不幸，尊严的如何找寻，到底是件小事；社会如何陷入了混乱，如何出现了停滞，终究只是暂时的现象。问题最要紧的地方，是整个民族国家在文化上的独立、出路。文化上不独立，个体与社会将难以获取长久的尊严、安宁；文化上没有出路，中华民族将会衰落、灭亡。从个体到社会再到文化，这是劳承万完成思想上的三级跳。西方是逐物文化，它的方向是往外翻，中国是心性文化，它的方向是往内翻，中西文化存在着较大差异。文化与学科体系紧密相连。文化的差异体现在学科上便是中西方美学、诗学，在形态上、体系上存在着明显的区分：西方的美学、诗学是知识论的体系、形态，中国的美学、诗学则是心性论的体系、形态。中国当前的美学、诗学等不宜再继续照搬、沿袭西方观念，跟着西方亦步亦趋，不应是西方吹什么风，我们就穿什么衣服，没有任何的独立自主性可言。劳承万的立足点便是求得中国美学、诗学的独立自主性，中国应有自己的美学、有自己的诗学，正像西方已有自己的美学、有自己的诗学一样；而且中国的美学、诗学应该给置身其中的人带来莫大的安慰，正如母亲给游子带来不尽的安慰一样。儒家与道家尽管价值取向不同，但都根植于夏商周三代共有的深厚社会土壤，都面临着改变周文疲惫的共同任务，两家思想因此相辅相成、并轨发展，而不是分有主次。美学上儒家是人乐，道家是天乐，但在心性之乐上却能贯通无碍。诗学上儒家是讲究事父事君之妙道，道家是强调心斋坐忘之妙道，禅家是追求挑水砍柴之妙道，但在道器一体圆融上却达成了共识。这里需要指出的是，劳承万论证乐学形态，只依据原有的儒道思想，但他在诗学形态的论证中，在原有的儒道之外，添加了外来的佛家思想，他为何有如此这般的取舍，是很值得关注的。

儒道两家思想传统中的独立自主性容易理解，而佛家则自西方来，进入中国以后其独立自主性是否可能、如何衡定是问题的一关键所在。牟宗三就认为，儒家是中国文化中的主流，道家则是旁支，佛教（禅宗）更是外来。劳承万对此则指出，佛教虽自外来，禅宗却是中国人自己的创造。劳承万虽对牟宗三甚为推崇，却不敢轻易盲从权威，显示了自己思考、人格的独立性。他对禅宗的创造性格这样写道："从涉佛的起点'坐禅'，到成佛的'佛－法－僧'三级规范形式，与印度佛教比起来，全都变了样。其感受－体验的过程，是老庄的大路；其终结与原点（本性／自性），是孔孟的原型。中国佛学（禅宗），看来确是中国儒道哲学的新产品。其新，比郭象、王弼高出一头，他们不作'雕虫小技'式的'注释'功夫，不作老书生，不做夜老鼠'啃书'充饥，而是对外来文化的大刀阔斧的'为我所用'，把外来的大象当作牛来骑。这种对外来文化，采取'初生牛犊不怕虎'的挑战精神和智慧，是中国人应该永远记取的，它丝毫没有'外国月亮比中国的圆'的奴性，也没有拒外国人于千里之外的保守性。"① 他这里想表达的是，禅宗是儒道消融佛教之后的"新产品"，它面对佛教的入侵毫无惧色、敢于挑战、勇于创新，展现出中国文化毅然追求独立性、开放性的面相，值得"永远记取"；中国自近现代以来，当我们再次面对西学的强势入侵时，应该"记取"并拥有那种面对"外来文化"的"挑战精神和智慧"，更应该以原有的儒道等思想去消融西学并在美学、诗学上有所创造。在文化上意识到中西差异，进而做出深入探究，新儒家等已是典范，令人瞩目，但他们却有意忽视了美学、诗学的体系性反思。在美学、诗学上着眼于中西方边界划分，努力将西方的归还给西方、中国的归还给中国，学界中当不乏其人，但他们多是零敲碎打，而在根子上、体系上进行深究，从而有实际性的收获，不是太多而是太少了。劳承万以含中国美学、诗学在内的审美体系创建，弥补了新儒家、当代中国学界的某些不足，他经由中华审美体系创建释放出的文化独立性、开放性意蕴，足可为学界树立起一座精神的丰碑。

禅宗是挑战、吸收外来文化的智慧性创造，同样的道理，自晚清以来中国文化的演进、独立，美学、诗学体系的创建、推进，想完全撇清与外来文化的任何瓜葛，几乎是不可能的事情。问题的关键是，我们如何在吸收外来文化的基础上有所创造。王国维曾劝告过后来者，忧世要深，择术需慎。劳承万受到王国维的启发颇深。他在西学上之以康德为出发点，除了是康德的学术制高点的地位使然，以及在康德美学上的参照功能之外，还有就是康德在文化创造上的榜样作用。康德创建批判哲学体系，当中事关德性的实践理性，其价值就在理论理性之上。故而康德认为美的理想，与道德的身体密切相关，而一般的美只是道德的象征。康德道德高于知识、美是道德的象征等思想命题，只有回到中国传统文化当中，才能得到有效的理解，在此基础上才能有所消融。立足于心性文化之上美学、诗学体系创建，便是劳承万理解、消融康德的具体表现，而唯有消融了康德，我们才能有好的美学。康德在18世纪时，已寄予德国民族以文化创造的重大希望。康德把德国民族的气质归结为黏液质，他说这种气质能冷静地思考，坚持不懈地追求自己的目的，同

---

① 劳承万：《中国诗学道器论》，安徽教育出版社2010年版，第187页。

时能忍受艰难困苦，拥有正确的知性和深沉反思的理性，这些品格使得德国有能力创造出最伟大的文化。[①] 康德以自己的辉煌成就做出了表率，康德以后的黑格尔、歌德、马克思等，以及德国取得的灿烂文化成果，充分证明了康德的预言并非虚妄。"周虽旧邦，其命维新"，劳承万倾向于认为，我们返本开新，同样也可以期待中国有能力再创造出伟大的文化，前提是美学、诗学的独立，以及文化的独立。近现代以来的王国维、陈寅恪、熊十力等，以及牟宗三等新儒家，在欧风西雨的猛烈吹打下，他们依然对中国文化的独立性坚定地提出要求，这是中国士人在艰难困苦中依然不忘的怀抱与操守！

中国五千年的伟大文明，在历史的风风雨雨中，洗刷出了两条不灭的文化定律：一是孔夫子的光辉之历史观念："礼失而求诸野"，他见出了中国文化的底层，深深地扎根于"野"，且坚如磐石，"野"是中国文化的根，它永远不会衰落与灭亡；二是孟子见出了中国文化的滔天巨浪，其源之于"立人极"，这也是中国人的永远追求。孟子除了倡导知人论世，还说五百年必有圣人出。从王阳明逝世到现在已有五百年了，我们期待着圣人的再一次出现！不管历史的进程是怎样的颠簸动荡，因我们有了文化"在野"的根，与圣人定期的出现，我们是乐观的，也是我们的希望所在！

我们对本节的内容稍微做一下归纳。我们在这里把劳承万美学创新的领地称为"创新美学"格局之生成，这多少与他自觉拒绝体制束缚后，对康德思想的融摄相关。劳承万毕其一生精力，潜心创建了三论美学。三论美学具体是指：早年"异军突起"的审美中介论，以及退休以后，以高龄推出旨在标画中国美学、诗学独立体系的乐学形态论和诗学道器论。他认定康德是西方美学的出发点、制高点，掠过康德，我们拥有的是只能是坏的美学，而消融了康德，我们才能拥有新的美学。他把康德的审美四契机理论以及康德判断力的中介功能，创新性地融入其审美中介论的创建中。康德"美是道德的象征"的命题成为他构建审美形态论的强有力参照。他消融康德观念构建三论美学体系，集中体现了他在逆境中对个体学术尊严的不屈追求，以及谋求中国文化独立形态的强烈使命。追求生命个体的学术尊严，以及谋求文化的独立形态，我们需审视当代具体的创新性审美理论再出发！

---

① ［德］康德：《实用人类学》，邓晓芒译，上海世纪出版集团2005年版，第253—254页。

第四章　康德学说与中国当代审美经验反思侧面

中国当代的审美经验展现并存在于多个领域。受马克思"人体解剖对猴体解剖是把钥匙"的方法论启迪，我们本章的思虑点，尽管只是文学本文，但审美经验在此亦有充分的显现。我们至少可以发现，康德学说的两个方面与中国当代文学的鲜活场景紧密地联系在了一起。它们当中的一个是二律背反现象，另一个则是主体性指向。两者在康德那里，有时可以统一在一起，即正是理性（自由、独立）的强势发展使其陷入了二律背反（矛盾、对立）的尴尬境地。我们有趣地发现，康德高度抽象的理论思辨，与具体生动的文学艺术活动之间，并不是一种两离的关系，而是某种契合的联系。可以这样说，如果没有对立（矛盾），就没有文艺，文艺与人一样，都不可被本质化（同质化）。普列汉诺夫说过，艺术是生活的对立，其生成是形式对内容的斗争，维戈茨基将其提炼为艺术的对立原则。[①] 洛特曼也指出，艺术遵循的是差异—对立的美学原则。[②] 叶秀山根据体验亦同样指出："艺术是辩证的、生活的，因此比起科学家来说，诗具有更多的哲理性。"[③] 文学艺术家的太阳，每天都是新的，重复和雷同是艺术的天敌。文学艺术的世界拒绝重复和雷同，深究个中的缘由，乃是因为其中需要更多自由和创造的才能。"在一个启蒙运动的时代"，康德庄严地指出："我把启蒙运动的重点，亦即人类摆脱他们所加之于其自身的不成熟状态，主要是放在宗教事务方面，因为我们的统治者在艺术和科学方面并没有向他们的臣民尽监护之责的兴趣；何况这一不成熟状态既是一切中最有害的而又是最可耻

---

① 参见劳承万《中国诗学道器论》，安徽教育出版社2010年版，第239—246页。
② ［苏联］洛特曼：《艺术文本的结构》，王坤译，中山大学出版社2003年版，第397—414页。
③ 叶秀山：《叶秀山全集》第三卷，江苏人民出版社2019年版，第64页。

的一种。"① 康德想表达的无非是，相比于"宗教事务"，"艺术和科学"早应摆脱"不成熟状态"，拥有着更多的创造性自由。众所周知，康德后来在《判断力批判》中强调，美的艺术是天才的作品，在独创性、典范性等方面与科学划开了界限。艺术更能体现主体性。我们这里提供的两个文本，只是中国当代文学经验中的两个侧影。它们既体现出作家个体，对主体性的果敢追求，又揭示出在文本深处二律背反的挥之不去。我们本章的旨趣是，从中国当代生动的审美经验出发，希望由下而上地建构出自主性的美学和文论，这既是康德的内在期望，更是我们这一代人应当共同担当的文化使命！

第一节　文化主体性与陈忠实《白鹿原》朱先生形象的魅力

深入理解陈忠实的《白鹿原》及其朱先生形象塑造，需与 20 世纪 80 年代的文化主体性语境紧密地结合起来。现在看来长篇小说《白鹿原》的准备、酝酿、成书，自觉接受了能够彰显主体性价值的两种因素的影响：一个是具体的"寻根"文学实践，另一个是抽象的"文化心理结构"理论。特别是对朱先生形象的塑造而言，实践与理论叠加共振影响更为深刻。由于我们行文的聚焦点是审视康德对中国当代文学经验书写具有的促进作用，而且文化心理结构的学说，其生成背后康德的质素确实挥之不去，因此我们在这里，集中考虑的问题是文化心理结构的学说，怎样影响到朱先生的形象塑造，或者说这一形象如何与这种学说隐在地勾连在了一起，进而体现康德在当中所可能起到的应有功用。伴随而来的寻根文学，其中的文化主体性意味浓重，一起构成了 1980 年代的特定语境。

环视中国当代文坛，敢于承认自己的创作直接受惠于某种理论观点的滋养的作家，应该说不是很多见，很多作家在心里会说，没有某种理论的指导，文学创作依然能够开展下去，就此而言，陈忠实不止一次地说，他意在"垫棺作枕"② 的长篇小说《白鹿原》创作及其朱先生等人物形象塑造，受到

---

① ［德］康德：《历史理性批判文集》，何兆武译，商务印书馆 2020 年版，第 29、31 页。
② 陈忠实：《寻找属于自己的句子》，北京大学出版社 2019 年版，第 37 页。

"文化心理结构"理论学说的强烈促动，就变得格外弥足珍贵。他的这一举动容易带来批评家们的诟病，他们容易说其中缺乏"莎士比亚化"，存在着"席勒式"的嫌疑。① 为助其有效避开这一指责，我们只需提起鲁迅的辉煌成就，以及受到《在延安文艺座谈会上的讲话》熏陶而出现的红色经典就够了。事实上，陈忠实与鲁迅及"左派"并非毫无关联。"莎士比亚化"也好，"席勒式"也罢，文学创作关键的地方是看作家能否深入历史的最底层，并在此发现非同寻常的意义，《白鹿原》的经典地位表明它已做到了这一点。

《白鹿原》出版若干年之后，陈忠实是如此叙述该先行的理论对他的启发价值："这时候（八十年中期——笔者）刚刚兴起的一种研究创作的理论给我以决定性的影响，就是'人物文化心理结构'学说。人的心理结构主要由接受并信奉不疑且坚持遵行的理念为柱梁，达到相对稳定的平衡状态，决定着一个人的思想质地道德判断和行为选择，这是性格的内核。当他的心理结构受到社会多种事相的冲击，坚守或被颠覆，能否达到新平衡，人就遭受深层的痛苦乃至毁灭。我在接受了这个理论的同时，感到从以往信奉多年的'典型性格'说突破了一层，有一种悟得天机茅塞顿开的窃喜。"② 他的如此交代，有三点需要注意。其一是他承认文化心理结构理论对其影响的深刻性。用他自己的话来说，就是这种理论的影响带有"决定性"，是一种"悟得"的"天机"，令他有"茅塞顿开"的感觉。其二则是他谈到了深刻影响着他的如此学说相对具体的内涵。他说"人的心理结构"就是作为"柱梁"的"理念"，它对于人物的"道德判断和行为选择"来说起到决定的作用，即是说人物信奉的"理念"对人物的言行起到了决定性作用。故而对于小说创作而言，最要害的地方莫过于，准确把握住人物遵循的内在"理念"，或者说文化心理结构。他特别提醒说："我以人物的'文化心理结构'把握我正在写作的各个男女人物，朱先生是我体验较深也自以为把握较准的一个重要角色。"③ 朱先生形象的重要性就被凸显出来。他的这一理解，也与阿尔都塞审美意识

---

① ［德］马克思：《致斐迪南·拉萨尔》，载《马克思恩格斯选集》第4卷，中央编译局编译，人民出版社2021年版，第437页。
② 陈忠实：《寻找属于自己的句子》，北京大学出版社2019年版，第70页。
③ 陈忠实：《寻找属于自己的句子》，北京大学出版社2019年版，第95页。

形态言说存在着惊人的相似性。① 其三是他感受到这种理论对已往创作的超越功能。其超越作用，就突出地体现在对"已往信奉多年的'典型性格'说突破了一层"，并依此获得了对小说人物塑造的新途径，尤其是朱先生等人物形象的塑造，更是如此。② 即是说他以人物的文化心理结构理论，置换并超越了原先流播甚广的典型性格学说。陈忠实如此颇具感悟性的言说，是在多年的沉淀之后，且类似的表述着实不少。③ 该词使用频率之高、强调意图之显对于作家而言甚为罕见，足见该理论对他创作及朱先生等人物塑造影响之深远性。邢小利后来也强调了这一点。④ 陈忠实已经充分地意识到，文化心理结构之生成，有着比小说人物活动年代更为久远的伏根。

文化心理结构在20世纪80年代，是批评界和理论界都在使用的一个热门的词。批评家丁帆使用该词颇显自觉，但不乏批判意味。他在《小说评论》1988年第二期，发表了《新时期乡土小说与市井小说：民族文化心理结构的解构期》的评论文章，他虽在该文中指出新时期以来的乡土、市井小说与民族文化心理结构的背离关系，但他的参照系统仍是文化心理结构学说。陈忠实作为陕西职业作家，注意到《小说评论》如此的评论文章应该是不难理解得到的。丁帆文化心理结构的评论用语，乃来源于某学者的理论构建。该学者在1979年出版了《批判哲学的批判》，这是他最重要的著作之一；紧接着在1981年出版了《美的历程》；到1985年出版了《中国古代思想史论》，该书是此前论文的汇编；到1989年则出版了《美学四讲》等。他在这些论述中创造性地提出并阐述了文化心理结构学说，鉴于该学者及其著作，特别是《美的历程》等在知识界的重大影响力，陈忠实受其观念、氛围的濡染更是在意料之中的事。而在该学者那里，文化心理结构学说与他七八十年代的主体性论证发生着"剪不断，理还乱"的联系。该学者的文化心理结构及其主体性理论是他融合康德与马克思理论的创造性收获。正是在如此的关联性回溯

---

① ［法］阿尔都塞：《意识形态和意识形态国家机器》，载《哲学与政治——阿尔都塞读本》（下），陈越译，吉林人民出版社2011年版，第300页。
② 陈忠实：《寻找属于自己的句子》，北京大学出版社2019年版，第71页。
③ 具体参见陈忠实《寻找属于自己的句子》，北京大学出版社2019年版，第1、10、30、31、71、89、98、135、145、147、148、151、182、183、188、189页。
④ 邢小利：《陈忠实传》，陕西人民出版社2015年版，第160页。

中，我们看到了《白鹿原》的朱先生形象塑造，与康德学说中的主体性指向可能存在着的深层次对接，尽管陈忠实不一定真的细究过康德的相关论述。文化心理结构—主体性（康德）意蕴如何在朱先生形象中展现出来，从而赋予其美学魅力和价值，学界还少有人注意到，在此就有进一步审理的必要。

一 朱先生的文化心理结构

经过多年的时间沉积之后，陈忠实回忆《白鹿原》的创作时说，一个人就是一个原。他所说的一个人，指的是小说正面塑造的核心人物白嘉轩；而他提及的一个原，说的就是小说中精心构筑的有仁义美誉的白鹿原。事实上白嘉轩也好，白鹿原也罢，其深层的精神梁柱非朱先生莫属。作为白嘉轩和白鹿原的观念支柱，其在小说中地位的重要性不言而喻，正是在此意义上，陈忠实说朱先生是他把握校准的"重要角色"显得比较自信。

白嘉轩身上的幽深灵魂、处事的指挥大脑、言说的最后依据，是他的姐夫朱先生无疑。他眼中的朱先生是圣人般的存在。朱先生作为圣人般的存在，更是深刻地影响着白嘉轩的一言一行。虽是小说中的核心人物，但白嘉轩凡是碰到重要的、棘手的问题都会找朱先生商量；而经过朱先生的点拨、帮助之后，问题常常会逢凶化吉、迎刃而解，事情或者会变得更加妥当、通畅。白嘉轩在不同的人生时期遇到各式各样的难以解决的困难，最后仰仗的力量也多是朱先生。他在人生的最低谷，凭借朱先生的开导，终于走出了困境，启动了人生的逆袭模式。白嘉轩在无意中，发现了雪地里的"一坨湿土"，以及湿地里长着粉白色叶片的不知名植物。他带着疑惑，去问朱先生。朱先生看后指出，白嘉轩所画出的是一只白鹿，那是吉祥的象征，而白鹿是白鹿原上耳熟能详的传说中的神鹿。白嘉轩按照朱先生的提点，认定那是一块风水宝地。他于是精心谋划并获得了这一块土地，而且将父亲的坟茔，迁到了这一块宝地上。他随此一扫六次娶妻六次丧妻之阴霾，家庭再次踏上兴旺发达之路。朱先生无意中的援助使他走出了人生的至暗时刻。白嘉轩在父亲过世后，依惯例顺利当上了白鹿村的族长，操持着村里的大小事务。朱先生是他乡村治理的引路人。村里闹白狼，人心惶惶，更为重要的是，朝代更迭，皇帝没了，许多事情，不知如何是好，在白嘉轩的心里，残存着太多的疑问和迷茫。朱先生给他开出的药方是修订《乡约》，希望通过《乡约》稳定人心，维持秩序，滋养社会。白嘉轩如其所愿，依靠《乡约》的颁布实施，整个村庄的世道世风为之改变。另外受朱先生的熏陶启发，白嘉轩创办了学堂。朱先生对此大加赞赏，感动之余，派同窗徐先生前往授课。"反正"以后，赋税过重，民众不堪重负，白嘉轩决定"起事"。他的办法是鸡毛传帖，上交农具，抗议政府。他最后取得了成功。朱先生的同窗徐先生是白嘉轩"交农"事件坚定的支持者。他重修乡约碑文、造六棱塔镇妖、解救狱中黑娃，皆与朱先生商议，得到过他的教导。白嘉轩敢大声说"白鹿村的戏楼变成了鏊子啦"，是因为姐夫朱先生提"鏊子"在先。他遇到不解之梦，还是找朱先生帮他解梦。可以这样说，朱先生是隐的白嘉轩，白嘉轩是显在的朱先生。

而对于白嘉轩没有来得及或不愿与他商量的事情，朱先生一有机会，也会及时加以提醒。他有时严厉地审视着白嘉轩，目的是使他不至于走上歪路、邪路，深层用意是试图通过他影响到整个白鹿原村镇。白嘉轩为了尽快致富，使家庭早日摆脱困境，以储备药材为名，种植起了罂粟，并熬制鸦片，牟取暴利。周围的村民知情后，也跟着一起种植罂粟。"三五年间，白鹿原上的平原和白鹿原下的河川已经成为罂粟的王国。滋水县令连续三任禁种鸦片，但罂粟的种植和繁衍却仍在继续。"[①] 情况很是危急，朱先生身体力行并垂范，犁掉了其妻弟白嘉轩的罂粟地，把正在开花的罂粟苗连根撬起。朱先生的禁烟，从其亲人入手，让人无话可说，取得了重大成功，挽救了白嘉轩及白鹿原。白嘉轩和鹿子霖为争李家寡妇的一块地大打出手，斯文扫地，同时引起白鹿两家的群殴，影响极坏。后来轩、霖二人握手言和，重归于好，仍是得益于朱先生的从中调解，这在当地传为美谈。至此，白鹿两姓和谐相处，有口皆碑。社会在变化，朱先生提醒白嘉轩："辞掉长工自耕自食。"[②] 白嘉轩后来及时辞掉了长工，"解放"后幸免被划为地主。鹿三的儿子兔娃直接受益，他从白嘉轩那里分得了属于自己的土地。鉴于白嘉轩的影响力，受益的人应不只兔娃一人而已。朱先生的有效监督，使得白嘉轩及白鹿原一直朝着合理的方向发展。因此可以这样说，白鹿原就是显在的朱先生，朱先生就是隐在的白鹿原。

---

① 陈忠实：《白鹿原》，人民文学出版社 2016 年版，第 50 页。
② 陈忠实：《白鹿原》，人民文学出版社 2016 年版，第 617 页。

朱先生的影响力决不仅限于一人一原，而是由一人一原不断地往外界扩大开去。历代滋水县令、县长大多不敢忽视朱先生的存在，多有登门拜访，凡无视了他存在的县令、县长，大多才华平庸、政绩平平。县令古德茂还将"仁义白鹿村"称号授予白鹿村。巡抚方生、张总督等都仰慕他的才干，紧急关头，给他面子。他的学术思想得到学界认可，南方同仁邀他讲学。他发表抗日宣言，震动朝野。他是一位颇具传奇性、影响重大的人物。

总之朱先生的影响力用一个图式来表示就是："朱先生—白嘉轩—白鹿原（县、省、全国）"。其中的白嘉轩处于"中介"的位置，他连接着两端，位置很是特殊。他在一方面能影响到整个白鹿原，陈忠实因而说他：已与白鹿原合二为一。而滋水县、陕西省、全中国只是白鹿原的扩展而已，或者说滋水县、陕西省、全中国的浓缩便是白、鹿两家生活着的白鹿原。恰是因为他处于"中介"的位置，因此除了影响到整个白鹿原外，在另一方面，则又自觉地接受来自朱先生的影响。白嘉轩如此，其他人也无不如此。白鹿原上下、内外甘心敬畏并接受朱先生的影响，与朱先生的文化修养及其圣人的文化心理结构发生着非常内在的联系。

朱先生能够发挥巨大的影响，仅仅依靠着的是他圣人的精神结构。由于在白鹿村族长白嘉轩等人的眼中，朱先生就是一位圣人，他因此是个几乎无可挑剔的完人。由此白嘉轩一直认为，姐夫朱先生的言和行都是无比的正确，有时自己和他人不能理解，是因为圣人见解高妙、目光深远，圣人行为超拔、出人意料，常人的慧根、识度够不上所致。凭此不难看出的是，影响着白嘉轩以及整个白鹿原乃至更广大的范围，那股潜藏着的异常强大的力量显然是朱先生的圣人文化精神。看不见的和谐，要比看得见的和谐重要得多。朱先生身上看不见的圣人精神的构成的要素有二：一是仁，二是义。故而仁义白鹿村等只是他精神的外化而已；而他的两个儿子，一个叫朱怀仁，另一个叫朱怀义，更是寄托着他的美好愿望。他的圣人精神结构，简单来说就是，对己修仁，对人予义，前者是对个体人格的修养；后者则是人道主义的施行，己与人不分，仁与义一体，个体人格与人道主义浑然，那是一种内圣外王之道。

朱先生严于律己，时刻不忘修炼自己的人格。从小说的叙述来看，他人格之崇高伟大突出地体现在两个方面。一是他始终表里如一、言行并重。在白嘉轩的观察里面，凡人与圣人自有边界，这个边界归结到一点，就是凡人可能知道一些道理，却无法在行动上加以实施，而圣人既明白若干道理，又能够身体力行。知行合一，是儒家崇尚的君子做人原则。二是他一般不为物累、清贫乐道。他从不讲排场，衣食住行，一切从简，就连丧事都在遗嘱中交代，说凡事"不要铺张"："不要蒙脸纸，不用棺材，不要吹鼓手，不向亲友报丧，不接待任何吊唁，不用砖箍墓，总而言之，不要铺张，不要喧嚷，尽早入土。"① "不要"和"不用"就是对物质和物欲的自觉消除，死都如此，生更如此，从生到死，他都淡泊名利。轻视物质物欲，不独道家、佛家如此，儒家也如此。从一和二合起来看，他只是以儒家的君子标准来规范自己的行为举止，但在别人的眼里，特别是识字率还不高的乡村社会里，他就是个十足的圣人，除了自己的妻弟白嘉轩，就连外人田福贤都说"朱先生是圣人"②。

圣人朱先生，饱读圣贤之书。从学脉上看，他是关中学派（吕大临）最后一位继承人。而关中学派创始人张载，则遥契着更为久远的孔孟儒学。历史的真实状况是，在没有孔孟儒学之前，仁义忠孝早已存在，孔子和孟子的工作只是将其系统化而已，因此孔孟儒学的根系同样延伸得非常遥远。他们之间的复杂关系，用一个图式来表示就是：忠孝仁义（夏商周）—孔孟儒学（春秋战国）—张载的关中学派（宋明）—朱先生学识（近现代）。历史与虚构在这里交相辉映。我们在此想表明的是，小说中表现的朱先生学养，是较为纯粹的、独立的传统儒学。与此内在的学问相对应，他的外在现实行动同样是属于中国传统的、本土的。传统儒学特重道德上的善，朱先生的一生都是在为善去恶，他毕生所为，无一不是善事。善言与善行，他身上达到了贯通一气。他逝世以后，他土匪出身的弟子黑娃的挽联："自信平生无愧事，死后方敢对青天"引起了世人广泛的共鸣，原因是"人们在一遍一遍咀嚼朱先生禁烟毁罂粟的故事，咀嚼朱先生只身赴乾州劝退清兵总督的冒险经历，咀嚼朱先生在门口拴狗咬走乌鸦兵司令的笑话，咀嚼放粮赈灾时朱先生为自己背着干粮的那只褡裢，咀嚼朱先生为丢牛遗猪的乡人掐时问卜的趣事，咀嚼

---

① 陈忠实：《白鹿原》，人民文学出版社 2016 年版，第 634 页。
② 陈忠实：《白鹿原》，人民文学出版社 2016 年版，第 250 页。

朱先生只穿土布不着洋线的怪癖脾性……这个人一生留下了数不清的奇事逸闻，全都是与人为善的事，竟而找不出一件害人利己的事来"①。辛亥革命之后，社会在急剧变动，他将儒家义理变为浅显的《乡约》教材，通过白嘉轩颁布施行，在一个更为广泛的意义上实现了言行的统一。他讲学归来游华山，写了一首《七绝》："踏破白云万千重，仰天池上水溶溶。横空大气排山去，砥柱人间是此峰。"诗句与其说说的是华山，不如说说的是他自己，因为没有伟大的人格，是写不出伟大的诗歌出来的。他将最后一句诗"砥柱人间是此峰"送给了顽强抗日的茹师长。受抗日精神的感染，他在发表了抗日宣言后亲赴抗日前线，尽管心有不甘地半途而返，但显示了他大无畏的民族气节。朱先生表里如一、言行并重，是尊重自我人格的表现。

出自他嘴的若干俚语口歌，如"房是招牌地是累，攒下银钱是催命鬼。房要小，地要少，养个黄牛慢慢搞"② 等不胫而走，流播广泛，影响甚大，无论是富人还是穷人，都把它们当作经言圣语来念。此是他开出的处世药方，且不断地被验证是真理，更是他严于律己、淡泊名利人品的展现。他的衣食住行无一不是简单朴素，他品行的表里如一于此亦能体现。他喜欢穿的衣服是由自种的棉花织成的土布制成，他从不穿豪华昂贵的丝绸洋衫，连白灵送他的洋袜，他到死都不肯穿。"人们"一再"咀嚼朱先生只穿土布不着洋线的怪癖脾性"。"饭食很简单，红豆小米粥，掺着扁豆面的蒸馍颜色发灰，切细的萝卜丝里拌着几滴香油。"③ 他平时住在白鹿书院，书院的大殿里摆满了书籍，而住的套间里除了文房四宝，没有任何多余的豪华摆设，而这些文房四宝都是用产自本地的玉石制作而成。他无论远近，都喜欢徒步行走，闻不惯汽油味，坐不惯排场汽车。他喜欢生他养他的脚下土地，因而对妻妹白碧霞拥有城里人的莫名优越感甚感不适和不悦。他所向往并追求的是"一箪食，一瓢饮，居陋巷，人不堪其忧，回亦不改其乐"的孔颜之乐，那不是物质性的本能之乐，而是有修养的德性之乐。自觉免除外在感性欲望的无谓干扰，朱先生也因此获得了人格的高度独立。

---

① 陈忠实：《白鹿原》，人民文学出版社2016年版，第638—639页。
② 陈忠实：《白鹿原》，人民文学出版社2016年版，第301页。
③ 陈忠实：《白鹿原》，人民文学出版社2016年版，第27页。

克己复礼为仁，而朱先生将仁，推及他人，变成了义。如此一来，修仁施义的朱先生便释放出浓重的"民胞物与"情怀。至少从人道主义的施行来看，儒家与西方纯书斋式的学者还是存在着若干的差别。康德就只有独善其身的内圣，而无兼济天下的外王。不过值得一提的是，在追求人格的独立自由上，康德与儒学却表现出了融通性。相比之下，儒学比康德还要往前，迈开了一大步。从小说文本的书写来看，朱先生的宽容、善举、口语等无不体现他的人道主义情怀。小说为凸显他的宽容，从正反两个方面展开叙述。他的白鹿书院大致能兼容各种人。参加了国民党的鹿兆海，从事地下活动的鹿兆鹏，还有占山为匪的黑娃，都是他的学生，都可以成为他的座上宾，无不体现他"有教无类"的孔子教育原则尊奉。他还在方巡抚与张总督之间游走自如。同是师徒关系，百工中的木匠与厨师就达不到儒家的高度。木匠师傅不敢轻易传授制车的核心技术，原因是害怕自己做不成独门生意，说穿了就是害怕厉害的徒弟如郑芒儿，抢了自己的饭碗："芒儿打制车轴的成功造成了师傅的恐惧，他悲哀地说：'我后悔收了你这个徒弟。'芒儿能听出话味儿，师傅害怕他学成回去也开一斯车店，自家的独门生意就做不成了。"① 厨师也不轻易传授手艺给他人。鹿子霖的五辈祖鹿马勺，起初给炉头烧火，炉头有一年多，都不给他抬头看炒菜，同样是害怕他偷学了手艺，抢了自己的饭碗；后来尽管同意传授手艺给他，但那是一部充满了血泪的屈辱历史；鹿马勺卧薪尝胆，学成手艺之后，以怨报怨、以牙还牙地报复了炉头。朱先生不会这样，只要学为好人，哪怕最恶劣的出身如土匪黑娃，他都能够接纳，而且不会害怕学生超过自己。他心怀善念，能行善事。他所有的善举，如禁烟毁罂粟、只身冒险赴乾州劝退方巡抚、在门口拴狗吓退乌鸦兵刘司令、发布抗日宣言、放粮赈灾、给乡人掐时问卜等，无一不是心系苍生的表现。他深怀的信念是"民吾同胞，物吾与也"。他的一些俚语口歌，从深层的角度看，也是他如此信念的体现。他给张总督留下的墨宝是："脚放大，发铰短。指甲常剪兜要浅。"② 他是希望张总督能够顺应历史潮流："脚放大，发铰短"；而且希望他为官，"指甲常剪，兜要浅"清正廉洁，不要欺压百姓。仁者爱人，

---

① 陈忠实：《白鹿原》，人民文学出版社2016年版，第366页。
② 陈忠实：《白鹿原》，人民文学出版社2016年版，第91页。

仁者亲民。

白嘉轩及白鹿原以及中国更广大的范围，与其说是受到朱先生的影响，不如说是甘愿受到其精神的感召。朱先生的精神成为他们言语和行动不可或缺的参照系统、支撑力量。而为朱先生所极力推崇的，是根植久远的圣人文化精神。朱先生的圣人精神结构，约而言之，就是对己修仁，对人与义，虽己人不分，仁义一体，但前者更倾向于显现他个体人格之伟大；而后者则容易体现他的人道主义情怀。依照文化心理结构说的意思，孔子的仁学精神结构，除了血缘基础、心理原则、实践理性之外，至少还包括个体人格和人道主义。由于具备了孔子仁学的个体人格和人道主义元素，因此我们便可认定，朱先生是现代的圣人，确切地说，他憧憬并拥有着的是圣人的文化心理结构。凭借这一文化精神，朱先生和他周围的人一起勇敢地站立于天地间。不过从小说的叙述来看，朱先生的这一文化心理结构，在历史的风雨苍茫之中遭受了程度不等的震荡。

二 文化心理结构的强震荡

朱先生希望自己的孩子，以及整个的白鹿原乃至更广大的中国，都能够根据圣人的仁义原则来规范自己的言和行，且无一不是以圣人的精神来支撑各自的灵魂，其深层的动机是希望整个社会稳定发展、长治久安。应该说，朱先生的完人和圣人形象带有极大的理想性。而当回到历史的实际语境，芸芸众生的一地鸡毛，往往会使完人、圣人的理想光芒黯然失色，从而对朱先生的圣人文化心理结构一再构成冲击和挑战。从小说的镜像叙述来看，白、鹿两家长达半个世纪的明争暗斗，所牵扯到的大大小小事项，所折射出整个丰富的历史场景，并不缺乏对朱先生的文化心理结构造成的或轻或重的震荡。

具而言之，既然圣人朱先生的文化心理结构的要素是仁和义，那么凡是疏远、违背了仁和义的原则，都可以看作对它的某种撞击。整部小说里几乎没有一个人完全达到朱先生的圣人境界，故而其他人的言行举止多少都存在着若干的缺陷，他们在某种程度上都是对圣人文化心理结构的偏离、冲击。由于人们对仁和义原则的疏远、背离存在着轻重缓急之分，因而对朱先生的圣人文化心理结构之冲击，就出现了强弱高低的分化，情形也就随之变得复杂起来。震荡复杂的地方就在于，它既有源于传统乡土文化内部的叠加性力量,又有来自外部的纠缠性因素。经内而外的两股力量合流,使得小说关乎震荡的叙述变得跌宕起伏、五彩斑斓。历经多重的震荡之后,以朱先生为代表的圣人心理结构,要么被强化进而愈发展现出自己的威力,要么被弱化从而展露出自我更新的渴望。小说对历史场景的纵深描写,便由此得以生动呈现。

凡对圣人文化心理结构造成的对立性偏离,均可视为内在性的震荡。圣人朱先生的榜样是孔子。孔子作为正常人自然知晓,好色的强度远胜于好德,但圣人与众不同的地方是在自动拒绝了感性的诱惑之后,却对德性甘之如饴。但并不是每一个人都是圣人孔子,也并非每一个人都是圣人朱先生。小说给我们灵动地塑造了诸多背离德性的人物,他们放纵了自己的感性欲望,他们的很多行为对圣人的文化心理结构形成了某种直接性的挑战。田小娥是一位几乎全按本能原则行动的角色,德性的规范在她身上几近完全失效,她的存在是对圣人的公开宣战,与小说中其他相对懦弱的传统女子相比,她彻底的性欲放纵,无疑是敢于冒天下之大不韪,不过她的果敢与决绝无疑在另一个方面令人顿生敬意!白鹿原上与田小娥发生过瓜葛的男子,首先如鹿兆谦,接着像鹿子霖,最后如白孝文等,同样也形成了对圣人精神的瓦解。鹿兆谦与田小娥的私奔,过着非典型性的夫妻生活,加之他的土匪行径,与圣人遵循的原则至少在开始是格格不入。鹿子霖与田小娥的私通,乃至他通过田小娥色诱白孝文,以期整垮对手白嘉轩,以及他在白鹿原上的风流成性,更是与圣人信奉的观念背道而驰。从田小娥的线索到土匪黑娃的行径,再到鹿子霖的行为,从公开到隐蔽,辈分虽有大小之别,但都一起冲击着以朱先生为代表的圣人心理结构。

人不能没有情感,倘若没有了情感,人将形如冰冷的机器。人存在的一个重要特点,便是人生而有情感。中西方对此的认识,出现了一致性。马克思就说,人是一种情欲的存在物;叔本华也说,人生而有欲望。曹雪芹在叩问:"开辟鸿蒙,谁为情种?"① 贾宝玉衔玉而生,玉者欲也,其潜在的意思是,人生而有欲望。李泽厚后来也抬高情感的地位,将其提升到本体论的高度。文学还敢声称是人学,就不能对情感置若罔闻。《白鹿原》的作者陈忠实

---

① 曹雪芹:《红楼梦》,光明日报出版社 2013 年版,第 27 页。

更是体验到了情感对于人,特别是女人的极端重要性。为了更好地完成小说创作,他努力翻阅蓝田县志,发现县志中全部的记录,贞妇烈女占据了相当的篇幅。他感觉到暗藏在这些文字的背后是一个个活泼的生命,以及她们一再遭受的苦痛。对此他的心情无比沉重,故而就萌生了一个大胆的想法,就是他要塑造的女性形象将与贞妇烈女完全不同。他对此这样写道:"我在密密麻麻的姓氏的阅读过程里头晕眼花,竟然产生了完全相悖乃至恶毒的意念,田小娥的形象就是在这时候浮上我的心里。在彰显封建道德的无以数计的女性榜样的名册里,我首先感到的是最基本的作为女人本性所受到的摧残,便产生了一个纯粹出于人性本能的抗争者叛逆者的人物。"① 在陈忠实的意图里,田小娥就是一个对"封建道德"的"抗争者叛逆者的人物",而她"抗争""叛逆"的武器就是"纯粹"的"人性本能"。他如此去想,确亦如此去做。

纵观田小娥的一生,她信奉的尽是快乐原则。如此观念将影响到行动,她因此一再放纵着自己的情欲。她的父亲田秀才将其嫁给郭举人当小妾时,比黑娃年长,但仍不算大。其夫郭姓,是武举人,尽管是"六十多快奔七十的人"②,但"每月逢一(初一、十一、二十一)进小女人(田小娥——笔者)的厢房去逍遥一回",仍觉得"身体好,精力充沛,往往感到不大满足,完事以后就等待着想再来一次"③,老实说,能够如此,对于一般女子而言是一位相当称职甚至是优秀的丈夫,如果仅从生理的角度来看即是如此。不过比郭举人要年轻得多的田小娥,仍得不到生理上的满足,而且对他用自己私处泡枣吃的变态行为,尤其觉得反感厌恶,这为她的出轨埋下了伏笔。更年轻而且野性充盈的黑娃,在另外两位长工晚间所讲的黄色故事熏陶下已是欲火难耐。他和她在不经意间有身体接触,都给各自留下了无比美妙的感觉。趁着别人外出干活忙事,院落无人之时,她与他便初次找到了释放欲望的良机,他们此后便一发而不可收拾,越陷越深。黑娃比她年轻,一次一次地满足了她的欲望。后来黑娃因起事出走,不能与她厮守。白鹿原上喜好寻花问柳的鹿子霖就乘虚而入,她便与他发生了奸情。再后来她又与白孝文好上,

---

① 陈忠实:《寻找属于自己的句子》,北京大学出版社 2019 年版,第 24 页。
② 陈忠实:《白鹿原》,人民文学出版社 2016 年版,第 128 页。
③ 陈忠实:《白鹿原》,人民文学出版社 2016 年版,第 129 页。

而且还与她一道抽起了鸦片，找到了获取生理快乐的又一方式。她由于裹着小脚，不能下地干活，不能自食其力，物质保障主要靠黑娃、鹿子霖、白孝文等拜倒在她石榴裙下的那些男子提供。当婚内不能满足自己的情欲，她便在婚外寻找刺激，她与后三个男人的婚外苟且，就是以欲望的满足作为出发点；她或许与黑娃是真心相爱，但从始至终都不能得到家族的认可。她是一块任由他人耕种的田地。后来电影版的《白鹿原》就是围绕着田小娥的故事展开。电影有自己的拍摄逻辑，其行为的动机是以欲望的批量生产与无穷复制获得更多的商业回报。相比之下，《白鹿原》的电视连续剧构筑起来的流动影像世界，更能契合原著的况味，更能经得起艺术上的考量，而对田小娥二度创作的形象亦更加富有韵味，但其心理结构未变。

田小娥毫无顾忌地满足自己的欲望，严重背离了仁义的圣人原则。她的存在及其行为对圣人仁义原则的消解最为直接，更是与朱先生的文化心理结构势如水火。她从嫁给武举人开始，便与这一原则及结构展开了殊死搏斗。她用自己的尿液泡枣给郭举人吃，表达自己对其特殊养生方式的强烈不满。她与黑娃的偷情乃至后来的决然私奔，已置"父母之命，媒妁之言"的封建婚姻制度于不顾。她与黑娃私奔后，回到孤悬在白鹿村外的破窑，过起了居家日子，这对仁义白鹿村而言是一种公开的叫嚣。与他们一起孤悬于村外的，还有白兴儿家，两者不同的地方是，一个是给人配种；另一个是给牲口配种，所干的苟且之事无一不在傲视着圣人精神支撑下的仁义白鹿村。她后来与白鹿原上的头面人物鹿子霖暗地偷情，进入某种状态后，她将鹿子霖尿了一身，无不带有泄愤的意思，目标指向的不只是鹿子霖一个人，而是由男权编织的制度牢笼。她后来在鹿子霖的设计怂恿下，色诱了白鹿村的年轻族长白孝文，直接将白孝文拖下水，致使后者走向堕落败家，那是对白嘉轩以及白鹿村最热情的嘲讽，以及对圣人的文化心理结构较为猛烈的撞击。她一无所有，拥有的只是身体。她一直在用自己柔弱但充满欲望的身体与强大的封建制度进行着殊死搏斗。欲望的身体除了需要得到满足之外，还充当了反抗的武器，尽管她有时并不完全自觉。同是对传统礼教的叛逆和抗争，她的第二个男人黑娃与她所走的道路就不一样。

黑娃是长工鹿三的儿子，出身穷苦家庭。与父亲的逆来顺受不同，他自小就对白鹿原上的富人家老小心怀仇恨。他由于自感一无所有，因而在一开始便滋生了反叛的精神。他接受富家公子的冰糖、水晶饼等稀罕东西，感觉到的不是如何的幸福，而是深深的伤痛。族长白嘉轩的腰板一直挺得太硬太直，令黑娃很不舒服。且不说他与田小娥的"非法同居"，直接挑战了白鹿村的族规；他后来打家劫舍，占山为王，当起了土匪的二当家，更是将白鹿村的乡约撕得粉碎。更为重要的是，他后来还授意土匪兄弟，将白嘉轩那挺得太直太硬的腰打断。折了腰以后的白嘉轩，只能艰难地佝偻着腰，成为了近乎残疾的锅锅儿，继续在白鹿原上艰难行走。白嘉轩是朱先生圣人精神信念最为直接的现实执行者。他被粗暴地拦腰折断，暗示着圣人的文化心理结构在这里遭到了最为致命的打击。他的悲惨遭遇是儒家文化精神在时代变迁中所显现出的颓势某种相当重要的隐喻，它继承的是鲁迅文化精神的反思旨趣。鲁迅是中国反封建革命的一面镜子，他的小说创作都在发挥着镜子般的照射功能，《孔乙己》也不例外。孔乙己的言和行、内和外都被儒家文化所渗透支配。在商业精神逐渐弥漫开去的鲁镇，孔乙己一再成为众人嘲笑的对象。他不能与时俱进，变得穷困潦倒，后来被打断了腿，以至于只能爬着走。孔乙己的悲剧性遭遇，是孕育着他的儒家文化精神所遭遇的悲剧性冲击的强有力隐喻。儒家文化精神与商业文化氛围的格格不入，是导致令孔乙己难堪的原因。鲁迅在此至少有向"左"转的趋势。情形不管怎样，白嘉轩（朱先生）和孔乙己的精神文化脊梁均已产生严重变形是无可置疑的。《白鹿原》与《孔乙己》走在相似的道路上。相对而言，同是对白嘉轩（朱先生）及其文化精神的挑战，鹿子霖走着一条更加隐蔽的道路。

　　田小娥和黑娃在经济上接近于无产者，而且在辈分上，比白嘉轩要小一辈，他们还缺乏生活上的阅历，以及生存所需的心计，因而他们在一开始，与白嘉轩及其文化心理结构的较量，无论是在哪一方面都不占有任何优势，他们大多只从本能出发，用身体的欲望和野性，跟囚禁着他们、使他们痛苦的封建礼教进行着一场希望渺茫的斗争。仅就这一点来说，鹿子霖相比于他们优势就相当明显。鹿子霖和白嘉轩年龄相仿，属于平辈，生活历练相仿，心智能力相近，各自的家底都相当殷实，彼此的社会地位不相上下，都被自己的家庭寄予厚望。只是由于历史的机缘，族长位置一直以来都是由白家长子担当，随着白秉德突然的病逝，白嘉轩就顺利地当上了族长；尽管如此，但凡是白鹿村的重大事情，都是经由白嘉轩和鹿子霖一起商量着办。白、鹿两人两家表面上极其和谐，暗地里却在较着狠劲。如果说人的心，既可为善，也可以为恶，那么鹿子霖在作恶的道路上行走得就异常遥远，这与白嘉轩（朱先生）在很多时候的向善信念构成了非常尖锐的冲突；更是因为两人的力量不分伯仲，所以白嘉轩面对鹿子霖的恶行多是睁一只眼闭一只眼，显示出毫无办法的容忍，而鹿子霖在原上的作恶多端，因之也就变得有恃无恐，他也就不断地动摇着圣人的文化心理根基。他尤好女色。他与田小娥的私情属于辈分上的乱伦。为使田小娥免遭骚扰，更是为使其与田小娥的奸情免遭暴露，他硬是将情敌狗蛋活活整死。白鹿原上凡是稍微有点姿色的女子，他几乎都没有放过，并与她们发生关系，留下了许多私生子。在家守活寡的大儿媳妇被他逼疯致死。他使了奸计，陷害白家。通过田小娥，成功色诱白孝文。使得白孝文一步步走向堕落。白孝文与田小娥的奸情败露后，父亲白嘉轩便与他了分家，撇清了与他的关系，他后是卖地卖房，紧接着气死了妻子，顾不了孩子，最后沦为了乞丐，从一个受人尊重、衣食无忧的族长，蜕变为食不果腹、衣不蔽体、沿街讨饭、地位卑微的乞丐。鹿子霖的计谋一步步得逞。他还仰仗田福贤，利用公职之便，在白鹿原上四处敛财，搜刮民脂民膏。由于双方力量的平分秋色，白嘉轩不敢动用宗法族规来惩罚他，他在白鹿原上的行走自如，不断在突破着乡约所制定的道德底线，不断地践踏着、瓦解着朱先生的圣人文化心理结构。现实的伦理原则对他失效以后，只能祈求于渺茫的上天对他的惩罚，与朱先生死后尸体晶亮通透宛如一只白鹿相比，他满身屎尿臭气熏天，那是对其一生累累恶行的应有报应。陈忠实对文化心理的揣测异常通透。

田小娥的线索、黑娃的行径和鹿子霖的恶行等，构成了对圣人文化心理结构的内在消解。之所以说是内在，是因为它们都在本土社会中滋长出来，本身与向善的圣人文化土壤具有共生性。圣人文化精神发挥现实影响力的重要途径，便是书院的教育和乡约的教化。而随着社会的急剧变动，外来的新式教育和新的思想观念输入、兴起必然对中国现实带来新的影响，而被新式思想和观念武装起来的人及其行为，同样构成对圣人文化心理结构的外在解构态势。之所以说是外在，是因为这种力量经过教育之后的凝聚，与圣人精神产生的土壤不具有同源同根性，而且是原有的文化心理结构，不能马上与之同化并抗衡的异质对象。

足见教育是其中的关键性因素。小说对此这样写道:"朱先生已不再教学。生员们互相串通纷纷离开白鹿书院,到城里甚至到外省投考各种名堂的新式学校去了;朱先生镇静地接受那些生员礼仪性的告别,无一例外地送他们到白鹿书院的门口,看着他们背着行礼卷儿走下原坡;后来朱先生就催促他们快些离开,及至最后剩下寥寥无几的几个中坚分子时,他索性关闭了书院。彭县长亲自招他出马,出任县立单级师范校长。干了不到半年他就向彭县长提出辞呈。"① 当中传达出来的信息有三。一是白鹿书院的学生越来越少,朱先生索性关闭了书院。二是学生投考到各式的新式学校去,新式学校对他们的吸引力更大。三是朱先生对新式的学校严重不适应,于是就被迫停止了教学活动,最后在书院中编修县志。关闭书院,停止教学,表明儒家精神的传播路径受到了阻碍,它对社会的影响力受到了弱化。取而代之的是诸多的新思想,其中就有马克思主义,以及在这种新学说影响下出现的共产党人,连同在他们领导下所做的许许多多的惊动天地之事。

从白鹿原上走出来的早期共产党员是鹿兆鹏和白灵。他们天生颖慧,接受了新式教育,有能力、有胆识、有学识,选择并拥抱了共产主义,有理想、有抱负、有信仰。他们毅然反抗封建的包办婚姻,敢于追求自己的爱情,与黑娃和田小娥的本能抗争相比,他们显得更加理性,更加勇敢成熟。婚姻上对父亲指定的王家,白灵誓死不从,写了恐吓信,以期使得求婚的王家知难而退。鹿兆鹏对父亲包办的婚姻做出的猛烈反抗,就是在成婚以后,再也不踏进父亲的家。加上他们选择的信仰和事业,各自的父亲都与其断绝了关系,他们不再被原生家庭所接纳,再也回不到以往的"旧家"。最为深层的缘由是,他们的信仰和行为已严重地威胁到了封建礼教,动摇到了它的地基。他们已不能再回头,只能一路朝前走。他们艰难地从事地下地上工作,形势逼迫,假扮夫妻。后来他们由假夫妻过成了真夫妻,建立了自己的"新家"。他们的结合是灵与肉的统一,还孕育了革命后代。他们的革命工作,就是动员、团结一切受苦受难被压迫的劳苦大众,为缔造一个崭新的社会,建立起千千万万个与他们一样的"新家",而努力奋斗。黑娃、田小娥、白兴儿是白鹿村的无产者,一开始便是鹿兆鹏容易争取得到的对象。当一个人变得一无所有

---

① 陈忠实:《白鹿原》,人民文学出版社 2016 年版,第 181 页。

的时候，他才有可能变得无所畏惧，才有可能激起改变现状的莫大勇气，"全世界无产者，联合起来"绝不是一句空喊的口号！他们团结起来"闹农协"，就是将革命的矛头对准了白鹿原上的土豪劣绅，以及压迫着他们的封建制度。随着革命斗争的深入展开，支撑着封建制度的圣人精神，也就随之处于风雨飘摇之中。尽管他们的生命朝不保夕，但他们仍然一往无前，原因是他们作为共产党人，拥有着坚定无比的理想信念。

他们作为共产党人的信念理想，不再是儒家的圣人精神，而是外来的共产主义。共产主义在鹿兆鹏和白灵的心中展现为一幅幸福、美好、和谐、自由、平等的完美社会图景，白鹿原上人尽皆知的白鹿传说是他们理解、接受这一图景的前结构。民间传说中的白鹿，就是使大地与民众免遭苦难的神奇力量："庄稼汉们猛然发现白鹿飘过以后麦苗忽地蹿高了，黄不拉几的弱苗子变成黑油油的绿苗子，整个原上和河川里全是一色绿的麦苗。白鹿跑过以后，有人在田坎间发现了僵死的狼，奄奄一息的狐狸，阴沟湿地里死成一堆的癞蛤蟆，一切毒虫害兽全都悄然毙命了。更使人惊奇不已的是，有人突然发现瘫痪在炕的老娘正潇洒地捉着擀杖在案上擀面片，半世瞎眼的老汉睁着光亮亮的眼睛端着筛子拣取麦子里混杂的沙粒，老二的癞痢头上长出了黑乌的头发，歪嘴斜眼的丑女鲜若桃花"①；"那是一只连鹿角都是白色的鹿，白得像雪，蹦着跳着，又像是飞着飘着，黄色的麦苗眨眼变成绿油油的壮苗了，浑水变成了清水了，跛子不跛了，瞎子眼亮了，秃子长出黑溜溜的头发了，丑女子变得桃花骨朵一样水灵好看了"②。如此动人的白鹿传说，深入了他们的骨髓。因而当白灵在教会学校第一次接触到上帝，以及当他们一起讨论什么是共产主义时，很自然地联想到了深埋于他们心间的那只白鹿。小说对此设置了白灵与鹿兆鹏的对话场景："白灵说：'我想到奶奶讲下的白鹿。咱原上的那只白鹿。我想共产主义就是那只白鹿？'鹿兆鹏惊奇地瞪起眼睛愣了一下，随之就轻轻地摆摆头笑了：'那可是一只令人神往的白鹿！'"③白鹿就是共产主义，共产主义就是白鹿，或者说白鹿原就是共产主义，共产主义就是

---

① 陈忠实：《白鹿原》，人民文学出版社2016年版，第28页。
② 陈忠实：《白鹿原》，人民文学出版社2016年版，第413—414页。
③ 陈忠实：《白鹿原》，人民文学出版社2016年版，第420—421页。

白鹿原。一只白鹿就是一个原，一个原就是一只白鹿。现实中的白鹿，就是信仰共产主义的人，如鹿兆鹏和白灵等共产党人。因为心怀信仰，共产党人视死如归。白灵后来牺牲，成了真正的白鹿精灵，托梦给她的亲人。与她断绝了父女关系的白嘉轩说，我"刚睡着，就看见咱原上飘过来一只白鹿，白毛白蹄，连茸角都是白的，端直直从远处朝我飘过来，待飘到我眼前时，我清清楚楚看见白鹿眼窝里流水水哩，哭着哩，委屈地流眼泪哩！在我眼前没停一下下，又掉头朝西飘走了。刚掉头那阵子，我看见那白鹿的脸变成灵灵的脸蛋，还委屈地叫了一声'爸'"①。这是一种神奇的感应。光荣牺牲了的鹿兆海，在朱先生等人的眼中也是白鹿精灵。而逝世了的朱先生，在其妻朱白氏看来，亦是白鹿精灵。从历史发展的角度来看，真正的白鹿精灵应是勇于牺牲的白灵。一个人就是一个原，一个原就是一个人，一个原仍是白鹿原，一个人已不再是白嘉轩（朱先生）了，而是变成了白灵（鹿兆鹏等共产党人）。可见，白嘉轩（朱先生）与白鹿原的共生关系，就因之被新的关系打破替换了。从理论的角度来看，这是以一种新的文化主体性，更换了另一种文化主体性。白鹿原的支撑性力量就不再是圣人精神，而是共产主义理想。虽然共产主义理想是外来的东西，但与白鹿原的美好传说具有高度的吻合性，恰是如此，白灵他们才更好地明白共产主义的精神内核，因此它必定能够焕发出超乎寻常的生命力。它对原有文化心理结构的震荡开始变得相当强烈；由于二者之间存在着深层的契合性，所以包括白鹿原在内的中国人在原有文化基础之上，在历经诸多波折之后，毅然选择了共产主义学说。

  由上可见，对圣人文化心理结构的震荡，内在和外在的力量同时并存。内在指的是原有的文化中滋生出来的对立性要素。它们有些是公开的、看得见的，如田小娥的线索、黑娃的行径；有些则是隐蔽的、看不见的，如鹿子霖的行为。两相比较之下，后者的震荡作用强于前者。外在则是指震荡的作用，其力量不出自本土的文化精神，而是从苏俄传来的新思想、新观念。由于与广大民众的愿望相符合，共产主义的理想信念对原有的文化心理结构，至少在开始造成的震荡最为猛烈。震荡从内而外、由弱变强，历史从来就不在田园牧歌中行进，而是出现了激烈的矛盾，这使得小说《白鹿原》的最深

---

① 陈忠实：《白鹿原》，人民文学出版社2016年版，第537页。

处散发出浓重的悲剧性意味。

三　伦理与历史的二律背反

面对多重的震荡作用，朱先生的圣人精神结构，其内聚的反震荡力量从来就不甘心主动弱化自己。震荡与反震荡在小说的叙述中同时交织并存。整体上看二者的关系相对复杂，复杂的地方在于，假如将两者并置在一起，矛盾冲突乃显而易见；假如将它们各自分开，又都存在着正当性。具体到小说文本的叙述即是，以朱先生为代表的圣人文化心理结构，以及对这种文化心理结构的强烈冲击，两者如果放置在一起，彼此的对立将即刻暴露无遗，而双方如果分别来看，又都存在着合理性。既合理又矛盾的如此奇怪现象，便是康德所说的二律背反，我们融合康德和黑格尔、恩格斯的意思，并与历史的场景结合起来，将其提炼为伦理与历史的悲剧性二律背反。

由上陈述可知，以朱先生为代表的圣人文化心理结构，遭受到了从内在到外在的猛烈震荡。如此事实的存在表明，起震荡作用的力量主体和群体，急需拓展出某种属于自己的生存空间。随着震荡作用的由弱变强，拓宽生存空间的愿望随之愈发变得迫切起来。言下之意是，他们愿望的满足要求带有了某种自明的合法性。经典作家指出，没有爱情的婚姻是不道德的。作为人的情感应该得到满足。谁都有权利追求自己的爱情，谁也都有权利追求婚姻的幸福。从这个意义上说，田小娥与郭举人的婚姻不一定建立在爱情之上，她于是感觉不到来自婚姻、爱情的幸福。她应该并也确然踏上了追求有爱情的婚姻之不归路，哪怕有时并未得到世俗的认可也仍一如既往。她与黑娃的私奔是以强烈的感情为基础，他们也都没有为各自惊世骇俗的举措而后悔过。就此而言，作为一个年轻貌美的女子，田小娥的情感满足要求有时并不算很过分；以至于她为此遭受过最严厉的惩罚，依然有着令人同情的一面。无情无爱的切肤之痛，不一定符合人性的正常要求。如果从人存在的"完满性"角度看，鹿子霖的多情只是在表明，他情感能力的异乎寻常有时也就变得无可厚非，想想古代的帝王，哪一个不是后宫佳丽三千？以前的有钱人家，哪一个不是妻妾成群呢？诚然在现代文明社会里，却不一定都如此了。鹿子霖的诡计，如果从打仗和生存的角度着眼，战胜对手，大概是每一参战者的愿望，这并没有什么不妥当，作为仁义白鹿村族长的白嘉轩，为了挽回自家一再延续的颓势，不也要尽了好计吗？尽管他在晚年已有所悔改。受苦受难的劳苦大众，希望改变不如意现状过上幸福的生活，并使其愿望付诸行动，其合理性同样不言而喻。他们的这些愿望、要求及其追求、实现，在特定的语境看确实有其合法性，换言之，他们对某种结构化秩序的撞击带有在一定限度内的正当性。之所以说有限度，是因为他们撞击的文化心理结构对他们有反撞击的作用，即是说，以朱先生为代表的文化心理结构对他们构成的严厉规训趋向，同样有其存在的必要性。

　　黑娃如果从小压根没见过牲口配种，长大以后，从来没听过黄色故事，他的旺盛情欲就不会得到激活。在此可以看出，属于人的情欲从来就不是由纯粹的自然催生，而是经由人类文化熏陶出来。在一般情况下，被文化所生产出来的情欲，它的流向应该得到规范。既然情欲的产生带有文化性，那么其规范的力量应该也只能是文化的。情欲的文化化或文化渗透了的情欲，就是文化心理结构的生成，它是人性形成、展现的重要机制。人性在人类社会的史前史就不单是自然性，也不只是文化性，而是自然性与文化性的交织，有时它一方会多些，但是不能多到全；有时它一方将少些，然而绝不能少到无。朱先生的文化心理结构中，文化性超过了自然性；而在田小娥那里，自然性则超过了文化性。反震荡作用的存在，首先是人性（圣人）生成的先决条件。除此之外的原因，概而言之尚有二。朱先生反复强调说，体现了儒家精神的族规乡约才是治本之道。而所谓的治本之道，说的其实就是，它在消弭现实纷争、维护社会稳定方面将发挥着根本性的作用。因而出于社会长治久安的思量，就得接受并仰仗儒家精神的强力规约，这大概是朱先生以及白嘉轩们，都一起认同并竭力践行的信念。此外，小说《白鹿原》创作的文本内部，需在反震荡与震荡之间形成某种张力结构。该张力结构越是复杂，《白鹿原》的情节叙述越是扣人心弦；它人性的展现越是丰富充盈，文化心理结构的展开越是强劲有力。洛特曼将这种张力结构概括为经典文本形成所需遵循的对立美学原则。从人性的复杂生成，到小说人物对社会长治久安的考虑，再到小说叙述的内在需要来看，反震荡的作用都不可或缺。它所依靠的圣人文化精神树立起的"止于至善"的终极目标，显得庄严肃穆而不容冒犯。

　　现实生命个体的欲求应该得到满足，震荡就不无道理。它是使历史更加生动的场景。震荡突破了规范，然而人性的生成与社会的发展不能没有规范，以建立规范为目的的反震荡，同样也很有必要。它是伦理的刚硬世界。历史和伦理都言之凿凿，都有其合理性。两者放在一起，矛盾又难以避免。历史有恶，伦理向善。如此一来，历史容易遭受伦理的碾压，伦理也容易因历史的纷乱而失范。碾压也好，失范也罢，历史与伦理的冲突给《白鹿原》小说中的当事人都制造了无尽的痛苦。随此，陈忠实以虚构的叙述指向了悲剧性的现实。矛盾及其悲剧性韵味的创造，彰显了《白鹿原》的独特美学魅力和价值。

在中国传统文化中，伦理道德轻易便以善或至善的名义，对与其疏离的历史人事中的恶展开着无情的碾压。由于儒家的重大影响，中国传统文化就是由儒家倡导的五伦文化。而五伦文化的核心便是夫妇之道；夫妇之道（伦），应以理（礼、别）强，不以情（欲、同）胜，由此之故，占据着主导地位的是社会中的男性，女性的地位则具有依附性。若以情胜，理必遏之，轻则罚之打之，重则摧之毁之，而其对象多半是弱女子。不孝有三，无后为大。为了完成传宗接代的使命，白嘉轩一连娶了六任妻子，但她们都以或明或晦的原因死去，都未能与他过多厮守，更不能妄谈生儿育女。六位妻子，命如草芥。第七任妻子吴仙草，终于跟他长久地生活。仙草一共生下八个子女，活下三男一女，另外四个则夭折了，她俨然是一架生育机器。仙草的痛苦几乎被忽略不计。木匠将大女儿小翠许配给开杂货铺的王家，但小翠则喜欢上了父亲的徒弟郑芒儿。她与郑芒儿之间的秘密不料被怀恨在心的二师兄知晓。在父母的强逼之下，小翠最后嫁到了王家，二师兄还是将其秘密告诉了王家女婿。王家女婿误以为小翠在婚前已失去贞操，并在与小翠成婚后的第二天将其秘密公之于众。小翠无脸见人，上吊而死。郑芒儿后来为她杀了人，报了仇，但他已无法再挽回恋人的生命。把小翠逼上绝路的是封建礼教中的贞操观。相比之下，小说浓墨重彩的是田小娥被惩罚的事迹。田小娥相对短暂的一生，是被封建礼教残酷迫害的一生。她与黑娃的私情被揭发以后，就踏上了布满荆棘的道路。郭举人先是休了她，然后又试图将奸夫黑娃弄死，但黑娃被弄而不死。她被休后，被退回到父母家，身为秀才的田父已是无脸见人。后来死里逃生的黑娃找到了她，答应娶她为妻，而田父提出的条件竟然是，永久性地断绝与其的父女关系，不许她再踏进田家半步。黑娃和田小娥只能回到白鹿村。他们的出格行为不被家族认可，他们死活都进不了祠堂和族谱。黑娃起事,离开了她。孤苦无依的她成了鹿子霖泄欲和权力斗争的工具。鹿子霖通过她成功地色诱年轻族长白孝文,使其身败名裂,身无分文,沦为乞丐。鹿三看不惯白孝文的堕落,迁怒于田小娥的不检点,后来将田小娥刺死。白鹿原有一年闹瘟疫,瘟疫一再蔓延,久久不能攘除。一个公认的意见是,田小娥的鬼魂在作祟。为了有效地消除疫情,白嘉轩和朱先生商定将她的尸骨用烈火烧成灰,将灰末用瓷缸封死,放在她的窑洞里,再在上面修建六棱塔,使她的魂魄永世不得翻身。田小娥的一生,是痛苦的一生,她生的痛苦,活的痛苦,死的痛苦。痛苦的原因是,封建礼教对这一弱女子实施了最严厉的打击。在封建礼教的笼罩之下,女人的地位本来就不高,而当面对不要脸的"烂女人"时,就更是欲除之而后快了。封建礼教的"吃人"本质在这里也得到了充分的体现。小说发出的旷世呐喊,不再是救救孩子,而是救救女子!陈忠实是在鲁迅的道路上继续前进。除了弱女子,男子有时同样也需要得到解救。

五伦文化中的父子和兄弟,涉及的是男子本身以及男子之间的关系。男权主宰着伦理上的善,碾压着指认中的历史之恶,表明男权伦理之善力量的无比强大,地位的无比崇高。事情发展的趋势是,有时表面上的强盛,伴随的却是内里的虚弱。究其原因是,伦理上的"至善"容易使自身失范。小说中叙述的情形是,伦理上的失范在朱先生身上不太容易见到。但在小说的虚构中,历史的具体场景远比刚硬的伦理要复杂得多。朱先生之外,失范之事时有发生。在圣人精神支撑下的白鹿原,以及白鹿原上公认的好人,行背离伦理之事还是比较容易见得到。男子及其彼此之间伦理的失范,既体现在单个男子行为的缺憾上,又体现在与其缠绕着的兄弟、父子关系的紧张上。

仁义白鹿村的族长,从人选的要求上应是仁义的化身。但小说叙述的两任族长,都未能经受得住伦理的考验。族长白嘉轩的一生,所做之事,大多有口皆碑,却有两件事令人不齿,是个例外。一是他为换得鹿子霖家的风水宝地,要尽了谋略,其心计之缜密令人叹为观止。他为了达到目的,几乎不择手段。直到晚年,他还为此事深感懊悔。二是为了尽快地发家致富,弥补因不断娶妻留下的亏空,他在白鹿原上率先种植了鸦片。鸦片的种植确实给他带来了巨额的财富。但从后来朱先生的禁烟、毁罂粟苗看,这是一件害人不浅的事。积累财富以后,他便扩大地产,他的行为与朱先生的圣人精神距离得非常遥远。他有意让他的长子白孝文接替他的族长位置。新任族长白孝文在欲望的诱惑面前，依然守不住仁义的防线——白孝文与田小娥发生了婚外情。白嘉轩知道以后，陷入了深深的痛苦之中，精神接近于崩溃。加之他挺直的腰已被土匪打折，儿子的丑事对他而言，真是祸不单行。小说是从旁观者冷先生的立场来诉说他的悲痛："冷先生瞅着佝偻在椅子上的白嘉轩说：'兄弟，我看人到世上来没有享福的尽是受苦的，穷汉有穷汉的苦楚，富汉有富汉的苦楚，皇官贵人也是有难言的苦楚。这是人出世时带来的。你看，个个人都是哇哇大哭着来这世上，没听说哪个人头落地头一声不是哭是笑。咋哩？人都不愿意到世上来，世上太苦情了，不及在天上清静悠闲，天爷就一脚把人蹬下来……'"① 无论是谁，生活于世都是太苦，冷先生说这番话的用意是安慰白嘉轩，因为他能体会得到，儿子白孝文的丑行可能会给白嘉轩带来毁灭性的打击。这与其说是给白嘉轩带来打击，还不如说是给圣人精神、儒家的文化心理结构带来打击。白嘉轩本就折了腰，只能弓着背走路，再加上这一沉重打击，他已几近于爬着走，正如那个爬着走的孔乙己一样。年轻族长白孝文，确实一步一步地走向了堕落，气死了妻子，抛弃了儿子，耗尽了家产，沦为了乞丐，从天堂到了地狱。这是促使鹿三刺死田小娥，酿成田小娥悲剧的直接导火线。白孝文已亲手将"仁义"二字抛至九霄云外。他们作为族长的背仁弃义，弱化了朱先生圣人精神的现实表演力度。

白孝文的婚外情以及后来的堕落导致的一个后果是父子关系的恶化。核实了白孝文的出轨之后，白嘉轩做出的一个重大反应，就是与儿子分家。白嘉轩与白孝文断绝了父子关系，正如田秀才断绝与田小娥的父女关系一样，说明伦理失范对当事人的打击是何等的沉重。白嘉轩除了与白孝文，断绝父子关系之外，还与自小就叛逆、长大后参加了共产党的白灵断绝了父女关系。参加了共产党的鹿兆鹏，他的父亲鹿子霖，也与他断绝了父子关系。冷先生的女儿，嫁给鹿兆鹏如同守活寡，寂寞难耐，患了失心疯，冷先生将其毒死。刺死了田小娥的鹿三，与儿子黑娃的关系迅速恶化，他们之间的父子关系近乎破裂。与其说是父子（女）有亲，不如说是父子（女）有仇，由亲变仇，无论是父还是子（女），都无不感受到深深的痛苦。

---

① 陈忠实：《白鹿原》，人民文学出版社 2016 年版，第 293 页。

除了父子（女）关系，兄弟关系也在恶化。白嘉轩用计骗取了鹿子霖家的风水宝地。为了抢夺李家寡妇的一小块地，白嘉轩和鹿子霖大打出手。他们兄弟俩的关系，经朱先生的调和，虽重归于好，但明争暗斗仍在继续。鹿子霖通过田小娥色诱白孝文，使得白孝文走向了堕落的深渊，间接地打压了白嘉轩。人在一无所有的情况下，或许是与上帝的距离最近，很容易得到上帝的眷顾。沦为了乞丐的白孝文经人推荐，当上了县里的保安队长，并与由土匪归顺的黑娃一起共事。但是在新中国成立以后，出任了县长的白孝文还是不顾同族同宗的兄弟情谊，为了清除政治异己，为仕途铺平更宽广的道路，最后还是将已"学为好人"、当了副县长的黑娃整死，显示出他心狠手辣的可耻面相。小说中最大的兄弟关系莫过于国共两党。为了更大的权力争斗，国共两位兄弟展开了你死我活的斗争。鹿兆鹏和鹿兆海兄弟分别加入了国共两党，因其中掺杂着与白灵的恋情，兄弟俩最后是翻脸不认人。在或大或小的利益面前，兄弟之谊与父子之情一样，都显得那么不堪一击！

无论是震荡中使情欲遭受的沉重打压，还是反震荡中导致伦理自身的失范，给小说中当事的男男女女都带来了莫大的痛苦。人的世界已然如此，自然对人也不见得仁慈到哪里去。小说给我们叙述了由于旱灾，造成了令人恐慌的饥荒，以及不明的瘟疫蔓延，出现了大面积的死人现象。社会与自然都给白鹿原上的人制造了无穷的灾难。是白鹿原上的人，就得忍受住痛苦，就得与痛苦同在。看透了人世沧桑的白嘉轩如是说："要想在咱原上活人，心上就得插得住刀！"① 历史中的生命个体，总是那么痛苦不堪。白鹿原与其说是古原，还不如说的是一座苦原！痛苦有时并不完全是坏事。

在另一个方面，人生痛苦的磨砺更有利于锤炼人的意志，并强化着伦理上的善，进而昭示着圣人精神的力量，以及儒家文化心理结构的稳固。白嘉轩一再被生活打压，但是他依然顽强地站立在人生天地间。白孝文"学为好人"、衣锦还乡，终被父亲接纳。黑娃（鹿兆谦）历经人世沧桑之后，甘愿拜朱先生为师，跟他"学为好人"，再次组建家庭，带着知书达理的新夫人返乡，终被家族所认。朱先生逝世后，他又粗又大的子孙根得到展露，预示着他异常顽强的生命力，他作为仁义白鹿村强大的精神支柱作用，也得到了隐喻性的表

---

① 陈忠实：《白鹿原》，人民文学出版社 2016 年版，第 322 页。

达。问题要害的地方是，有来自异国的另一种文化精神，由弱变强地弥漫开去。

共产主义的理想信念，同样树立起伦理上的至善，其影响力逐渐由白鹿原往外扩大。而为实现这一理想，到达伦理上的至善，怀抱这一信仰的人们，如鹿兆鹏和白灵等白鹿原上的优秀儿女付出了艰苦卓绝的努力，而且经受住了超乎寻常的磨难，哪怕是牺牲掉自己的宝贵生命，他们也无怨无悔。他们为此几乎都与亲人断绝了往来，之后，只能义无反顾地孤独上路。他（们）动员社会底层民众，闹农协搞暴动，组织武装起义，秘密从事地下工作，虽屡遭镇压迫害，且一次又一次地与死神擦肩而过，但他们毫无惧色，越挫越勇，一路向前。为了实现理想，他们在抛洒着青春的热血。而他们所热情拥抱的理想与白鹿原上根植久远、流播广泛的白鹿传说，存在着惊人的相似性，即共产主义与儒家精神，在深层上是存在着亲和性。经过剧烈的阵痛以后，两种文化主体性逐渐融合起来。他们这批早期的共产党人，在现实中一无所有，却拥有了创造美好世界的无穷潜能。用《共产党宣言》中的话来说就是："无产者在这个革命中失去的只是锁链。他们获得的将是整个世界。"① 马克思是德国古典哲学和美学的合法继承人。德国古典哲学和美学的开山鼻祖康德指出，在备战中、在战争中、在灾难中，人的幸福人的感性诱惑虽降到了最低点，但人的意志却得到了空前的冶炼，人获得了文化创造的无比自由。② 这是真正创造性的主体人格挺立，对于朱先生的圣人精神如此，对于共产主义事业来说也不例外。

四　心理结构的主体性氛围

陈忠实关于《白鹿原》的创作经验叙谈中，使用频率最高的理论术语，无疑是文化心理结构。他喋喋不休的交代，表明该理论对他的创作起到了根本性的作用。在相关学者那里，文化心理结构的生成并拥有是主体性显现的绝佳路径。文化心理结构形成的关节点是心理的文化化，或是文化对心理的渗透。做到这一切的重中之重是自然的人化，它说的是人在改造外在自然的

---

① [德]马克思、恩格斯：《共产党宣言》，载《马克思恩格斯选集》第 1 卷，中央编译局编译，人民出版社 2021 年版，第 435 页。

② [德]康德：《判断力批判》，邓晓芒译，商务印书馆 2022 年版，第 220—221 页。

进程中，同时也改造着内在的自然，以前者为主导，并在前后二者的相互激荡中形成了人的文化心理结构。文化心理结构的现实表现，就是人类大脑三分结构知、情、意人性能力的生成。有学者对此这样明确地写道："这个结构中至少又可以分出智力结构、意志结构和审美结构三大分支（知、意、情），科学、道德和艺术是物态化的表现。它们确乎是历史具体的，随社会、时代、民族、阶级而具有各自特定的内容和作用，但是，同时它们又有其不断内化、凝聚、积淀下来的结构成果，具有某种持续性、稳定性和非变异性。前者（内容）时过境迁，经常变化、发展或消失，后者（形式）却常常内化、凝聚、积淀、保存下来，成为人的主体能力和内在结构。"如此观点见于他1982年刊行的《宋明理学片论》一文，1985年再收入《中国古代思想史论》一书出版，他是因宋明理学（对孔孟的新继承）而有上述阐发的。他在《美的历程》一书中也强调，他之所以重孔子儒学，是因为"孔子在塑造中国民族性格和文化心理结构，已是一种难以否认的客观事实"。他在1989年出版的《美学四讲》一书中，对文化心理结构学说有着更加具体、充分的阐述。归纳起来看，其中需要注意的问题有三个。其一是它是一个知、意、情的三分结构，其外化便是科学、道德和艺术。它是内在自然人化的成果。"'内在自然人化'的核心"是"伦理学"，很明显该学者在这个三分结构中，尤其崇尚伦理。伦理与道德在他眼中有其贯通的一面。原因是为他所关注的康德和孔子，都将伦理—道德抬得很高。康德眼中的实践理性，其价值远在理论理性之上。孔子以仁（德性仁心）释礼乐，开创了儒家学派。融合了康德与孔子（儒学），这位学者于是抬高了德性的地位。其二则是他提到，它是两重性的存在结构。它一方面表现出变化流动性，另一方面又具有超稳定性。这两个方面的特点是在相互激荡中前进。其三是他强调，两重性结构有关联。变动的是内容，不变的是形式，而形式却积淀、留存下来，就"成为人的主体能力和内在结构"。形式是人的创造，形式能力是主体性的充分体现。文化心理结构的主体特性，在他这里的阐述中得到了体现。

事关文化心理结构及其主体性内蕴，最早见于某学者的《批判哲学的批判》一书。该书是他融通康德与马克思的收获，至今仍是该领域内难以逾越的高峰，尽管某些地方值得商榷。围绕着该问题，他在这部著作中有过多次的阐发："康德对'人是什么'（也就是'人之所以为人'）的问题，实际已从认识、道德和审美作了普遍必然的人性能力（即文化心理结构）的回答"；"康德对人类精神结构（认识、伦理、审美）的探索和把握，便是基本特色所在……康德抓住的则是人类主体性的主观心理建构……今天要新哲学考虑，自觉地研究人类主体自身建构就成为。而这，也就是我讲的文化—心理结构亦即人性或人性能力问题"；"主体性既展现为物质现实的社会实践活动（物质生产活动是核心），这是主体性的客观方面即工艺—社会结构亦即社会存在方面，基础的方面。同时，主体性也包括社会意识亦即文化—心理结构的主观方面。从这里讲的主体性心理结构，首先是指作为人类集体的历史成果的精神文化：智力结构、伦理意识、审美愉悦，概言之即人性能力"；"人类主体性的'自我'由这两个方面（工艺—社会结构和文化—心理结构）组成"。该学者在反复的声言中所指出的问题无非是：人性、人性能力、文化心理结构和主体性具有贯通性；主体性的能力或说文化心理结构，是一个由认识（知）、伦理（意）和审美（情）组成的三分系统；诸如此类的问题，都可以追溯到康德（马克思）那里。由所述可知，文化心理结构（主体性）学说，是这位学者对康德和马克思的创造性融合，随后他以此为基点，去对孔子（儒学）进行"再评价"，他发现以孔子为代表的儒家学说，同样存在着自己的文化心理结构，它是中国人不同于西方人的根本所在，其文化主体性同样展露无遗。后来该学者又从多个层面论述了文化心理结构及其主体性问题，成为整个1980年代影响重大的理论话语。陈忠实所念念不忘、对他塑造朱先生等人物形象起到重要作用的文化心理结构学说，正是来源于该学者对康德的创造性阐发，尽管他不一定真正追踪过这个理论形成的来龙去脉，以及它通过该学者与康德哲学和美学所发生着的密切联系，然而作为后来者的我们却不能对此熟视无睹。给陈忠实带来影响的，除了该理论还有受其波动的文学上的"寻根"。

该学者在1980年代的一路高歌猛进，可以看作他对中国文化的理论寻根；与其相呼应的是有一部分作家，在文学领域里的寻根呼求与创作。拉美作家们的"寻根"，无论是卡彭铁尔，还是马尔克斯，都获得了巨大的成功，这令西方国家刮目相看，更是给中国作家树立了榜样。受拉美作家影响，中国当代作家如韩少功等，亦在积极从事"寻根"文学的创作。陈忠实与他们都不相同。在陈忠实看来，同是文学上的寻根，中国与拉美应该存在着边界，他故而说"就我的理解,人变甲虫变什么东西是拉美民间土壤里诞生的魔幻传说,中国民间似乎不常见";"我所感知到这块土地的昨天和今天,似乎没有人变甲虫的传闻却盛传鬼神"①,简而言之一是拉美的"魔幻",它不发生于中国的现实;一是中国的写实,"鬼神"之行为现实中俯拾即是。而且在他的眼中,中国的"寻根"不能只停留在边缘地带,而应回到人口稠密的地域,比如说他生于斯、长于斯的关中地区白鹿原。他认定在这些地方的人身上,一样积淀着某种根植久远、如今仍在发挥作用的文化心理结构,它同样是一种很值得找寻的"根"。重拾民族文化之"根"(文化心理结构—主体性),是陈忠实的自觉意识。寻根文学营造的主体性氛围,对他的主体性意识觉醒起到了直接的促进作用。

陈忠实说一个白嘉轩,就是一个白鹿原。一个白嘉轩,是仁义之人;因此一个白鹿原是仁义之原。而白嘉轩的精神导师和支柱是仁义化身的圣人朱先生,因而撑起一个人一个原的,确切说来就是圣人的精神结构。白鹿原历史的风雨苍茫,长达半个世纪的人事浮沉,离不开圣人精神的烛照。陈忠实用丰富的情节和细节,来塑造朱先生的形象,以及在他精神的照射下,不断上演着的"人海风波、悲欢离合"(王坤语)。就凸现德性这一点来看,陈忠实对文化心理结构理论的理解并再现是妥当的。《白鹿原》在此意义上,是在中国文化之根上长出来的一部难得的优秀小说。这与其说是它在寻"根",不如说是"根"在寻它,"根"选择了它,历史性地选择了它。尽管如此,《白鹿原》及其朱先生形象都是独特的"这一个"(黑格尔语)。陈忠实以《白鹿原》的小说幻象折射方式,发现了一个站立着的中国"人"形象,这与20世纪80年代主体(人)性呼唤的时代气氛乃息息相关。

文化心理结构理论和寻根文学,都是主体(人)性呼唤的时代精神映射,它们本身是这一个时代精神的有机组成部分。我们可以从理论到实践,进行范围更广的回顾。20世纪80年代出现了"巴黎手稿"热,原因是马克思在这部著作中高举了大写的人的旗帜。要康德还是要黑格尔,由于康德将人的地位抬得很高,这位学者选择了康德。如前述该学者融合马克思和康德学说,提出了主体性(文化心理结构)的哲学和美学,影响重大而深远,已是有口

---

① 陈忠实:《寻找属于自己的句子》,北京大学出版社2019年版,第79—81页。

皆碑。刘再复受该学者思想的促动，倡导文学主体性，引发了主体性的论争，波及范围颇广。劳承万"异军突起"（蒋孔阳语）的"审美中介"理论，其落脚点也是人性的尊严。与此同时，文艺上不断涌现出对"人"（"我"）的书写。小说《人啊，人!》和电影《庐山恋》几乎同时问世，反响很是热烈。舒婷的《致橡树》虽写于20世纪70年代末，但它逐渐为人所知并引起强烈反响却发生在80年代。该诗如此写道："我必须是你近旁的一株木棉，作为树的形象和你站在一起。"这不禁使人想起简·爱的话："我与大树并排而立，却不依靠大树。"其个性主体追求的姿态高昂乃是有目共睹。邓丽君等港台流行音乐开始唱遍大江南北；李谷一的《乡恋》经春晚播放，广为流传。根据古典小说改编的电视剧《红楼梦》《西游记》等，渐渐变得深入人心。执导《西游记》的杨洁，创作了插曲《女儿情》的歌词，其词这样写道："说什么王权富贵，怕什么戒律清规，只愿天长地久，与我意中人儿紧相随。"可以这样说，一再被书写的情爱成为80年代冲破人性牢笼、呼唤主体性的时代强音。在这样一个时代喧嚣中，陈忠实在尽情地"打开自己"①，不过他却显得异常地冷静，并将目光集中在潜藏得要深厚久远得多的主体性—儒家的圣人文化心理结构，并以长篇巨著《白鹿原》对其进行了荡气回肠的演绎。在这一意义上我们可以这样说，《白鹿原》及其朱先生形象塑造，既是时代主体性的活化石，也是文化主体性的一面旗帜！

我们来对上文做个小结。陈忠实选择的文化心理结构学说，其中显现出来的主体性，特别是对他塑造朱先生的形象起到了极重要的促进作用。一个人如果就是一个白鹿原，那么此人与其说是白嘉轩，还不如说是朱先生。朱先生对己修仁的个体人格理想和对人与义的人道主义担当之圣人文化心理结构，是白嘉轩与白鹿原共有的支撑性力量。田小娥的线索、黑娃的行径和鹿子霖的恶行，与鹿兆鹏、白灵共产主义的壮举，自内而外由弱变强地对朱先生的圣人精神结构构成了多重性的震荡。震荡使得个体情欲遭到残酷的打压，反震荡给集体伦理带来严重的失范，都给当事人制造了不尽的痛苦，伦理与历史形成的悲剧性二律背反，很好地体现了小说的美学魅力。共产主义与白鹿传说的最后贯通是两种主体性的契合。回到20世纪80年的文化主体性语

---

① 陈忠实：《寻找属于自己的句子》，北京大学出版社2019年版，第57页。

境，才能更好地理解《白鹿原》中的朱先生形象。礼失而求诸野，滋养着圣人文化心理结构的五伦文化以及它的当代变迁，我们还可以在边远的"野马镇"见到；作家李约热对"野马镇"的二律背反书写，我们在其中也能见到其对主体性的追求。

第二节　李约热《人间消息》的二律背反现象及其别样叙述

李约热近期推出的中短篇小说集力作《人间消息》，其较为引人注目的地方是"野马镇"的文学地理学新地，得到了更进一步的丰富强化。《人间消息》告诉我们，"人间"（世界、"野马镇"）的整体呈现出较为复杂的面相："这个世界春暖花开，同时，这个世界寒风刺骨。有人沐浴春光，就得有人忍受饥饿。"① "世界"（人间）的面相在总体上虽彼此相对，即"春暖花开""沐浴春光"（正题）与"寒风刺骨""忍受饥饿"（反题）双双对立，但两边分开来看，都有各自的道理。出现如此的情形，便同样也是康德所说的二律背反。刘再复对此说到，康德的二律背反思维并不倡导走极端，同样体现了"中道智慧"，作家如此，方可成其大。② 上述引文出自小说集中的"人间消息"一篇，而此篇位于中间地带，李约热又以其命名整部集子，它的分量自是不轻。因而该处呈现的二律背反态势，可以成为我们穿越小说集的有利线索。我们需先从反题说起。

一　"这个世界寒风刺骨"：人间的艰难

从小说的叙述来看，"人间"的艰辛与艰难就集中体现在两个方面，一是个体生存的困难，二是人际交流的困境。首先在小说集中，个体生存的困难可在两个层面上见出。先是有部分个体以死亡的方式，毅然决然地远离人间的喧嚣；个体虽以死亡试图终结一切，但又在无形当中强烈地宣告着痛苦的无情蔓延、苦难的如影随形。紧接着是活着的人们苦难依旧、痛苦依然；他

---

① 李约热：《人间消息》，广西师范大学出版社2019年版，第135页。
② 刘再复：《读书十日谈》，商务印书馆2018年版，第40页。

们在向死而生，负重蹒跚前行、受伤慌忙赶路。个体生存的艰难，一言以蔽之，曰非死即伤，即要么死掉了，要么活着很受伤。

李约热小说中诸多的生命个体存在着无法回避的限度，而其中最触目惊心的局限，莫过于肉体生命的终有一死。作为生命终结的死亡，如果只是偶尔发生，倒也无足轻重。问题关键的地方是，死亡已成为小说中的经常性事件，它不只是发生在某一个体身上，而是众多人物都遭遇过的事件，我们就不能轻易掠过了。李约热对死亡的小说叙述，大致分为两种情形，一种是个体可以主宰的自杀；另一种则是个人无法做主的他杀。小说中所叙述的死亡，不是天才与英雄成就伟业的行径，而是凡夫与百姓无路可走的无奈，它虽不轰轰烈烈，却不失为惊心动魄。

从小说集的情况来看，自杀死亡的不幸事件既有底层民众的勇敢选择，也有普通知识分子的坚定取舍。《龟龄老人邱一声》中"野马镇"95岁的龟龄老人邱一声，临死前说无论是晴天阴天，"什么都要靠自己"，"死也要靠自己"。① 他这样说，也这样做，他于是上吊而死。他的傻儿子阿牛，在他70岁的时候，已先他跳河而死。底层百姓如此，普通读书人亦然。《二婚》中出版界老人吴可为，"中年时被人打断双腿，老婆离婚，儿子自杀"②，一生历经沧桑，最后跳楼自杀。《人间消息》中唐俊退休前所从事的是与光明相关的物理学、光学研究，退休后他改攻人类灾难史、罪恶史。他无法与其研究的对象保持距离，坠入了黑暗的深渊，患了抑郁症，他最后是服安眠药自杀。《村庄、绍永和我》中瑞明的儿子绍永割腕，很想自杀，但被救活。《情种阿廖沙》中"野马镇"的阿廖沙为情所困，喝敌敌畏，也想自杀，也被救活。自杀能够自己做主，无论是已遂还是未遂，它都在向世界无声地宣告，个体生命是何等的绝望！

意外的他杀事件，在小说的叙述中，也经常发生。《村庄、绍永和我》中就写到，在孤寂的"村庄"里，忠发与别人一起，误喝了毒药浸泡的酒，别人及时抢救无事，他则替其父冠远，喝了太多毒酒，中毒最深，抢救无效，以至身亡。与冠远、忠发父子不同，《龟龄老人邱一声》中"野马镇"的李

---

① 李约热：《人间消息》，广西师范大学出版社2019年版，第69—70页。
② 李约热：《人间消息》，广西师范大学出版社2019年版，第225页。

永强、李谦父子则是黑发人送白发人,但情况也很糟糕。李永强是矿老板,开矿出事故,死了好多人,纸终究包不住火,他被枪毙致死。"野马镇"民风彪悍。《情种阿廖沙》中的刘小宝,源于工作职责的逼迫,疏于亲戚关系的考量,扣押了刘铁的违章车,刘铁将其打死,打死了人的刘铁也被判处死刑。《幸运的武松》中的税收人员韦海,执法过度,"把我哥的半车鞭炮,拉去当税",伙同他人私分、私用,明显在欺负"我"哥。① "我"哥发小世荣用最原始的方式,将"早已肥头大耳、一身横肉的韦海"肚子捅破,② 替"我"哥出了气。韦海虽没死,但已是半死,他不再收税,专门管饭堂。他杀虽不能依靠自己,但无论是已死还是半死,都在向读者诉说着,这"人间"的万般苦难。

死者虽已,但苦难终未泯。想死而未死者,如绍永、阿廖沙、世荣等人,连同其他人一道,将继续生活于世。小说告诉我们,无论是普通百姓、工厂工人,还是舞台演员、知识分子,苟活者的生命体验仍然非常沉重。《村庄、绍永和我》中,由于致使多人中毒、忠发死亡,海民、美雪夫妇背负着一生的愧疚。龟龄老人邱一声离去以后,阿亮阿锦、阿珍阿香等人的内心痛苦再无法得到有效宣泄;阿明、阿卫、阿三兄弟三人,原可在邱一声这里求得片刻欢乐,如今这片刻的欢乐也没有了,他们只能更加"灰头土脸地出去讨生活"。③《二婚》中的吴芳草,开始作为黑户生活,反正后进城当了工人,照顾残疾的父亲吴可为,后来虽与刘处长结婚,但一直感觉不到幸福;兰州拉面馆工人董含馨的首任丈夫张强,患有精神病,他们生有一儿子叫小文,也患有轻微的幻想症,她的二婚丈夫赵大河,官至省级主要领导,后来被"双规"了,她生活的风光也随风飘荡。《人间消息》中研究"玛沙"如何灭绝的季天冬,作为遗腹子疑心重重地生活着;他的女友不无怨恨地离他远去。《南山寺香客》中,身为大学学报编辑、文学研究专家的李大为,无不感到人到中年的悲凉,随时都"是差不多要溺水的感觉"④;李大为遇到的一对夫妇,本只想过正常人的生活,却生了一个畸形儿子,灾难也如从天降。凡此

---

① 李约热:《人间消息》,广西师范大学出版社2019年版,第182页。
② 李约热:《人间消息》,广西师范大学出版社2019年版,第189页。
③ 李约热:《人间消息》,广西师范大学出版社2019年版,第38页。
④ 李约热:《人间消息》,广西师范大学出版社2019年版,第136页。

种种表明，苟活于世的人们，事实上"大家都是可怜人"①。李大为是，李大为在南山寺遇到的夫妇也是；董含馨是，想通过婚姻改变命运的蓝小红父女也是；邱一声是，照顾他的那些人也是；"野马镇"的人是，"人间"凡活着的人，都无不是可怜人。无论怎样可怜之人，交往是他们活着的基础。

从小说的叙述来看，"人间"和"世界"的艰难，除了死亡，还突出地表现在，不同的生命个体之间在交流上陷入了困境。个体与个体之间交流的困难，特别体现在夫妇、兄弟等血亲之间的交流通道，也并不总是那么顺畅。李约热以小说虚构的镜像方式，相对自觉地思考了传统的五伦文化在当代语境中的流变，以及它所带来的问题。不过相比于五四时期的鲁迅，李约热对五伦文化的反思要显得温和宽容得多。

夫妇之间的亲密关系，时常经受不住预期的考验，有时关系还极其变态。出轨、出格的三角婚恋时有发生。三角恋爱发生在未婚与已婚之间，相对少见。《情种阿廖沙》中的阿廖沙，作为未婚男青年，却喜欢上了杀人犯刘铁的妻子、育有三岁儿子的夏如春，而且肯为之付出生命，爱得一往无前，爱得死去活来。显而易见的是，夏如春已不再恪守从一而终的传统婚姻观念。三角婚恋建立在无性的基础上，也不多见。《美人风暴——给我亲爱的朋友》（下称《美人风暴》）中的无性之念与同性相恋，叠加缠绕在一起，男女之间如此变态的三角乱爱，关系最终虽归于断裂，却是当前与今后一段时间里，中国社会急需正视的问题，因为它的存在，已经超出了、违背了原有的夫妇伦常。小说中的三角恋爱面临挑战，一般婚姻多是不幸福，夫妇之间的情事，在李约热的笔下并不总是一帆风顺，这或许才是"人间"婚姻的真相。

兄弟之间的手足之情，有时也不再坚如磐石。《幸运的武松》中，"我"幼年丧母，父亲在外地工作，"我"与哥哥姐姐相依为命，同是冰河里的孩子，"我"们之间的情感原本很深。"我"哥被韦海欺负，"我"决定返乡教训韦海，只想替"我"哥出口恶气。随我同去的黄骥，言行中大有打死韦海，为民除害的豪情壮志，"我"被他的架势吓怕了，担心会出人命，于是改变策略，制造迷路假象，故意拖延时间。在"我"返乡的当天晚上，世荣捅破了韦海的肚子，替"我"及"我"哥狠狠地教训了韦海。"我"比遭遇了牢狱

---

① 李约热：《人间消息》，广西师范大学出版社2019年版，第141页。

之灾的世荣幸运。但不幸还是如约而至,经过这件事情以后,我们兄弟的关系变得疏远、冷淡,形同路人。相比而言,《你要长寿,你要还钱》中的杜枫与杜松只是隔代兄弟,没有"我"与"我"哥那样亲,但平时关系还算融洽。然而由于有债务纠纷,兄弟俩竟反目成仇,对簿公堂,亲情破裂,后虽缓和,但难如初。兄弟之间的关系虽没发展到鲁迅《狂人日记》中的"吃人"程度,但毕竟他们彼此的矛盾,终究难以避免。

二 "这个世界春暖花开":人间的希望

李约热敢于直面惨淡的"人间",他因而是个有担当的作家。他面对"人间"的苦难与沧桑,心存悲悯与关顾。小说家博大的慈母心不只体现在他目睹了黑暗、书写了绝望,还体现在他看到了光明、叙述了希望。他的小说集总体上展现了"人间"的复杂性,即除了书写"人间"的艰难、绝望,还叙述了"人间"的出路、希望。"人间"("世界")除了寒风刺骨,它还可以春暖花开。

从小说集的情况来看,"人间"的希望所在,主要见于两个方面。一是行走于"人间"的生命个体,有着惊人的意志力,他们顽强地挺立着自己的人格。小说塑造的部分人物形象,尽管痛苦、不幸各有各的不同,但在人格独立、意志坚强上,却表现出惊人的一致。二则是形形色色的个体生命,他们匆忙往来于"人间",能感受到温情的存在。"人间"利来利往,熙熙攘攘,明争暗斗,令人疲惫,但有时人心依旧柔软,人性并未泯灭。通过小说我们发现,在荒败的废墟之上,家园的重建仍有可能。

小说中有一部分人物,他们在言行上,认定直心是道,将"人之生也直",遵奉为处世原则。信奉如此信念,生命个体表现出来的性格,是心存善念,一往无前,视死如归,毫无退缩。小说通过叙述他们对真、善、美的追求,来彰显个体生命的价值。真、善、美三者有着不同的意蕴指向。真即真理、真相。真相大多是残酷的,追求真理意味着自我牺牲。善即善良、良心。"人心惟危,道心惟微",心之萌善、向善,多是在死去活来的一闪念之间。美即自由、自在。"美有各种各样的解释,相同的一点、最起码的一点,那就是不脏",或者说是"有尊严",哪怕是死也如此。[①] 小说对真、善、美生命

---

① 李约热:《人间消息》,广西师范大学出版社2019年版,第76页。

价值的表达，由于与具体的人物言行联系在一起，因而更显得形象生动。

《人间消息》中的唐俊和季天冬父子，踏上了揭示真相、追求真理的不归路，他们一路向前，呕心沥血，无怨无悔；虽付出了惨重的代价，但他们专注执着的品格、敢于献身的精神，却永放光芒。人对幸福无法自己说了算，而人自己能够做主的，只是自身的德性修为。当且仅当，人独立行动，且动机是善，人的行为，便绽放出道德的光芒。《龟龄老人邱一声》中的邱一声父子，他们各自的自杀行为，虽没有从根本上减轻苦难，但却具备了道德的价值，显得格外的引人注目。《二婚》中的老编辑吴可为，为了促成女儿芳草与刘处长的婚事，为了不因自己的残疾拖累他们，选择了跳楼自杀，令人敬佩。他们的自杀，都有利他的动机，动机是为好，而且是独立的行为，因此是有意义的。相比之下，美的独立性多与情感相关。《美人风暴》叙述的轴心，便是特立独行的美。小说中的戏曲女演员、芭蕾舞女演员及其女舞伴、男舞美师都是美的创造者，而且对美有一种刻骨铭心的憧憬。特别是那位戏曲女演员，虽是吃戏曲这碗饭的"角儿"，但她不愿为"饭"而言，更不愿意为"饭"而行，她不随大流，取舍由心，活得自在。而他们彼此之间，以美的方式融通，也都甘心为美，一路前行，表明美的魅力巨大。

小说中的人物，以真、善、美的强力，冲开了苦难的阴霾，照亮了黑暗的道路，"人间"也随此变得充满了希望。这是一个方面；另一方面在冰河的最深处，人与人之间携手共进的温情纽带，并没有完全被斩断。小说的书写告诉我们，不同的生命个体之间，虽然淤积了太多的文化污垢，但人到底还是值得信任的，因而他们之间的深层交流，还是存在极大的可能。由此看来，面对"人间"的苦难与不幸，李约热的小说创作，释放出了浓厚的人文关怀。中国文化由于缺乏西方那种严格意义上的宗教，因而人与人的关系，远比人与神的关系重要，哪怕是西来的佛教，如今都在主张"要修现世啊，要修现世"①。人与他人的关系无非两种，一种是与亲人—熟人的关系，另一种则是与生人—非熟人的关系，前者多少与血缘相关，后者则与血缘联系不大。李约热的小说，对重建这两种亲密的关系，也都寄予了厚望。

夫妇及其衍生的父子、兄弟关系，都有血缘的性质。《二婚》中的蓝小红

---

① 李约热：《人间消息》，广西师范大学出版社2019年版，第162页。

与小文婚姻，经历着千百的波折。他们之间的结合，存在着空间、身份、心理上的多重困难。在经受了重重考验之后，小红没有离开小文，并与他开启了新的生活。《人间消息》中的"我"妈与唐俊"叔叔"，虽身隔上海北京、一南一北两地，但心却紧紧地偎依在一起，至少"我"妈一直在默默地惦念着唐俊"叔叔"，正如女友周畅离开"我"以后，"我"仍爱恋着她一样。父慈子孝，父子有亲，血浓于水，父子之间的亲情，难以割舍。面对各自的欠缺，父与子由于有血缘在奔流涌动，他们不离不弃，都甘愿为对方，付出包括生命在内的一切。父与子之间有时产生了误解，但历经生活的洗礼，终能归于和解。《龟龄老人邱一声》中的邱一声和阿牛父子，都自愿放弃生的机会，只为对方更好地生活；通过照顾邱一声，李谦终于明白了父亲李永强对他的爱，他在邱一声死后，为他所刻的碑文"慈父邱一声之墓儿子阿牛立"，替代性地满足了他对生父已然被唤醒了的情感。《二婚》中的吴可为无畏地跳楼自杀，为的是女儿的终身大事；面对有精神病的儿子张强，更是为了孙子小文，张强的父亲老张，甘心承担起照顾张强的重任。《南山寺香客》中的一对年轻夫妇，生了一个脑积水的残疾儿子，经历了内心的苦苦挣扎，他们最后还是没有舍弃自己的亲生骨肉。面对误入传销歧途的儿子绍永，《村庄、绍永和我》中的瑞明，一直不肯放弃对他的教育。《人间消息》的季天冬，在唐俊"叔叔"死后，终于以儿子的身份，为他披麻，给他送终。《龟龄老人邱一声》中的阿明、阿卫、阿三，三兄弟艰难地讨生活，相依为命，共进同退。《你要长寿，你要还钱》中的杜松，与其堂兄杜枫存在着金钱纠纷，打起官司，关系破裂，但在后来，还是有了缓和的迹象。夫妇有别，父子有亲，兄弟有序，亲情编织的网，给冰冷的"人间"，捎来了暖意。

朋友虽非血缘关系，相互显得陌生，但他们之间亲密关系的建立，自有其方法。其中一条重要的路径，是化生为熟，即把非血缘的，变成血缘的，视朋友为兄弟，"四海之内皆兄弟"，遍地皆是亲人。《村庄、绍永和我》中的绍永和下乡扶贫的"我"、《情种阿廖沙》中与"我"同一天到野马镇报到的阿廖沙、《南山寺香客》中与李大为在南山寺相遇的生了畸形儿子的男子、《人间消息》中的季天冬与小陆、《美人风暴》中戏曲演员与舞美师等，原来都只是没有血缘关系的陌生人，但后来都变成了可以相互帮助、推心置腹交谈、彼此关心的朋友。绍永与"我"都因受过太多的伤害，而不愿意相信他人,更不愿意与他人交流,但最后却同为救人,而产生了强烈共鸣,双方终于愿意开口说话。阿廖沙亲口告诉"我",他与夏如春的恋情究竟;"我"为他充当说客、调解员,往返于他与他妈、夏如春之间,"我"为了帮助他,还不惜找人偷印税务发票干犯罪的事。"我"为他所做的一切,以及彼此之间的相互信任,原因其实很简单,那就是我们是同一天到"野马镇"报到的"兄弟"。李大为岁月凄惨,陌生男子向他叙说着自己的悲惨遭遇,已没有把他当成外人来看,两个可怜人的心,终于紧紧地贴在了一起。季天冬与同是学人的小陆本不相识,但经过处理唐俊"叔叔"的丧事以后,季天冬还是决心帮助他,支持他继续从事人类灾难史研究。戏曲演员与舞美师只是在柚子林邂逅,但美与悲悯使他们惺惺相惜,他们原都只是陌生人,但最后都变得亲如手足。《幸运的武松》中的黄骥与"我"、世荣与"我"哥,相对较熟,但也没有血缘关系,在"我"与"我"哥的关系经韦海事件变得冷淡之后,黄骥和世荣的两肋插刀行为,填补了各自兄弟的情感空场,"我"与黄骥、"我"哥与世荣虽不是亲兄弟,但已胜似亲兄弟了。朋友的血缘化、兄弟化,心心相印,息息相通,情同手足,让人觉得"人间"还有希望。

三 "我有自己的一条路":别样的叙述

叙述"人间"的艰难与希望,李约热已形成自己的风格。他在小说集的开篇,便以实意虚说的方式,道出自己的独立性追求:"我对洪大炮说,我不缺生活,想写的都还没写完,世上的路千万条,我有自己的一条。"① 这权当是他的夫子自道。卡西尔就指出,艺术家的太阳,每天都应是新的。② 独创性是文学艺术的生命所在,古今中外皆然。李约热的中短篇小说叙述的别样性,恰好就体现在他钟情于套式叙述,且能一以贯之。

从他小说的实际情况来看,套式叙述指的是,小说当中故事的铺陈,是一个故事套着另一个、或多个故事,这就类似于一个套子套着另一个、或多个套子,生成了套子连环的趋势。如此的套式叙述,是一个形式与内容相统一的范畴,它比惯常使用的叙述视角、聚焦等叙事学概念,更能直接地标明

---

① 李约热:《人间消息》,广西师范大学出版社 2019 年版,第 2 页。
② [德]卡西尔:《人论》,甘阳译,上海译文出版社 2019 年版,第 246 页。

李约热的中短篇小说，在叙述上的新颖性。从小说集的书写情形来看，李约热运用的套式叙述，主要呈现出三种特性：一是转换性，二则是粘连性，三是对比性。这三种特性的显现，表明李约热的中短篇小说创作，已经形成相对稳定的套式叙述风格。这是他的中短篇小说创作，给人留下的最深刻印象，更是他的一个独特贡献。

套式叙述的转换性，指的是叙述在连环演进中，出现了明显的变化。叙述连环行进的变换，常常会相互交错，层层呼应，这集中表现在两个层面，其一是由于叙述视角变化，带来了故事叙述的变动；其二则是视角虽没变，但故事讲述却发生了变化。两者综合起来就是说，叙述视角的变化，必然会带来故事内容的变化；而故事内容出现了变化，有时并不一定是因为，视角的变化所带来的，视角虽然没变但转换依然在推进。

整部小说集中，前者只有《二婚》一篇，体现得最为充分。《二婚》故事的叙述，是由两个"我"来完成，他们各自的所指不同，第一个叙述者"我"是医生，出现在小说的开头和结尾，是故事叙述的统领性力量，相当于一个大套子；第二个叙述者"我"指蓝小红，她是故事内容的主角，相当于一个小套子，而这小套子中，还装着若干的故事小套。而大的叙述转换，就体现在两个"我"的交替使用上，关节点是人物相互熟悉。这篇小说中的一段故事便套着另一段故事，出现了故事的套式连环。后者在小说集中较为常见，小说集中除了《二婚》之外的其他篇目，虽然都没有出现过叙述视角的变化，但故事依然出现了套式转换。视角没有出现变化，是指要么只有限知视角，如《村庄、绍永和我》《情种阿廖沙》《龟龄老人邱一声》《人间消息》《幸运的武松》等的第一人称叙述，便是如此；要么只是全知视角，如《美人风暴》《南山寺香客》《你要长寿，你要还钱》等的第三人称叙述，便是这样。它们的叙述视角就是没变，但套式的变换还是出现了。如此这般的套式变换，一般表现为由前套套后套，即在前的故事叙述带有总领性，在后的则是被带出来，因此是以故事大套，带出故事小套，形成套子相连。如果更进一步细分的话，叙述的前（大）套带上后（小）套，就会出现三种情况。第一是前后套均是单个的人和事，套式转换只在单个的人和事之间进行，《村庄、绍永和我》就是。第二则是前套是单个的人和事，后套则置身于相对复杂的关系之中，《情种阿廖沙》《美人风暴》《南山寺香客》三篇即是。第三是前后套都是关系,套式转换出现在关系之间,《龟龄老人邱一声》《人间消息》《幸运的武松》等就是。故事叙述的框架如此,诚然具体的小说叙述,是在前后照应交错渗透中展开,换言之小说大的叙述,有清晰的脉络可寻,而故事局部的铺开,则有如细密无比的网。

套式叙述的粘连性是指,在小说叙述的前(大)套与后(小)套之间,以及内部不同的故事小套之间,环环相扣,勾连并存。各套子之间具有的相关性,很好地体现了套式叙述的粘连性。具体来说就是,串联起不同套子的线,可以是人物的性格和情感,可以是各种相似的事件,还可以是某种关系。《美人风暴》在戏曲女演员与男舞美师、芭蕾舞女演员和她的伴不同的故事套子间变换,但贯穿始终的是人物的独立性追求,以及对纯粹美与爱的刻骨铭心向往。《村庄、绍永和我》中的"我"与村庄、绍永一起,构成装在套子里不断更迭的世界,但彼此之间还是存在着相关性。相关联的地方首先是,"我"与村庄、绍永各自都相对封闭,不太愿意将心比心地与他人交流;其次是彼此面对困难时,都愿意相互帮助、不离不弃。总之是内敛与善良,将"我"和村庄、绍永等,紧紧地粘连在了一起。《人间消息》《南山寺香客》《二婚》等小说,是因为事件的相似性,使得各套子之间,出现了相关性。《人间消息》中"我"与唐俊"叔叔"的相遇,可以说是"灾难"的相遇。《南山寺香客》中李大为与陌生夫妇的相遇,是种"可怜人"的相遇。《二婚》中不管是哪一对男女的感情故事,无论是"我"与女友的不如意、刘处长与吴芳草的不幸福,还是董含馨与张强的不幸运、蓝小红与小文的不平坦,或多或少都与"二婚",发生着"剪不断,理还乱"的联系:"我"的女友在骂"我"是"王八蛋"之后,舍"我"而去,"我"面临着找第二任女友的现实;给蓝小红当媒人的刘处长,在读大学时有心仪的女友,后来他与充满苦难的吴芳草在一起,虽然是第一次结婚,但双方都有结过一次婚的感觉;董含馨与精神病患者张强离婚以后,再嫁给赵大河,也是第二次结婚;董含馨的儿子小文,有过一段婚史,他与蓝小红的结合,同样也是二婚。"二婚"事件,成为贯穿小说故事的主线。《龟龄老人邱一声》《幸运的武松》《你要长寿,你要还钱》等小说,套子之间的相牵连,是由于某种关系:前者是父子关系,后二者是兄弟关系。

套式叙述的对比性,指的是小说叙述中的前(大)套与后(小)套,虽在不断粘连中出现了故事变换，但却构成了一种对比关系，而小说叙述的意义指向，更是在这种对比关系中形成。前套、大套的故事，一般与知识分子有关，而后套、小套的情况，则相对复杂，因此，小套对大套、后套对前套意义的引领，则多少表明，与五四一代相比，当代作家已放弃了启蒙的高姿态，但他们自我批判的意识，并没有随之弱化。

《村庄、绍永和我》中的"我"与村庄、绍永，几乎都在拒绝与人交流，也都愿意帮助他人，但彼此不同的地方是：村庄居民、绍永对他人的帮助，是出于自发的天性，而"我"则出于外力量（任务）的强迫，孰高孰低，一望便知；《南山寺香客》中的李大为面临的生活困难，远没有陌生夫妇的多，陌生夫妇克服困难的极大勇气，成为了陷入精神危机中的李大为学习的榜样。《美人风暴》中的戏曲女演员与男舞美师和芭蕾舞演员相比，后者在特立独行上，远高于前者；《情种阿廖沙》中的"我"，则被阿廖沙和夏如春一往无前的爱所深深折服。《龟龄老人》中的"我"通过邱一声父子的故事，才明白其父李永强生前伟大的爱；《人间消息》中的"我"和周畅的爱情故事，似乎也无法与"我"妈和唐俊"叔叔"的相比；《幸运的武松》中叙述的前后套相比较而言，身为知识分子的"我"和黄骥，在血性上、友情上似远不及身为寻常百姓的"我"哥和世荣；《你要长寿，你要还钱》中的杜枫和杜松，最后有和好的迹象，他们可以充当杜枫和王木交往的榜样；《二婚》中"我"和女友存在的困难，不能与蓝小红和小文、董含馨和张强、刘处长和吴芳草他们的相提并论。整体上来看，作为前套、大套的"我"虽是作家、是医生、是记者、是闲者，或者是非"我"的学者、师者等不一而足，但他们并没有高于作为后套、小套中的迷途者、傻子、失忆者、第三者、苦难者、犯罪者各色人等，小说叙述的价值天平，已在向后者倾斜。

根据自身的体验，康德指出人性的一大缺陷，便是喜欢揪住别人的缺点不放；康德同时还指出，人的自由意志及独立性，是其行为配称道德的前提。《龟龄老人邱一声》中写到，邱一声面对前来照顾他的李永强，先是举起四根手指，然后掰下一根，还剩下三根，意思是说，还有三个人没来看他，来看他的，他不一定记得，没来看他的，他都记得很清楚。小说中的邱一声父子等，为了不给别人带来麻烦，都选择了自杀，这是一种人能够自己做主的行为，根源于人的自由意志，他们父子等人的行为，便拥有了德性的品格。康德还区分了两种美,一种是纯粹(自由)美,另一种是附庸美。① 如果说邱一声父子的行为,是依附了道德才美,那么《美人风暴》中的戏曲演员、舞美师、芭蕾舞演员等人,则是在追求一种独立不依的纯粹美。凡此种种都足以表明,在李约热小说与康德观念之间,存在着亲和性。由此看来,我们以康德的二律背反、独立性(主体性)诸观念,来穿越李约热中短篇小说集力作《人间消息》,有其正当性。康德开放的美学观念,在中国当代开辟了走向未来的道路。

---

① [德]康德:《判断力批判》(上),宗白华译,商务印书馆2011年版,第61页。

结语　康德与中国当代美学本体阐释的三种发生路径

美学理论的持久影响力与其彻底性、原创性密切相关，而对此检测的常见手段是看其反思活动，能否跃升到本体境界。本体是阐释者渴望到达并竭力抢夺的理论制高点，随此带给美学界的冲击，便是本体阐释的场域相对热闹非凡。"百家争鸣"固然是好事，但要追问各家是在哪一路数上"阐释""本体"，又都容易变得不甚了了。我们当务之急是厘定诸多本体阐释的边界。有"形而上"、"形而下"和"形而中"三种不同的美学本体路径，在跨越时空的阐释中浮出水面。它们分属自然、社会、艺术三种本体论范围，都深刻地影响着中国当代美学的本体建构，而康德的身影在其中若隐若现。

一　传统西方美学：本体阐释的"形而上"路径

严格说来"本体论（阐释）"乃西方传统所特有，它后来与"形而上学"的边界逐渐融合。美学受哲学影响历来深刻。作为传统西方所独有的哲学美学现象，形而上的本体阐释一方面表现出结构性特征，另一方面则呈现出历史性面相。就前者它带有"玄虚（模糊）—逻辑（清晰）"的两重性。之所以说它具有玄虚性，是因为它对"美本身"的追问，容易越过感性经验的边界，阔步进驻抽象的形而上学领地，美在数的和谐、美在理念、美在上帝等命题阐释无不是这样。之所以说它具有逻辑性，则是由于它阐述"美本身"的问题，采用了旨在清晰的逻辑－知识论证手段，这体现了理性的成就；随之西方传统美学，隶属于知识论形态。玄虚性趋向于模糊性的"无"，逻辑性向往确切性的"有"，经"有"向"无"与"无"的"有"化，是传统西方美学本体阐释的基本旨趣。就后者西方美学的本体阐释，同样存在着演变的轨迹。如此的过程性演进，既表现为不同的理论个体对本体内涵的不同揭示，更体现为阶段性的群体观念流变。

我们先来看它的"玄虚—逻辑"结构。美学在诞生时就留下了如此胎记，而在它的发展过程中这般的印痕更是醒目。西方美学的本体阐释，留下如此这般的两重性结构化趋势，首先有其哲学观念上的根由。结构如果说是"果"，观念则是其"因"，我们需由其"果"而溯其"因"。

审美活动及对其理论反思虽古已有之，但它的知识谱系化要求，只有等到近代才能得到满足，而且多是与当时德国哲学家的努力，紧密地联系在一起。鲍姆嘉通是这一工作的始作俑者。他的出发点是为感性正名。感性的领地显得模糊甚至混茫，它长期被诗人、艺术家所占据。如此领地的存在滞缓了知识推进的脚步，理性不允许它被忽视。他指出应该有一门学科，能担当起使思维由模糊破碎变得清晰完满的重任，该学科就叫感性学。他的目的就是让飘忽不定的"无"，变为确切无比的"有"。鲍氏的工作并不彻底，因而对后世的影响并不大。康德扭转了这一局面。感性的居住地首先是逻辑—知识形成的区域，康德的如此界定就宣告了传统形而上学的失效。然而面对大千世界的无比丰富性，逻辑—知识的规律性多数会显得捉襟见肘，因为当反思单个存在物为何这样而不那样，以及全部自然存在虽然繁多为何又井井有条时，我们在审美中似乎又重新进入形而上学领域，仿佛看到了自然背后深邃的意义，当我们将这一切普遍地传达给他人，我们就是在从事本体阐释。自然的意蕴深邃无比，随此情感的世界也流变万千，不过众所周知的是，康德将情感引上了质、量、关系、模态的逻辑—知识通道，它同样也是"无"的"有"化，此是康德对西方传统的继承。近代西方美学第一句合理的话，黑格尔说是由康德道出，他于是在康德开辟的道路上继续前行。根据黑格尔，绝对理念要在不断的具体外化中回归自身，逻辑与历史在此亲密无间。黑格尔的美学命题是"美是理念的感性显现"，本身是其哲学的组成部分，依此艺术的创造同样是"玄虚"（无）的"逻辑"（有）化。他们阐释美学本体展现出来的"玄虚—逻辑"两重态势明显。美学本体阐释如此首先与西方哲学传统有关。

西方传统哲学深受数理精神影响。罗素对此有过评说，他说一方面数理使得西方哲学变得深刻，因为数学追求清晰明了，容易使问题的阐释变得确切可靠；而另一方面它对哲学来说又是极其不幸，原因是面对无穷大无穷小等问题，数学同样也无法达到清晰，面对如此的场景理性会进行冒险，有时甚至会出现疯狂。罗素的论说不无道理。我们一方面看到，西方大的哲学家首先是数学家，毕达哥拉斯领导着一个数学学派，柏拉图说要进入他的学园需精通几何学，笛卡尔、莱布尼茨、沃尔夫哲学家等无不首先精通数学。另一方面我们又看到，数学不能将清晰明了贯彻到底，除了面对无理数的出现、无穷大无穷小等问题之外，信仰的领地数理也不能有效穿越，另外如笛卡尔解析几何中的"点"虽能用符号表达，但却是高度的抽象，数学不能穿越及其面对的绝对抽象区域便是本体，无以名之曰"上帝"。数学对西方哲学影响的双重性，潜在地制约着其近代美学的本体阐释及其结构化趋势。

我们再来看它的过程性推进。西方传统美学本体阐释的时间性变动，更能见之于不同的阶段演变。它大致经历了神话论、自然论、神学论、知识论四个阶段。古希腊神话是希腊艺术的"土壤"与"武库"，它们本身是集体"想象"的产物。① 其想象中众神的首领是"宙斯"，而"宙斯"则处于奥林匹斯山的顶峰，拥有统领一切的至高权威。西方最早的本体阐释，便具有神话想象的特点。希腊人作为"正常的儿童"，他们较早就以理性的光芒，驱散了笼罩着的神话迷雾。他们审视世界的目光，随之便从想象界移到了自然界。自然界之所以如此而不如彼，是因为有某种力量支配着它，这种力量可以是具体的风、火、水、土，也可以是抽象的数、理念等；哪怕是人造的有形物质，也是由多种因素共同作用的结果，亚里士多德的"四因"说就是如此。自然万物的"宙斯"力量，便转移并凭附于物质身上，本体阐释的自然理路，便于此得以定型。中世纪神学笼罩，美是对"上帝"光辉的分享，因而对美的本体阐释，就是对上帝的阐释。近代以来，西方以人的理性力量对抗神学的迷误，世俗化浪潮的席卷把人及其理性的功能推到了时代的最前沿。美的最终决定力量，不再是外在于人的"宙斯"与"上帝"等，而是内在于人的心智，人心的协调才是世界的美。传统西方所"阐释"的美学"本体"，大多带有实体的性质。

---

① ［德］马克思：《政治经济学批判导言》，《马克思恩格斯选集》第 2 卷，中央编译局编译，人民出版社 2021 年版，第 711 页。

无论是结构性还是历史性，传统西方美学"形而上"的本体阐释尽管抽象，但它终究不是从天上掉下来，而更多是与西方人的艺术、求生活动密切相关。西方传统的艺术活动，且不说受神学的覆盖，它们至少还表现出两个方面的特征，其一是重视空间性布局，其二则是喜好数理性渗透。古希腊的雕刻、史诗、戏剧等艺术，都已取得空前的繁荣，且都内敛着"空间"性。雕刻就是凭借观念对有形之物的塑形。荷马史诗暗含着空间性的悲剧主题：人生"出征"不易"归来"也难。戏剧可被看作是空间移动的雕塑。古希腊艺术之所以如此，与希腊人的求生活动不无关联。希腊诸岛土地贫瘠，为了获取生活资料、更好地生存下去，岛上居民只能频繁地进行海上贸易。他们的空间意识便在艰难的求生活动中冶炼生成，艺术表达进而也深受其影响。西方长期模糊诗与画的边界，且叙事文学发达，与他们对空间性布局的热情不无关联。

　　艺术虽显神秘，但它除了要求空间塑形，还希望达到数理精确，都希望使"无"（玄虚）"有"（逻辑）化。音乐是内心性的听觉艺术，但它在西方却被公认是"凝冻的建筑"。鲍姆加通在创建"美学"时指出，"莱布尼茨把音乐叫作无意识地计算的心灵所作的算术训练"。① 达·芬奇的名画《最后的晚餐》，是几何板块精准组装的结果。莎士比亚的剧作《威尼斯商人》，导致剧情发生突变的是"割一磅肉"。美的艺术作品是天才的创造，原本是很难说得清道得明，但数理的渗透必使其呈现出"玄虚（模糊）—数理（清晰）"两重性面相。西方传统美学本体阐释的理论与实践有时可以统一起来。

　　当代中国美学不乏对"形而上"本体阐释路径的借鉴。上个世纪五六十年代美学大讨论中形成的四种流派，均不能摆脱知识论的思维框架，就各家的指向来说已散发出本体论的意味。有学者在大讨论中脱颖而出。他明确地指出积淀生成的美感结构，最后如果能列出数学方程式才算可靠；他耳熟能详的美学著作《美的历程》，受到黑格尔本体观念的影响深刻。该学者美学的面相，同样是复杂而丰富的。西方大概是在马克思以后，美学本体阐释的路径发生了变化，中国当代美学的情形也随其波动。

---

① ［德］鲍姆嘉滕：《美学》，简明、王旭晓译，文化艺术出版社1987年版，第31页。

二 马克思主义美学：本体阐释的"形而下"路径

马克思及其以后的许多理论家，完成了美学本体阐释模式的现代更新。他们集中地表现为，将传统重抽象、静态、空间结构的数理式的"点"，揉碎为具体、动态、时间演变的"在"。弗洛伊德等人的精神分析美学，是以人人都有的意识（无意识）为出发点；俄国形式主义、英美新批评等美学流派，也是以普通得不能再普通的语言为起点；叔本华的"意志"、尼采的"权力意志"、海德格尔的"时间"、列维纳斯的"关系"、伊格尔顿的"身体"等都无不如此。可以说他们阐释的美学"本体"只是"实践"的不同内容而已，这就预示着"形而下"模式的启动并到来。

实践有特定的内涵所指。反思中的"实践"活动虽近似一个"点"，但该"点"已由抽象渺远的"上帝"天国，挪移到现实中"人"的具体世界。究其原因是通常的"实践"活动乃为人所独有，故而马克思将其称为"人的活动"、"感性的人的活动"、"对象性的活动"、"实践的、人的感性的活动"等，他的归结点是以人的行动"改变世界"，而不是像以往的理论家们所做的那样，仅满足于静态的认识并解释世界。① 如此的实践活动，约而言之涵盖三个方面的内容：其一是技术地实践，其二则是革命的实践，其三是道德的实践。马克思强调得最多的是其一和其二，而对道德的实践则重视不够。不管怎样实践也是美的导源地。

马克思着力要"改变"的"世界"，首先指向的是自然界。人通过自己的实践作用于自然界，促使内外自然的面貌发生改变，自然身上留下人的烙印。人在改变外在于己的自然时，也使自己身上的自然发生变化，就是说内外自然都留下了人的痕迹，确切说来是留下人技术的痕迹，如此便是属人的技术地实践。用一个图式表示便是：人（自然）——实践（技术）——自然。技术地实践带有人为性、历史性、中介性、本体性等特点。

具备了上述特点的技术地实践，就容易带有审美的品格。融合其人为性和中介性来看，人的感性—对象性活动，事实上就是人的客体（自然对象）

---

① 马克思：《关于费尔巴哈的提纲》，《马克思恩格斯选集》第 1 卷，中央编译局编译，人民出版社 2021 年版，第 136 页。

化、客体（对象自然）的人化。泛化上的美就是人的本质力量对象化；而进一步收缩美就是人的本质力量形式化、形象化，那是一种有修养反观的美。以此为基础，进一步综合其历史性与本体性看来，技术的不断进步，使人在创造物质文明的同时，也在创造着精神文明。人除了在物质的自由创造中也按美的规律来造型之外，惯常的理解是物质为精神—审美奠定基础。问题复杂的地方就在，物质创造的艰苦与匮乏，有时却换来精神—艺术创造的无比辉煌，而当物质变得极度丰盈之时，精神—艺术上有时却萎靡不振。商业社会表现为人为物质（商品）的堆积，它们给人带来了沉重的压力，加之围绕着技术特别是高科技的是挥之不去的忧心，如此情境很容易导致对高科技的反感，反而滋长对手工物自然物的迷恋，社会中由之弥漫开去的乡愁乌托邦也是一种美。

马克思欲"改变"的"世界"，除了自然界还有现实社会。社会表现为人与人建立起的复杂关系网络，只有经过社会化人才能成为人，因此马克思说人是一切社会关系的总和。问题困难的地方是，在共产主义到来之前的历史中，哪怕是资本主义还处于它的上升时期，经过复杂社会的熏陶以后，人不是成为人而是成为了动物，甚至有时连动物都不如；除此之外或者是维系社会运行的各种关系，遭受了严峻挑战甚至失范，野蛮的动物力量就占据到了压倒性的地位。在如此生死存亡的紧要关头，摆脱动物性恢复人性的有效方式，便是要从根本上改变社会，需致力于革命的实践。革命的实践呈现出动荡性、颠覆性，它表现为权力、财力的集团性分化与生死性较量。它是死本能酣畅释放的现实领地，其对社会破坏性最为强大。革命的实践动因有二，第一是苦难历史的没法解决，第二则是美好未来的用心规划，前者是在后面推动，后者是在前面牵引，审美化策略的启用使它们与美建立起联系。

革命的实践需要社会动员，动员的有效性很大程度上取决于革命的力量核心能否营造出理想的居所，在那里人们亲如手足、诗意栖居、平等相处，如此居所值得每个人为之奋斗拼搏，甚至牺牲也甘之如饴。革命的实践动员所悬挂着的理想屏幕，对社会中的每一个体起到价值召唤的作用。从其价值的集体性皈依渴望来看，它的意识形态特质显著，本身是审美化的红色乌托邦。理想价值的栖居地与现实的苦难荒败构成一种相互依存的映照关系，即是说以理想之光芒照射、现实容易变得满目疮痍，而现实的苦难越是深重、越是需要理想的超度，随此英雄般拯救的悲剧性冲动容易被激活。英雄的内心深藏着美的图画，革命的实践就是将其内心美的图画变为现实。当英雄的拯救冲动不断被转化为现实的行动时，个人与社会终将陷入水深火热之中，由此催生了弱小者不尽的审美创造激情。革命的实践及其审美化走向，是不得不为的无奈选择。

"改变"社会的实践方式，除了革命的还有道德的。技术地实践立足点是人与自然的关系，而革命的、道德的实践则是人与人的关系。同是着眼于变化社会及其人际关系，革命的实践带有"突变"性，而道德的实践则具有"渐进"性。方式的差异使得革命的实践更多的是主张自下而上的激烈"暴力"，而道德的实践则是倡导自上而下的温和"改良"。如果说革命的实践是社会不得不为的"变态"，那么道德的实践则是其"常态"，因为革命的实践毕竟占少数，而在革命的实践前后相当长的时间里，社会更需自觉地进行道德的实践，如今的中国社会它依然是个值得正视的问题。实践之所以是道德的而不是技术的革命的，主要是因为道德律令与原则是人的理性自行颁布，因此在这个过程中人是独立的，随之道德的实践就是自由的实践。道德律令与原则虽由个人颁发，但它却能够普遍地适用，如诚实守信童叟无欺、"人是目的，而不是手段"等即是如此，其目的是使人与人之间的关系变得顺畅和谐。道德实践的自由与和谐，使它与美发生牵连。

道德依靠理性是高度地自由，而理性在道德实践的最深处，尚可构筑出"止于至善"的终极目的，意志的自由及其终极目的虽不可识知，但它终究可以思虑，且能在行动中不断地被实现出来，促使人现实的行为无限地靠近它，道德在此层面上带有"范导"的功能。现实的行动包括了一再运行着的"自然"，我们以万千流变的"自然"作为媒介，能理解到其背后的自由意蕴。"自然"尚且如此，我们还可设想"社会"中的不同个体，因道德而达成自由的联合体。审美与道德的实践也因为自由而紧密地联系在一起。

三种实践虽都与审美有联系，但相比而言革命的实践更钟情于"美"，而技术地实践和道德的实践则分别更偏重于"真"和"善"。它们在社会中发挥的效用也不尽相同，社会前进的"范导"性力量是道德的实践，而其"第一推动力"则是技术地实践，解决社会利益冲突的"极端化手段"是革命的实践。它们各自发挥的功效虽各有各的不同，但在"改变世界"上却殊途同归。它们相同的实践—对象感性活动走向，使得对美的本体阐释只能以"形而下"的面相出现。

中国当代最具原创性的美学流派当推实践美学。他们的内在面貌不太一样，但所走的都是同一的以实践—感性为本体的阐释路径。他们的理论资源主要是马克思，但他们在阐释的过程中，都不同程度地吸收了存在主义的观念，特别是海德格尔等人的思想。有学者在"工具本体"之外提出了"情感本体"，西学中他至少融入了海德格尔的"亲在"观念。朱立元指责了该学者的双本体论，同时开放性地创建了实践存在论美学，他在新的起点上发展了实践美学，其中的海德格尔观念也若隐若现。实践美学需在本体阐释中不断地充实自己。

三 中西美学融通：本体阐释的"形而中"路径

本体阐释的"形而上"与"形而下"模式，取径上自是存在着差异。"上"与"下"之间的距离能否拉近，观念、理性、普遍、抽象与现实、感性、个体、具体的分离能够融合，是个值得玩味的问题。解决问题较为合理的办法，是走一条能弥合彼此鸿沟非极端化的"中介"道路。

"中介"是融通两端的功能性力量。现在看来在具体与抽象、个体与普遍、感性与理性、现实与观念之间，或者说是有限与无限之间，能架起沟通桥梁的是根植久远的诗性智慧。之所以说是有效，是指它使有限中蕴含着无限，而无限则通过有限表现出来，或者说是感性、个体、具体与理性、普遍、抽象等浑然如一，而不是处于分裂的状态当中。文明推进，人性分裂，诗性智慧只能残存于文学艺术、审美活动当中。中西文化虽存在差异，但在向往和谐上却表现出惊人的一致性，思想家们都流露出对"诗性智慧"的无比眷恋。

康德的思想是复杂而丰富的，其一般被认为具有蓄水池的功能，因为他汇聚了他之前的西方观念，而他以后诸多思想又能从他那里找到根源。康德美学除了上述的知识论特征之外，尚潜藏着诗性智慧意蕴。因此审视包括"诗性智慧"在内的西方观念较好的突破口，毋庸置疑地是康德。康德没有明确提出"诗性智慧"，与其相当的是"反思判断"及其合目的性原理，以及天才对美的创造。康德坦言在知识论范围内，反思判断带有"独断"的性质，但它却是审美—艺术活动中不可或缺的能力。"独断"说的是"我断"或是"我的主观判断",就是说当面对"自然"的无限丰富性时,为了满足"我"的情感需要,允许"我"以合目的性的眼光反思自然,而在此活动中"我"身心合一诸机能高度协调,与此同时开启着"我"对超感性自由领地的有利展望,故而康德说美是道德的"象征"。单个的自然存在物虽有限而具体,而且它们的聚集并不显得杂乱无章,但它由此却"象征"着无限超感性自由的意义,[1] 有限与无限在反思判断中变得不分你我。天才对美的创造更需要由有限达无限的灵气。康德说天才的"诗人敢于把不可见的东西的观念,例如极乐世界、地狱世界、永恒界、创世等等来具体化;或把那些在经验界内固有着事例的东西,如死、嫉妒及一切恶德,又如爱、荣誉等等,由想象力的媒介超过了经验的界限——这种想象力在努力达到最伟大东西里追迹着理性的前奏—在完全性里具体化,这些东西在自然里是找不到范例的。"[2] 前者走的是下降之路,是把"不可见的东西的观念"具体化;而后者走的则是上升之路,是由"经验"进入"超经验的界限",上下路径都能将具体与抽象、经验与先验、有限与无限很好地结合起来。天才同样意味着机能的协调。"诗性智慧"在此就是理智的直观、直观的理智。

康德的思想由于具有蓄水池功能,故而在他前后反思"诗性智慧"的就不乏其人。意大利人维科在他之前,已不无洞见地指出,诗是人类共同的母语,远古智慧无不向诗性聚集。席勒在领会了康德的审美精神之后指出,弥合业已分裂的感性与理性的法宝是游戏—艺术中"活的形象"。席勒是在审美的意义上弥合了人性的分裂,马克思关于人的全面发展理论即导源于此,因此"康德—席勒—马克思"这条美学思想发展线索确乎存在。新康德主义者卡西尔也指出,人是符号(形式)的创造,符号(形式)使得有限与无限统一起来,这与将有限进行到底的海德格尔还是不太一样。[3] 法国哲学家列维—斯特劳斯还指出,人类创造的文化品类虽然繁多,但都根源于超越了时空的原始无意识,文明人再也不能回到远古时期,但如此灵动的野性思维却顽固

---

[1] 叶秀山:《叶秀山全集》第 9 卷,江苏人民出版社 2019 年版,第 89 页。
[2] [德] 康德:《判断力批判》,邓晓芒译,人民出版社 2022 年版,第 122 页。
[3] [德] 海德格尔:《康德与形而上学疑难》,王庆节译,商务印书馆 2018 年版,第 274–321 页。

地保存在艺术活动当中。他坦言他是一个通俗的康德主义者。

就诗性智慧而言，康德的文化知音也在中国。中国文化恰是凭借诗性智慧创造的诗性文化。《诗经》是六经之首。"诗经"不只是学，而更是教。中国传统的历史、文学、哲学等文化形态，无不受到诗性、诗教的强烈渗透。诗在中国不是职业而是生活。诗性文化与生活，很好地抵抗了人性的分裂。佛教西来，也需经受诗性文化的洗礼。佛教说"一叶一菩提，一花一世界"，就是由个别、具体的"一叶""一花"，即能显现普遍、抽象的"菩提""世界"。"山僧不解数甲子，一叶落知天下秋，一燕至知天下春。""山僧"仅凭单个的"一叶落""一燕至"现象，就感知到全局的"天下秋""天下春"本质，由现象即能直观到本质。禅宗的拈花微笑实在妙化无穷，挑水砍柴也无非是妙道。有限与无限不分你我。

有限即无限、无限即有限的诗性（心性）智慧，它在中国文化中久远的伏根、深远的影响，不仅体现在诗性、诗教的弥漫上，还可见之于儒、道学说的颖思中。《易经》中说到："形而上者谓之道，形而下者谓之器。"古人思维的习惯，是促成"形而上"与"形而下"浑然，实现"道"与"器"一体。"道"不离"器"、由"器"能见"道"，可谓"直心是道"；"形而上"贯穿于"形而下"、依"形而下"可通"形而上"，乃是"目击而道存"。宋儒受道、佛的猛烈挑战之后，提出了"体用不二，显微无间"的知几—功夫论。知几—功夫（心性）便是体与用、显与微的"中介"。[①] 整体上形而上与形而下、道与器、体与用、显与微贯通无碍的路径有"下贯"和"上达"两种。

下贯指的是凭借"形而上"之"道"的创生力量，使其浸润在万千事物当中，就是说形态各异的万事万物，体现了无处不在的"道"。儒家喜引《诗经》中的两句诗来说明此道理，第一句是"惟天之命，于穆不已；于乎不显，文王之德之纯"，第二句是"天生烝民，有物有则。民之秉懿，好是懿德。"这两句诗可以统一起来看。"不可违"的"天命"已有了"德"，因而"烝民"受命于"天"之后出现"有物有则"的状况，必也受"命"于"天"之"德"，于是"天"之"德"便不断地下贯到万事万物当中。中国人更愿

[①] 劳承万：《中国古代美学（乐学）形态论》，中国社会科学出版社2010年版，第127－143页。

意把有形世界的创造，推给盘古、仓颉、杜康、黄帝、鲁班等有德之人与此相关。道家也相信"道"的生化作用。道家眼中的"道"除了"自本自根"能自生，还可"生天生地"生万物。庄子就指出"阴阳四时运行，各得其序"是拜"道"所赐，"物已死生方圆"、"扁然而万物自古以固存"、"六合为巨，未离其内"、"秋毫为小，待之成体"、"天下莫不沉浮，终身不故"等也无不如此。

上达则是指生命个体以个别事物为触媒，经过反复修炼升腾到对"形而上"之"道"的体认。《中庸》就指出："喜怒哀乐之未发，谓之中；发而皆中节，谓之和。中也者，天下之大本也；和也者，天下之达道也。"这里涉及"本体"与"情"之地位及其关系问题的厘定。该种本体就是"道"，它有"体"与"用"两种形态。"大本"之在"中"是"天命"使之然，"天命之谓性"也即"天命之谓中（情性一也）"便是"道"之"体"；"大本"之外"发皆中节"是"循性之谓"，它就是"道"之"用"。"中"与"和"一，"体"与"用"浑，由"和"即能返"中"，由"用"也能达"体"。[①] 孔子盛赞颜回"下学以上达"、由无而能乐。孟子也说将"大"的外形化掉以后才能成为令人舒服的圣人。老庄与孔孟在由"无"而能通达本体上达成了共识。老子说为"道"需"损"后而方可。庄子一方面说"大音稀声，大象无形"，另一方面又说由"技"可进乎"道"。儒道两家都承认人经过修炼由形而下的有限，可体悟到形而上的无限。

传统的儒道文化与以康德为代表的西方文化，都流露出对诗性智慧的不尽留恋，和谐性的"审美文化"是其共同的追求。熊十力大谈"体用论"，除去他的"实体论"摆动，他对"体用一如，显微无间"的本体阐释，审美化的意味甚浓。劳承万认定中国只有"乐学"形态的美学，他以"乐"为本体的体系构建意图明显。朱光潜、叶朗、汪裕雄、朱志荣等人的"意象论"，以及王国维、胡经之、陈望衡的"意境论"，都是对"审美文化"的本体阐释，也属于"形而中"的路径。在这当中现象与本体圆融，认识论与本体论统一。

言而总之，阐释中生成了分属自然、社会、艺术三种美学本体路径。传

---

① 朱熹：《四书章句集注》，中华书局2013年版，第20页。

统西方美学遵循的主要是"形而上"的本体阐释路径,它是自然本体论。它既表现出"玄虚(模糊)—逻辑(清晰)"两重性结构,又展现为神话论、自然论、神学论、知识论四个演进阶段。其原因与重空间塑型、好数理渗透的西方艺术、求生活动相关。马克思及其以后的现代西方美学阐释,多是沿着实践—感性的"形而下"本体路径展开,它是社会本体论。技术、革命、道德三类实践在社会中的轻重缓急虽然不同,但都与审美密不可分。第三种则是融通了"形而上"与"形而下"的"形而中"路径,它是艺术本体论。它以有限即无限、无限即有限的诗性智慧为基点,超越了中西。康德与第一种、第三种路径,均存在着直接的牵连,而与第二种路径的联系,则相对显得间接。它们深刻地影响着现当代中国美学的本体创建。掠过康德,我们将有坏的美学,超越康德,我们才能有新的美学。我们深情地渴望,超越康德之后,中国出现更多新的美学,更多新的本体论美学!

参考文献

一 中文著作

蔡元培：《蔡元培全集》，中华书局1984年版。
曹雪芹：《红楼梦》，光明日报出版社2013年版。
陈忠实：《白鹿原》，人民文学出版社2016年版。
陈忠实：《寻找属于自己的句子》，北京大学出版社2019年版。
冯友兰：《三松堂全集》，河南人民出版社2001年版。
佛雏：《王国维哲学译稿研究》，社会科学文献出版社2006年版。
海子：《海子的诗》，人民文学出版社2005年版。
贺麟：《五十年来的中国哲学》，商务印书馆2002年版。
蒋孔阳：《蒋孔阳全集》，安徽教育出版社1999年版。
康有为：《康有为全集》，中国人民大学出版社2007年版。
劳承万：《审美中介论》，上海文艺出版社1986年版。
劳承万：《中国古代美学（乐学）形态论》，中国社会科学出版社2010年版。
劳承万：《中国诗学道器论》，安徽教育出版社2010年版。
李约热：《人间消息》，广西师范大学出版社2019年版。
刘再复：《读书十日谈》，商务印书馆2018年版。
梁启超：《饮冰室合集》，中华书局2011年版。
鲁迅：《鲁迅全集》，人民文学出版社2010年版。
聂振斌：《蔡元培美学思想研究》，商务印书馆2012年版。
宛小平、张泽鸿：《朱光潜美学思想研究》，商务印书馆2012年版。
王国维：《王国维全集》，浙江教育出版社、广东教育出版社2009年版。
王国维：《王国维文集》，中国文史出版社1997年版。

韦卓民：《韦卓民学术论著选》，华中师范大学出版社 1997 年版。
韦卓民：《韦卓民全集》，华中师范大学出版社 2016 年版。
邢小利：《陈忠实传》，陕西人民出版社 2015 年版。
叶秀山：《叶秀山全集》，江苏人民出版社 2019 年版。
张祥龙：《海德格尔传》，商务印书馆 2017 年版。
张世英：《张世英文集》，北京大学出版社 2016 年版。
郑昕：《康德学述》，商务印书馆 1984 年版。
朱光潜：《朱光潜全集》，安徽教育出版社 1996 年版。
（南宋）朱熹：《四书章句集注》，中华书局 2013 年版。

二　中文译著

［美］汉娜·阿伦特：《康德政治哲学讲稿》，曹明、苏婉儿译，上海人民出版社 2021 年版。

［法］阿尔都塞：《哲学与政治》，陈越译，吉林人民出版社 2011 年版。

［德］鲍姆嘉滕：《美学》，简明、王旭晓译，文化艺术出版社 1987 年版。

［日］柄谷行人：《跨越性批判——康德与马克思》，赵京华译，中央编译出版社 2018 年版。

［法］莫里斯·布朗肖：《文学空间》，顾嘉琛译，商务印书馆 2003 年版。

［法］米歇尔·福柯：《知识考古学》，谢强、马月译，生活·读书·新知三联书店 1998 年版。

［德］卡尔·福尔伦德：《康德传：康德的生平与事业》，曹俊峰译，天津出版传媒集团、天津教育出版社 2015 年版。

［苏联］阿尔森·古留加：《康德传：康德的生平与事业》，贾泽林、侯鸿勋、王炳文译，商务印书馆 1997 年版。

［德］马丁·海德格尔：《康德与形而上学疑难》，王庆节译，商务印书馆 2018 年版。

［德］恩斯特·卡西尔：《人论》，甘阳译，上海译文出版社 2019 年版。
［德］康德：《纯粹理性批判》，韩林合译，商务印书馆 2022 年版。
［德］康德：《康德书信百封》，李秋零编译，上海人民出版社 2006 年版。
［德］康德：《康德著作全集》，李秋零译，中国人民大学出版社 2007 年版。

［德］康德：《历史理性批判文集》，何兆武译，商务印书馆2020年版。
［德］康德：《论优美感和崇高感》，何兆武译，商务印书馆2022年版。
［德］康德：《逻辑学讲义》，许景行译，商务印书馆2013年版。
［德］康德：《判断力批判》，邓晓芒译，人民出版社2022年版。
［德］康德：《判断力批判》，牟宗三译，台北：学生书局1992年版。
［德］康德：《判断力批判》，宗白华、韦卓民译，商务印书馆2011年版。
［德］康德：《实用人类学》，邓晓芒译，上海世纪出版集团2005年版。
［德］康德：《宇宙发展史概论》，全曾嘏译，北京大学出版社2021年版。
［英］雷蒙德·威廉斯：《马克思主义与文学》，王尔勃、周莉译，河南大学出版社2008年版。
［苏联］Ю. M. 洛特曼：《艺术文本的结构》，王坤译，中山大学出版社2003年版。
［德］马克思：《马克思恩格斯选集》，中央编译局编译，人民出版社2021年版。
［德］马克思：《1844年经济学哲学手稿》，中央编译局编译，人民出版社2002年版。
［德］叔本华：《作为意志和表象的世界》，石冲白译，商务印书馆1997年版。
［英］特里·伊格尔顿：《马克思主义与文学批评》，文宝译，人民文学出版社1980年版。
［希腊］亚里士多德：《亚里士多德全集》，中国人民大学出版社2021年版。

三 外文文献

Immanuel Kant, *Critique of Judgement*, Translated by Meredith, Oxford University Press, 2008.

Michael Wayne, *Red Kant: Aesthetics, Marxism and the Third Critique*, Bloomsbury Press, 2014.

后 记

我是 2005 年考入中山大学，事情的缘由与博士论文选题有关。我那时朦胧地察觉到，康德传入中国以后，带来的美学新变是重要的精神事件，不应被忽略掉。其时间跨度，从晚清算起，已超过百年，所涉及人物，一时难以数计。面对如此情形，该如何下手，我至少在开始时颇感为难。万事开头难！我一筹莫展。王坤师不轻易的一句话直接点醒了我。他说某学者与康德的联系，人尽皆知。他同时还说，王国维活化康德，有许多的理论创造，还不太容易为人所知晓，而王国维的举措，处于开拓性的起点位置，故而学术史意义更大。那时的彭玉平老师正从事于王国维词学学缘的学术史清理，一路高歌猛进，忙得不亦乐乎，彭老师在百忙之中还仔细审阅了我的博士论文，且谆谆告诫说，立论应求公允，以使各方能够接受，此是后话。我当时听了王坤师的话，听话的逻辑很简单，因为他是老师，老师懂的东西要比学生多，所以听老师的话，一般不会有错。

随之我的博士论文选题，便是康德入驻中土的第一站——王国维。连同在中山大学攻读博士学位的三年，我在第一站这里停留的时间较长，如今仍觉意犹未尽。博士毕业我仍回到原工作单位，之后我以博士论文为轴心，申报了广东省人文社科规划项目、教育部人文社科青年项目、国家社科基金年度青年项目，均获立项，一路开挂，收获满满。耗时三年的博士论文《王国维与康德美学》业已出版；项目成果以《康德美学及其中国化起点》为书名，也问世了。为让研究惠及学子，几乎与此同步的是，我自 2011 年起到现在，几乎每年都在本校中文本科专业开设《王国维美学与中西方文化》选修课。我坚持开这门课，除了是兴趣使之然，另外还了解到，民国时期有许文雨、朱光潜等，新中国成立以来有刘烜等，都先后在北京大学的讲坛上传播王国维美学，吾道不孤，见贤思齐！"两岸人（猿）声啼不住，轻舟已过万重山。""莫听穿林打叶声,何妨吟啸且徐行。"我的读书与教学相互激荡,于艰难中有序推进,不能说我对此毫无感悟。我在前人的基础上,以中西融合为视点明白了王国维西学背景中,其最后的精神根基,不在他人而在康德这里;王国维之所以钻研艰深晦涩的康德学说,是出于文化革新救治与心灵危机救赎的双重宏愿,及其随此他所标画的"独立之精神,自由之思想",都使他成为五四新文化运动的先声。王国维的意义,不限于一时。

前述两部著作出版以后,我在继续留心王国维之余,终于能够腾出一部分时间,有精力将致思的触角往当代领地延伸,到了了却最初念头的时候。然而这一次的范围却不只囿于某人,难度陡然增大。"服从命运的人跟着命运走,不服从命运的人被命运拖着走。"我围绕着"康德与中国当代美学"话题申报了教育部人文社科一般项目、广东省教育厅的重大项目,都获立项,它为我审视康德的中国当代传播制造了某种动力。我因而不得不跟着命运,再次上路。呈现在世人面前的这一小册子,便是我最近几年来,在精神探索路途中留下的深深浅浅的泥印。一路走来,悲欣交集,感慨万千。

我深刻地感受到,清理康德与中国当代美学的勾连问题,其困难既体现在现实中,又可见之于学理上。书中所论对象,多半是大活人。活人的最大特点,是还能开口说话。活人的现实出声,对人的尘世行走,不会不产生触动。而且更为重要的是,由于篇幅所限,另有相当的学人,未能及时谈到。每念及此,难免惶恐。加之我生性耿直单纯,且坚信直心是道。"人之生也直,罔之生也幸而免。"孔子这般的教诲,更坚定了我的信念。我之如此直心直行,将大不利于现实行走,我为此也付出了代价,但"我与我周旋久,宁做我"! 由此之故,书中论断,倘若有失公允,偶尔出现误伤,恳请已经论及或尚未论及的学界方家,多多包涵!

没有论及一些方家,乃是因为相比于起点处,当代语境中所涌现出来的材料,数量上很是可观,我将在另外一部著作中弥补。而面对这般丰硕的成果,怎样合理地取舍,倒是个较为棘手的问题。我在这里犹豫甚多,最终给自己设置了两个标准。一个是方法论确立之后,淘洗剩下的对象;二是回到康德本身,并以其为参照,敢于坚守独立人格者。有人将后一方面表述为主体性。方法论和独立论,往往有所叠合,它们构成本书对象过滤以及行文批判的武器。诚然批判的武器,代替不了武器的批判。

方法论的选择，源于马克思的挑明。马克思在《政治经济学批判导言》中，对"政治经济学的方法"做出了一种比较重要的提示："人体解剖对于猴体解剖是一把钥匙。反过来说，低等动物身上表露的高等动物的征兆，只有在高等动物本身已被认识之后才能理解。因此，资产阶级经济为古代经济等等提供了钥匙。"马克思的意思是，我们"解剖"并把握了"人体"，"猴体"的"解剖"及其特点，甚至是生命体的内在结构奥秘，将会迎刃而解；我们把握经济演变的规律，以及古代经济的特性，理应从它的高级形态，即从"资产阶级经济"入手；推而广之，事物发展的高级形态已经包含了其低级形态的特征，因此对事物的深入了解，应从其高级形态入手。马克思的启示是，学术制高点的找寻并确定是治学中第一等要害之事。中国古人亦云：取法乎上，仅得其中；取法乎中，仅得其下；取法乎下，无所得矣！其意思也是说，想取得成功，有更大收获，需站位高远，着眼于第一义。文虽无第一，文人也万不可以第一自居，但文不可不求第一义，因为随此一来，问题才能看得更清楚。套用杜诗来说就是："会当凌绝顶，一览众山小。"马克思提出并贯彻的"钥匙"方法论，给予了我们不尽的启迪！

我性愚鲁，但遇良师，何其幸运。王坤师因材施教，引导我将目光，聚焦于王国维，真是用心良苦。王国维是个大师级人物，他承上启下。他攻研传统文化，有许多新发现、新阐述；他吸收外来思想，是诸多新学问、新学科的导源地。有人就指出，就读书的量来看，现代学人中，钱钟书排第一，接着是陈寅恪，最后是王国维；但如果从学术成就来说，顺序应该颠倒过来。他的这种排位，学界不一定完全认同，但王国维地位之重要，却无人敢轻易否认。王坤师是在把我引向现代学术的某种制高地。他早年毕业于北京师范大学，后来更是受到名校和名师的双重熏陶，因此他只是在演绎其师法（胡经之、蒋孔阳）而已。

我的硕士导师，是置身于边缘地带的劳承万先生。是劳先生当年，手把手地教我，一字一句地读着，领我走进康德之门。硕士毕业后，我又幸运地留在了他的身边，与他朝夕相处，已有二十多年的时间。他是理论个性极为鲜明的美学家。他学不媚时，体系意识强劲。他在20世纪80年代，凭借《审美中介论》，"异军突起"（蒋孔阳语）于学界。他早年遭厄运，"审美中介论"是他以马克思为基点，消融康德美学以后的体系创构，更是他人性尊严的热切呼号。他后来推崇牟宗三等新儒家的文化精神，毅然从漂泊的异乡，回归中国古学。他倾心撰写《中国古代美学（乐学）形态论》《中国诗学道器论》《中西文化形态论》《根系学术形态论》系列著作，意在阐明中国的美学、诗学、文化等学科形态，不同于西方，它们有着自身的独立价值。他的深层用意是竭力挺直长期受压的中国人的文化脊梁，更是他文化尊严热烈追求的折射。置身边缘，有无穷的痛苦。我被他历经苦难的岁月，仍有惊人的理论创新所感动。

另外使我们深受感动的，尚有王元化和韦卓民。王和韦两人是劳承万先生素来尊崇的师友，其风骨气质已内化到劳先生的血脉之中。王元化立志做有思想的学术，有学术的思想，主张学术思想一体化，并拓展康德感性—知性—理性的三联思想结构。王元化为学善于打攻坚战，他在《文心雕龙》、莎士比亚、卢梭、19世纪西方文学、五四新文化运动等方面反思沉潜含玩，从不盲从，思虑透辟，新见迭出，影响深远。究其原因是，他每每面对巨大的压力，仍保持着不肯曲世阿学的独立人格和自由精神。他为此服膺于胡适的言语：不降志，不辱身，不追求时髦，也不回避危险。他为此呼告应重新评价王国维和陈寅恪，重估他们"独立之精神，自由之思想"的价值。熊十力的"孤往精神（孤冷精神）"，无不令他神往。而儿时教他读书的便是韦卓民。韦卓民是劳先生的大学老师，更是其康德学的指路人。韦卓民在异常艰难的环境中，一头插进康德的世界，借以慰藉受伤的灵魂。他为中国引入康德学，做出了非凡的贡献，后来整理出版的十一卷本《韦卓民全集》，大部分内容与康德有关，便是佐证。他深受康德熏陶，为应对不如意的处境，留下的一些智慧性的言说，今天诵读起来仍觉新奇：我住的房子越来越小，我坐的车子越来越大；我不怕你们唯物，我最怕你们辩证；知识分子就像鸵鸟，晴天的时候把头伸出来，阴天的时候，则把头埋在沙土里。透过其言说，一个刚直不阿的学者形象，便跃然纸上。在此顺便提一下，2020年10月底，在原领导罗海鸥的支持下，并与他一道，我随同学诸君汪涛、黄华军、吴高泉、陈东英等一起陪同劳先生，前往拜谒位于珠海翠微村的韦卓民故居。韦氏大屋，门庭紧锁，已显斑驳，门前平地，堆满瓦砾，一片狼藉。时年86岁的劳先生，拄着拐杖，驻立屋前，忆及当年的大学老师，以及彼此在相似命运中的上下求索，竟老泪纵横，我们无不为之动容。劳先生与韦卓民、王元化贯通无碍的，是艰难岁月中永不磨灭的理论创造精神。他们所争取的，是现实中做人的资格。

经由两种标准叠加写成的本书，是广东省普通高校省级重大科研项目的结题成果。其中的部分章节，已在《岭南师范学院学报》《西部学刊》《海峡人文学刊》《跨文化思想家》《文化研究》《南方文坛》等刊物发表，人大复印报刊资料《美学》等转载了其中的一些内容，不过收进本书时，我做了若干技术上的处理。先前部分内容的发表与转载，为我最后完成本书的写作注入了强大的动力。在项目启动的开题报告会上，王杰和王钦峰、王丹三位教授组成的专家组，对当中的内容提出了宝贵的意见，为本书的顺利书写扫清了不必要的障碍；刘惠卿和柯春明两位老师，对报告会也支持有加。在申报该项目时，同一教研室的赵志军、陈迪泳、唐圣、钟明杰等老师，给予了我莫大的鼓励。另外本校相关部门领导，亦提供了方便。本书最后能够顺利出版，要归功于责任编辑刘亚楠的辛劳付出。我对他们的参与和帮助，心存感激。

学术与人生实在难以割裂。2019 年年底，一场突如其来的新冠疫情，彻底打乱了我们的生活节奏，社会气氛一度紧张起来，现实行走变得不易。时代的一粒尘埃，压在任何个体身上，都将宛如一座大山，沉重得无以言表。确切说来，我便是在如此的尴尬场景中，开始本书的写作的。如今的社会和个人，都是在困难中前进。这三年多来，我时而线上授课，时而线下授课，伴随着不尽的焦虑；在相互隔离的世界里，用微薄工资供我上学的大伯父蓝华能、向来呵护着我的大姐蓝琴波等亲人，都相继离开人世，无一不令我痛心。我只能将焦虑和痛苦的泪水，化作电脑键盘上敲打下来的一行行文字。妻子吕中元，一直起早贪黑，除了平时的工作，还悉心照顾着女儿梦遥、儿子心遥，承担了大部分家务，为我的写作赢得了时间。有妻儿的陪伴，我深感幸福。苦矣！乐矣！